¡Tú dirás!

Cuaderno para hispanohablantes

 Heinle & Heinle Publishers, Inc.
Boston, Massachusetts 02116 U.S.A.

I(T)P   An International Thomson Publishing, Inc.
The ITP logo is a trademark under license

Boston · New York · London · Bonn · Detroit · Madrid · Melbourne · Mexico City · Paris
Singapore · Tokyo · Toronto · Washington · Albany NY · Belmont CA · Cincinnati OH

Copyright © 1999

by Heinle & Heinle Publishers

An International Thomson Publishing Company

All rights reserved. No part of this publication may be reproduced or transmitted in any form or by any means, electronic or mechanical, including photocopy, recording, or any information storage and retrieval system, without permission in writing from the publisher.

Manufactured in the United States of America

ISBN: 0-8384-7838-7

10 9 8 7 6 5 4 3 2 1

Table of Contents

1. Vamos a tomar algo — 1

Primera etapa — 1

¡Leamos!	Introducción al Cuaderno de ejercicios para hispanohablantes
Sonidos y palabras	Sílabas que terminan en **-s**
Nuestro idioma	Algunos verbos con cambio radical en el presente
Nuestro idioma	Combinaciones de vocales
Puntuación	La coma en las series
¡Adelante!	Saludos y despedidas
	En el restaurante
	Un desayuno típico

Segunda etapa — 7

¡Leamos!	El Internet
Sonidos y palabras	Las palabras llanas y el acento escrito
Nuestro idioma	Los verbos y las preposiciones
¡Adelante!	Platos favoritos
	Mi restaurante

Tercera etapa — 12

¡Leamos!	La comida: regional y universal a la vez
Sonidos y palabras	Las palabras agudas y el acento escrito
Nuestro idioma	Las mayúsculas y las minúsculas
Nuestro idioma	Los verbos **gustar** y **querer**
¡Adelante!	Encantada de conocerte
	El crítico gastronómico

Integración — 17

¡Sigamos adelante!	Conversemos un rato
	Taller de escritores

2. Vamos a conocernos — 19

Primera etapa — 19

¡Leamos!	Un guión
Sonidos y palabras	Las palabras esdrújulas

Nuestro idioma	Los números
Nuestro idioma	El uso de los artículos definidos en español
¡Adelante!	Nuestras posesiones
	La vida estudiantil ideal

Segunda etapa — 25

¡Leamos!	El correo electrónico
Sonidos y palabras	Homófonos
Nuestro idoma	Verbos como **gustar**
Nuestro idioma	Posesión
¡Adelante!	Los gustos
	Las tradiciones culturales

Tercera etapa — 31

¡Leamos!	La familia Segura
Sonidos y palabras	Las palabras interrogativas
Puntuación	Los signos de interrogación
Nuestro idioma	El verbo **deber**
Nuestro idioma	Los adjetivos con **ser** y **estar**
¡Adelante!	Las obligaciones familiares
	Mi familia

Integración — 37

¡Sigamos adelante!	Conversemos un rato
	Taller de escritores

3. ¿Dónde y a qué hora? — 39

Primera etapa — 39

¡Leamos!	Una guía turística
Sonidos y palabras	La **g**, la **j** y la **h**
Nuestro idioma	Más verbos y preposiciones
Nuestro idioma	Las contracciones **al** y **del**
¡Adelante!	¿Dónde estoy?
	Mi ciudad

Segunda etapa — 46

¡Leamos!	Una excursión por Lima
Sonidos y palabras	Las letras **s**, **c** y **z**
Nuestro idioma	Los plurales
Nuestro idioma	Algunos verbos con cambios ortográficos

Puntuación	Los signos de admiración
¡Adelante!	¿Cómo llego?
	Siga derecho…

Tercera etapa — 53

¡Leamos!	Calendario de fiestas del Perú
Sonidos y palabras	La **m** y la **n**
Nuestro idioma	Más verbos con cambios ortográficos
¡Adelante!	¿Cómo celebramos?
	Preparativos para la fiesta

Integración — 59

¡Sigamos adelante!	Conversemos un rato
	Taller de escritores

4. Vamos al centro — 61

Primera etapa — 61

¡Leamos!	Una agenda
Sonidos y palabras	La **d** entre dos vocales y al final de una palabra
Nuestro idioma	Cómo expresar deseos y preferencias
Nuestro idioma	Los verbos **tratar de** y **probar**
¡Adelante!	¿Adónde vas y cómo?
	Después de la escuela

Segunda etapa — 68

¡Leamos!	El correo electrónico
Sonidos y palabras	Los adverbios terminados en **-mente**
Nuestro idioma	**A lo mejor, quizá(s)** y otras expresiones
Puntuación	El punto y la coma con los números
¡Adelante!	¿Cómo se va a… ?
	En el futuro

Tercera etapa — 74

¡Leamos!	Algunas excursiones de ecoturismo
Sonidos y palabras	La **ll** y la **y**
Nuestro idioma	Verbos que terminan en **-uir**
Nuestro idioma	Las expresiones **darse cuenta** y **realizar**
¡Adelante!	Una visita a la agencia de viajes
	¿Adónde vas?
	Las mejores vacaciones

	Integración	**81**
	¡Sigamos adelante!	Conversemos un rato
		Taller de escritores

5. Pasatiempos y diversiones   83

Primera etapa   83

¡Leamos!	Un facsímil
Sonidos y palabras	La **f** y la **j**
Nuestro idioma	La forma **tú** en el pretérito
Nuestro idioma	Algunos verbos irregulares en el pretérito
¡Adelante!	Crítica de una película
	Un recuerdo imborrable

Segunda etapa   89

¡Leamos!	Un artículo de un periódico escolar ficticio
Puntuación	Las comillas
Sonidos y palabras	La acentuación de palabras similares
Nuestro idioma	Familias de palabras
Nuestro idioma	Más verbos irregulares en el pretérito
¡Adelante!	Atletas famosos
	Entrevista a un(a) atleta

Tercera etapa   97

¡Leamos!	Un artículo de un periódico estudiantil
Sonidos y palabras	la **r** y la **rr**
Nuestro idioma	Cognados falsos y anglicismos
Nuestro idioma	Más verbos irregulares en el pretérito
¡Adelante!	Mis hábitos deportivos
	Biografía de una(a) deportista famoso(a)

Integración   103

¡Sigamos adelante!	Conversemos un rato
	Taller de escritores

6. Vamos de compras   105

Primera etapa   105

¡Leamos!	Un diálogo entre una madre y su hija
Sonidos y palabras	La **h**
Puntuación	Más usos de la coma

	Nuestro idioma	Más verbos como **gustar**
	Nuestro idioma	Los verbos **funcionar** y **trabajar**
	¡Adelante!	Una buena adquisición
		Un padrino muy generoso

Segunda etapa — 112

	¡Leamos!	Nuestras comidas
	Sonidos y palabras	El sonido **/k/**
	Nuestro idioma	Los regionalismos
	Nuestro idioma	Las preposiciones **por** y **para**
	¡Adelante!	¡Fiesta!
		Una dieta saludable

Tercera etapa — 118

	¡Leamos!	La ropa en nuestra sociedad
	Sonidos y palabras	Repaso de las reglas de acentuación
	Nuestro idioma	La interferencia idiomática
	Nuestro idioma	Más cognados falsos
	¡Adelante!	Como visten los demás
		Preparativos de viaje

Integración — 125

	¡Sigamos adelante!	Conversemos un rato
		Taller de escritores

7. Descripciones — 127

Primera etapa — 127

	¡Leamos!	Reportes meteorógicos
	Sonidos y palabras	La sílaba tónica y las palabras agudas
	Nuestro idioma	Los verbos **poder** y **saber**
	Nuestro idioma	Las mayúsculas y las minúsculas
	Puntuación	La coma
	¡Adelante!	Mi informe meteorológico
		Las estaciones del año

Segunda etapa — 133

	¡Leamos!	Mi pueblo
		La gaviota
	Sonidos y palabras	Las palabras llanas
	Nuestro idioma	Los diptongos y los acentos
	Nuestro idioma	Los adjetivos con **ser** y **estar**

	¡Adelante!	Adivina qué es
		Mi objeto favorito
Tercera etapa		**140**
	¡Leamos!	Dime con quién andas, y te diré quién eres
		Descripción de Pepe Rey
	Sonidos y palabras	Las palabras esdrújulas y sobresdrúlas
	Nuestro idioma	Los verbos **conocer** y **saber**
	Nuestro idioma	La **a** personal
	¡Adelante!	¿Cómo es?
		Descripciones de personas
Integración		**147**
	¡Sigamos adelante!	Conversemos un rato
		Taller de escritores

8. La salud — 149

Primera etapa		**149**
	¡Leamos!	Para estar en forma
	Sonidos y palabras	Más sobre la letra **h**
	Nuestro idioma	Anglicismos
	Nuestro idioma	**Jugar, tocar** y **hacer el papel de**
	Puntuación	El guión largo en los diálogos
	¡Adelante!	¿Qué haces para estar en forma?
		Precaución ante todo
Segunda etapa		**155**
	¡Leamos!	Un resfriado en común
	Sonidos y palabras	Homófonos
	Nuestro idioma	Los pronombres de complemento indirecto
	¡Adelante!	Un resfriado memorable
		En el consultorio del doctor
Tercera etapa		**161**
	¡Leamos!	Los buenos hábitos alimenticios
	Sonidos y palabras	Más homófonos
	Nuestro idioma	Los verbos **preguntar** y **pedir**
	Nuestro idioma	Variaciones regionales en los nombres de los alimentos
	¡Adelante!	Buenos y malos hábitos
		Lo que debemos comer

Integración		**167**
	¡Sigamos adelante!	Conversemos un rato
		Taller de escritores

9. Los estudios en el extranjero — **169**

Primera etapa — **169**

¡Leamos!	En cuanto a hoteles, variedad es la palabra clave
Sonidos y palabras	La **b** y la **v**
Nuestro idioma	Verbos con cambios radicales
¡Adelante!	En la agencia de viajes
	El itinerario del viaje

Segunda etapa — **175**

¡Leamos!	Instituto de cursos intensivos de los Andes
Sonidos y palabras	Adjetivos y pronombres demostrativos
Nuestro idioma	Verbos con cambios radicales de **e** a **i**
Nuestro idioma	Los verbos **funcionar, trabajar** y **servir**
Puntuación	El punto y el punto y coma
¡Adelante!	Entrevista a los (las) solicitantes
	Mensaje para mi familia

Tercera etapa — **181**

¡Leamos!	La búsqueda de viviendas en nuestros tiempos
Sonidos y palabras	la **j** y la **g**
Nuestro idioma	Algunos verbos irregulares en el presente y en el pretérito
Nuestro idioma	Los diminutivos
¡Adelante!	Necesito alquilar un apartamento
	La mansión ideal
	Una historia de misterio

Integración — **189**

¡Sigamos adelante!	Conversemos un rato
	Taller de escritores

10. Hoy, ayer y mañana — **191**

Primera etapa — **191**

¡Leamos!	Una carta de Costa Rica
Sonidos y palabras	La **c**, la **z** y la **s**

	Nuestro idioma	El trato informal y el trato formal
	Nuestro idioma	Cognados falsos
	¡Adelante!	La rutina ideal
		Un día típico

Segunda etapa — 198

	¡Leamos!	Un anuncio comercial
	Sonidos y palabras	La **c** y la **qu**
	Nuestro idioma	Anglicismos
	Nuestro idioma	El futuro: formas regulares e irregulares
	¡Adelante!	Fiesta de fin de semana
		Invitación a una fiesta

Tercera etapa — 204

	¡Leamos!	Un cuento corto
	Sonidos y palabras	La **r** y la **rr**
	Puntuación	Dos puntos (:)
	Nuestro idioma	El imperativo reflexivo
	Nuestro idioma	El imperativo familiar irregular
	¡Adelante!	Tus vacaciones
		Itinerario para unas vacaciones fabulosas

Integración — 210

	¡Sigamos adelante!	Conversemos un rato
		Taller de escritores

11. La comida en el mundo hispano — 213

Primera etapa — 213

	¡Leamos!	La ropa en América Latina
	Actividades	Mis marcas favoritas
		Una nueva marca
	¡Exploremos!	Creamos una línea de ropa

Segunda etapa — 217

	¡Leamos!	La cocina regional española
	Actividades	Los restaurantes típicos
		Mi restaurante favorito
	¡Exploremos!	Abramos un restaurante típico

Tercera etapa		**223**
	¡Leamos!	Los platos de Puerto Rico
	Actividades	La comida en mi comunidad
		Mis platos típicos favoritos
	¡Exploremos!	Creamos un menú
Integración		**226**
	¡Sigamos adelante!	Conversemos un rato
		Taller de escritores

12. El transporte — 229

Primera etapa		**229**
	¡Leamos!	Los hispanos en el Suroeste
	Actividades	Hablemos sobre el Suroeste de los Estados Unidos
		Las palabras de origen español
	¡Exploremos!	Planeamos un viaje al Suroeste de los Estados Unidos
Segunda etapa		**233**
	¡Leamos!	Los ferrocarriles latinoamericanos
	Actividades	Un viaje interesante
		Mi viaje ideal
	¡Exploremos!	Una historia de viaje
Tercera etapa		**237**
	¡Leamos!	Un viaje exploratorio
	Actividades	¿Adónde debo ir?
		¿Cómo puedo llegar allí?
	¡Exploremos!	Una presentación oral
Integración		**241**
	¡Sigamos adelante!	Conversemos un rato
		Taller de escritores

13. El arte y la música — 243

Primera etapa		**243**
	¡Leamos!	El arte de los murales
	Actividades	El arte en la comunidad
		¿Por qué existen los murales?
	¡Exploremos!	Un mural en tu universidad

Segunda etapa		**247**
	¡Leamos!	El comercio tradicional en la América Latina
	Actividades	Los mercados y tiendas de artesanías
		Las artesanías en tu comunidad
	¡Exploremos!	Planeamos una artesanía en tu comunidad
Tercera etapa		**251**
	¡Leamos!	La música latinoamericana
	Actividades	Las variaciones musicales latinas
		Mi música preferida
	¡Exploremos!	Una canción española que conoces
Integración		**255**
	¡Sigamos adelante!	Conversemos un rato
		Taller de escritores

14. El mundo de las letras   257

Primera etapa		**257**
	¡Leamos!	Las revistas en la red mundial del Internet
	Actividades	La gama de revistas
		Tu revista preferida
	¡Exploremos!	Una revista nueva
Segunda etapa		**260**
	¡Leamos!	El pícaro
	Actividades	Más pícaros
		Mi personaje favorito
	¡Exploremos!	Una historia incompleta
Tercera etapa		**264**
	¡Leamos!	La literatura hispana en los Estados Unidos
	Actividades	Obras interesantes
		Una descripción
	¡Exploremos!	La representación de una escena
Integración		**267**
	¡Sigamos adelante!	Conversemos un rato
		Taller de escritores

SECOND EDITION

¡Tú dirás!

Cuaderno para hispanohablantes

Capítulo 1 Vamos a tomar algo

PRIMERA ETAPA

¡Leamos!

Una *introducción* aparece al comienzo de un libro, artículo o ensayo. En esta sección se presenta información general sobre el tema o el propósito del texto.

▶ *Antes de leer*

1. Lee el título de la lectura. ¿De qué crees que se va a tratar la lectura?

2. Ahora, lee la primera oración del primer y segundo párrafo y los títulos de los tres puntos. Indica en una oración de qué se trata esta introducción.

Introducción al *Cuaderno de ejercicios para hispanohablantes*[1]

Muchos hispanohablantes que han crecido en Estados Unidos están algo nerviosos cuando comienzan a estudiar español en la escuela. A veces creen que saben demasiado poco español, o incluso que lo hablan muy mal. Algunos estudiantes piensan que les va a resultar muy difícil aprender todas las reglas de ortografía[2] necesarias para escribir correctamente en español. Otros creen que su español es incorrecto porque usan un habla muy coloquial, es decir, mucho *slang*.

En realidad, hay muchas maneras correctas de hablar un mismo idioma. Un estadounidense[3] tiene un acento diferente al de un inglés o un irlandés; un australiano puede usar distintas palabras para referirse al mismo objeto que un escocés. Sin embargo, todos hablan el idioma inglés correctamente. Si tú puedes hablar en español o entender lo que dicen los demás, ya sabes mucho sobre nuestro idioma. Este cuaderno de ejercicios te ayudará a ampliar y refinar tus conocimientos, principalmente en tres aspectos.

- *La variedad regional:* Igual que con el inglés, hay muchas maneras de hablar el español. Es importante que sepas comunicarte en un español que pueda ser entendido por personas de distintos países y de las varias regiones de los Estados Unidos. En este cuaderno practicarás el uso de un español estándar.

- *El español formal y el español informal:* Si las personas con las que hablas en español son tus parientes o amigos, probablemente estás acostumbrado a usar un estilo informal y familiar. Pero si tuvieras[4] una entrevista de trabajo, probablemente quisieras usar un español más formal, como el que usan los locutores de televisión o de radio. En este cuaderno practicarás el uso de un español más formal.

- *El español oral y el español escrito:* Aunque hay muchas maneras diferentes y correctas de hablar el español, con muy pocas excepciones, hay una sola manera correcta de escribirlo. Si generalmente hablas en español pero no escribes en este idioma, necesitas practicar tu escritura. En este cuaderno aprenderás sobre la gramática y la ortografía del español; también completarás ejercicios de redacción.

Si en este libro encuentras alguna palabra que no conoces, subráyala. Puedes preguntarle a tu profesor(a) lo que significa, o buscarla en el diccionario. Así irás ampliando tu vocabulario a la vez que refinas tu uso del idioma.

---

[1] **hispanohablantes** personas que hablan español
[2] **reglas de ortografía** normas para escribir correctamente las palabras
[3] **estadounidense** persona de los Estados Unidos
[4] **tuvieras** forma del verbo **tener**

▶ *Después de leer*

1. ¿Para quiénes es este cuaderno de ejercicios?
2. ¿De qué dos palabras crees que surgió la palabra **hispanohablante**?
3. ¿Es cierto o falso que hay una sóla manera correcta de hablar el español? ¿Por qué?
4. Los hispanohablantes de distintas regiones usan la palabra **guagua, ómnibus, colectivo, camión** o **autobús** para referirse al mismo objeto. ¿Cómo le dices tú? ¿Cómo se llama este fenómeno?
5. ¿Qué diferencia hay entre la forma en la que uno habla con los amigos o familiares y la forma en la que habla un locutor de televisión?
6. ¿Es cierto o falso que hay muchas maneras de escribir el español?
7. ¿Qué debes hacer cuando encuentras una palabra desconocida? ¿Con qué propósito?
8. ¿Conoces hispanohablantes que hablan el español de manera diferente de la que tú lo hablas? Da al menos tres ejemplos de palabras o expresiones que usas tú y que usan otros hipanohablantes para referirse a la misma cosa.
9. ¿Por qué crees que hay tantas maneras de hablar español?

Sonidos y palabras

> *Sílabas que terminan en -s*
>
> 1. Si no pronuncias la **-s** al hablar, recuerda incluirla al escribir.
> 2. Muchos verbos terminan en **-s** en el tiempo presente en la segunda persona del singular (**tú**) y la primera persona del plural (**nosotros**): **hablas, hablamos**.
> 3. La mayoría de los sustantivos terminan en **-s** en el plural: **dos cafés, todos los días**.
> 4. Presta atención especial a la **-s** final de una sílaba interna: **es-tu-dias, es-te, des-pués**.

A. La *-s* escrita. Escribe una **-s** donde corresponda en este diálogo.

Paco: ¡Mira, hombre! Bueno____ día____, ¿cómo e____á____?

Julio: Bien, hombre. Paco____, e____cucha, yo quiero____ tomar algo. ¿Vamo____ a____ tomar un café____ o un refre____co en e____te re____taurante? Yo te invito ____.

Paco: De acuerdo. Pero mejor vamo____ al café de la e____quina porque e____ má____ e____conómico, ¿no?

Julio: Sí, e____ cierto. Creo____ que es mejor____ que vayamo____ adonde____ tú dice____.

Paco: Bien. ¿Tiene____ hambre? El pa____tel de fresa____ es muy bueno____ aquí.

Julio: Sí. No comí____ nada de desayuno.

Paco: Entremo____, pue____.

Julio: Vamo____ a pedir lo____ café____ primero y de____pué____ podemo____ pedir el pa____tel.

Paco: E____tá bien, amigo____.

Nuestro idioma

> *Algunos verbos con cambio radical en el presente*
>
> 1. Algunos verbos cambian la raíz al conjugarse en el presente. Este cambio sólo se hace para los sujetos **yo, tú, el, ella, ustedes, ellos y ellas**. No se hace para **nosotros** ni para **vosotros**.
>
> 2. Algunos verbos cambian la **-o-** a **-ue-**, entre ellos **almorzar, cerrar, costar, devolver, merendar, poder, probar** y **volver**.
>
> 3. Otros verbos cambian la **-e-** a **-ie-**, entre ellos **comenzar, empezar, pensar, preferir** y **recomendar**.
>
> 4. Otros verbos cambian la **-e-** a **-i-**, entre ellos **despedir, pedir, repetir** y **servir**.
>
> | | volver | pensar | pedir |
> |---|---|---|---|
> | yo | v**ue**lvo | p**ie**nso | p**i**do |
> | tú | v**ue**lves | p**ie**nsas | p**i**des |
> | él, ella | v**ue**lve | p**ie**nsa | p**i**de |
> | nosotros | volvemos | pensamos | pedimos |
> | vosotros | volvéis | pensáis | pedís |
> | ustedes, ellos, ellas | v**ue**lven | p**ie**nsan | p**i**den |

B. ¿Qué comes? Un estudiante peruano te hace preguntas sobre tus comidas habituales. Completa cada respuesta con la forma que corresponde del verbo en cursiva. Sigue el modelo.

■ **Modelo:** ¿Qué *prefieres* tú para el desayuno?
Yo prefiero café con leche.

1. ¿Tú y tus amigos *meriendan* juntos todos los días?
   Algunos días nosotros _____ juntos.

2. ¿A qué hora *almuerzan* tus padres?
   Mi padre _____ a las doce y mi madre _____ a la una.

3. ¿Qué me *recomiendas* que coma en la cafetería de la escuela?
   Yo te _____ que comas un sándwich de jamón y queso.

4. ¿Cuánto *cuestan* las bebidas?
   Un refresco _____ cincuenta centavos, y los jugos _____ sesenta y cinco centavos.

5. ¿Ustedes *comienzan* el día con un desayuno pesado o ligero?
   Mis hermanos y yo _____ con un desayuno pesado, pero mis papás lo _____ con un café.

6. ¿Aquí *sirven* café en el cine?
   No, aquí no _____ café en el cine.

7. ¿Dónde *podemos* comprar un helado?
   _____ comprarlo en una heladería, o también en un supermercado.

8. ¿Quieres *probar* la comida peruana?
   Yo siempre _____ la comida de otros países.

9. ¿A qué hora *cierran* los restaurantes?
   Muchos restaurantes _____ a las diez de la noche, pero yo conozco uno que _____ a las once y media.

10. ¿Dónde *piensan* cenar hoy tus amigos y tú?
    Hoy _____ cenar en Burger King.

C. Las comidas. Completa las siguientes oraciones con la forma apropiada del verbo que está entre paréntesis.

1. Carlos siempre _____ en la cafetería, ¿y tú? *(merendar)*

2. Yo nunca _____ antes de las dos de la tarde. *(almorzar)*

3. Mis hermanas siempre _____ el desayuno con un jugo de naranja. *(comenzar)*

4. Mis amigos y yo _____ todas las comidas nuevas en la cafetería. *(probar)*

5. A veces yo _____ tomar un café con leche antes de clase. *(querer)*

6. Nosotros siempre les _____ nuestros restaurantes favoritos a los amigos. *(recomendar)*

7. Ellas siempre nos _____ chocolate caliente cuando vamos a estudiar a su casa. *(servir)*

8. ¿Tú _____ tomar un refresco o un jugo? *(preferir)*

Nuestro idioma

Combinaciones de vocales

1. Las palabras que se forman a partir de los verbos que tienen cambios de vocal en la raíz frecuentemente tienen el mismo cambio: **el almuerzo, el cuento, el encuentro, la merienda, la prueba, el recuerdo, el comienzo.**

2. Al escribir las siguientes palabras, no olvides las combinaciones de vocales: exper**ie**ncia, par**ie**ntes, algu**ie**n, c**ie**nto, p**ue**s, n**ue**ve, l**ue**go, c**ue**ce (comida).

3. Muchas palabras se pronuncian sin cambios de vocal, entre ellas: d**e**ntista, ex**i**gencia, apr**e**nde, sorpr**e**nde, v**e**nde, r**o**mpe, c**o**se (ropa).

D. Corrección de escritura. Tu hermano menor te pide que le corrijas una carta que escribió a un amigo por correspondencia que va a venir a visitarlo. Las letras subrayadas representan faltas de ortografía. Escribe las palabras correctamente sobre las líneas.

> Querido Luis:
>
> Pos, dentro de poco vas a vinir a vivir aquí. Creo que va a ser una expieriencia muy buena. Puedemos almuerzar juntos en la cafetería de la escuela y leugo venir a mi casa. Vienden buenos pasteles en una teinda cerca de aquí. Mi mamá tambén hace buenas merendas, pero en la tienda hay juegos de vídeo. Cuando regrieses a Bolivia tiendrás muchos recordos de tu visita. También podrás sorprienden a tus amigos con el inglés que aprendieste.
>
> Te espera tu amigo,
> Carlos

1. Pues
2. venir
3. experiencia
4. luego
5. tienda
6. también
7. regreses
8. tendrás
9. sorprender
10. aprendiste

Puntuación

La coma en las series

1. Usa las comas para separar los elementos de una serie.
2. No uses coma antes de las palabras **y** u **o** en una serie.

E. Mis comidas. Escribe una oración en la que menciones todo lo que comes de desayuno. Luego escribe una oración mencionando lo que almuerzas y otra mencionando lo que cenas. Usa el modelo.

■ **Modelo**   En el desayuno yo como cereal, pan, mermelada, mantequilla, leche, jugo de naranja y fruta fresca.

1. _____

2. _____

3. _____

¡Adelante!

Saludos y despedidas

Trabaja con dos compañeros(as) de clase para preparar este diálogo.

1. Dos estudiantes se encuentran en la calle, se saludan y deciden ir juntos(as) a un café. Hablen de qué restaurantes quedan cerca de allí, qué sirven en cada uno y a cuál van a ir.

2. En el café, el (la) camarero(a) es un(a) estudiante que ustedes conocen. Pregúntenle qué les recomienda pedir. Comenten el menú, diciendo qué piensan pedir y cuánto cuestan algunos platos.

3. Pidan algo de tomar y de comer. Conversen sobre una fiesta a la que los (las) tres fueron el fin de semana pasado y luego despídanse.

4. Aprendan el diálogo de memoria y preséntenlo a la clase.

En el restaurante

Trabaja con un(a) compañero(a) de clase. Preparen un diálogo entre un(a) camarero(a) y un(a) cliente(a) que desayuna en un restaurante.

1. El (La) camarero(a) describe los platos que se sirven en el restaurante y dice cuáles recomienda él especialmente.

2. El (La) cliente(a) tiene mucho hambre y pide varias cosas de beber y de comer.

3. Cuando la comida llega, el (la) cliente(a) se queja de todos los platos, y el (la) camarero(a) le responde.

4. Aprendan el diálogo de memoria y preséntenlo a la clase.

Un desayuno típico

1. Escribe una lista de las seis cosas que tú prefieres comer y beber en el desayuno.

2. Trabaja en grupos de tres a cinco estudiantes, según te indica tu profesor(a). Compara tu lista con las de los (las) otros(as) estudiantes del grupo.

3. Escriban una nueva lista donde presenten las bebidas más populares, las comidas más populares, las bebidas menos populares y las comidas menos populares.

4. Presenten esta información al resto de la clase. Comparen las listas que escribieron con las que escribieron sus demás compañeros(as).

Nombre _____ Fecha _____

SEGUNDA ETAPA

¡Leamos!

En el Internet vas a encontrar información sobre casi todos los temas, y en casi todos los idiomas. Hay, por ejemplo, páginas dedicadas a la cocina de los distintos países de habla hispana. En ellas puedes encontrar recetas que te enseñarán a preparar sabrosas delicias culinarias.

▶ Antes de leer

1. Lee el título de la lectura y el primer párrafo. ¿Qué puedes encontrar en esta página?

2. Mira los ingredientes de la receta. ¿Qué plato te indica cómo preparar? ¿Has comido alguna vez un plato que se parezca a éste?

3. ¿Has buscado recetas o información sobre los países de habla hispana en el Internet? ¿Qué tipo de información?

¡Bienvenido a una página dedicada al buen gusto!

Esta página es para todas aquellas personas interesadas en aprender a preparar y disfrutar de los deliciosos platos peruanos.

La cocina peruana, conocida como **cocina criolla**, es muy variada debido a la riqueza[5] y diversidad de las regiones del país. El resultado es una deliciosa cocina que ha comenzado a obtener gran prestigio[6] internacional. De gran renombre[7] son los platos con mariscos[8] y peces.

- Para buscar recetas por orden alfabético, debe pulsar[9] aquí.
- Para buscar recetas por ingrediente, debe pulsar aquí.
- Para ver el índice de todas las recetas, debe pulsar aquí.

Arroz con calamares
Ingredientes

2 docenas de calamares	1/2 kilo de arroz	sal
1 tomate picado[10]	el jugo de 1 limón	pimienta
1/4 de kilo de arvejas[11]	1 pimiento picado	aceite
2 dientes de ajo picados	1 cebolla picada	agua

Preparación

1. Se limpian los calamares, se cortan en rodajas[12] y se remojan[13] en el jugo de limón.
2. Se hierven[14] las arvejas dentro de una olla[15].
3. Se fríen[16] en el aceite la cebolla finamente picada, los ajos, el pimiento y el tomate, sin dejar de revolver. Se agrega un poco de sal y pimienta.
4. Se agregan los calamares más unas 3 tazas de agua, las arvejas y el arroz.
5. Se deja hervir hasta que el arroz esté cocido, pero no muy seco.
6. Se sirve bien caliente, adornado con perejil o cilantro.

[5]**riqueza** fortuna, abundancia
[6]**prestigio** fama, renombre
[7]**renombre** popularidad, buena reputación
[8]**mariscos** frutos de mar
[9]**pulsar** presionar, apretar
[10]**picado** cortado en pedazos pequeños
[11]**arvejas** chícharos, guisantes
[12]**rodajas** rebanadas
[13]**remojar** sumergir en un líquido
[14]**hervir** cocinar en agua caliente
[15]**olla** cacerola, cazuela
[16]**freír** cocinar en aceite caliente

▶ *Después de leer*

1. ¿De qué país trata la lectura?
2. ¿Qué ofrece la página?
3. ¿Por qué hay tanta variedad en la cocina peruana?
4. ¿Cómo se le dice a la cocina peruana?
5. ¿Cuáles son los platos más conocidos de la cocina peruana?
6. ¿Qué información presenta la primera página del sitio? ¿La segunda?
7. ¿Cuáles son los ingredientes principales del plato?
8. ¿Cómo se preparan los calamares?
9. ¿Comes comida hispana en casa? ¿Qué platos?
10. ¿Cuáles son tus platos favoritos? ¿Por qué?
11. ¿Hay alguna receta tradicional en tu familia que tú hayas aprendido de tus padres y ellos de los suyos?

Sonidos y palabras

Las palabras llanas y el acento escrito

En español, cada palabra tiene una sílaba que se pronuncia más fuerte que las demás. Es la sílaba tónica y puede llevar acento escrito o no llevarlo. Las palabras que tienen la sílaba tónica en la penúltima sílaba (la segunda contando desde el final) se llaman **palabras llanas**.

que-so	a-**vio**-nes	**lá**-piz
al-go	re-**fres**-co	**ár**-bol
le-che	tor-**ti**-lla	**fút**-bol
ca-rro	o-ca-**sio**-nes	**ú**-til

Las palabras llanas sólo llevan acento escrito cuando *no* terminan en **-n**, en **-s** o en **vocal**.

pa-ra	**fá**-cil
ha-bla	**tú**-nel
a-**mi**-ga	di-**fí**-cil
dul-ce	**már**-mol

F. Comida ecuatoriana. Subraya todas las palabras llanas y encierra en un círculo la sílaba tónica de cada una.

La cocina ecuatoriana, también conocida como cocina serrana, ha logrado un privilegiado lugar en los restaurantes de gran tradición. Platos como las empanadas, los tamales, la fritada y el caldo de patas son alimentos muy populares. Dos de los platos más famosos son el ceviche de langostino y el cangrejo, que tiene un sabor único. En cuanto a postres, destaca el dulce de higos con queso.

Nombre _____ **Fecha** _____

G. Una cita importante. En el siguiente diálogo hay 10 errores de acentuación en las palabras llanas. Encuentra las palabras con errores de acentuación y escríbelas correctamente en las líneas en blanco.

María Fernanda: Hola, Pepe. ¿Cómo estás? ¿Vas a comer en el céntro?

Pepe: Sí. Voy al restaurante argentino a comer, ¿quiéres venir conmigo?

María Fernanda: Quisiera ir, pero no puedo. Ya tengo planes.

Pepe: ¿Vas a encontrárte con Inés?

María Fernanda: Sí. Vamos a un café español en el centro.

Pepe: Oye, ¿podémos reunirnos después para tomar álgo? Quiero hacerte unas pregúntas sobre el exámen de álgebra. Va a ser muy dificil, ¿verdad?

María Fernanda: Creo que sí. Pues, perfecto, hombre. Te veo allí a las seis. ¿De acuerdo?

Pepe: Perfecto. Adiós, pues. Hasta las seis.

1. _____ 5. _____ 8. _____
2. _____ 6. _____ 9. _____
3. _____ 7. _____ 10. _____
4. _____

Nuestro idioma

Los verbos y las preposiciones

1. Algunos verbos generalmente van seguidos de una preposición específica. Estos son algunos de los más comunes.

verbo + **de**	verbo + **a**	verbo + **con**	verbo + **en**
acabar de	aprender a	casarse con	confiar en
acordarse de	ayudar a	enojarse con	fijarse en
dejar de	comenzar a	contar con	insistir en
despedirse de	decidirse a	soñar con	pensar en
quejarse de	enseñar a		
	ir a		

2. Los siguientes verbos generalmente no van seguidos de ninguna preposición.

deber	esperar	pensar	querer
desear	necesitar	preferir	temer

H. Comidas y bebidas. Lee las siguientes preguntas y añade una preposición en el espacio en blanco si el verbo la necesita. Luego hazle estas preguntas a un(a) compañero(a) de clase. Sigue el modelo.

- **Modelo**   Generalmente, ¿te fijas __en__ lo que comes, o no te importa mucho?

1. ¿Qué acabas _____ comer?

2. ¿Vas _____ comer postre?

3. ¿Quién te enseña _____ cocinar?

4. ¿Qué platos sabes _____ preparar?

5. ¿Vas a aprender _____ preparar algo nuevo este año?

6. ¿Sueñas _____ comida a veces? ¿Cuándo?

7. ¿Qué piensas _____ beber con el almuerzo?

8. ¿Cuentas _____ ayuda cuando cocinas?

9. ¿Te quejas _____ tener que comer algo? ¿Qué?

10. ¿Qué insistes _____ comer para el almuerzo?

11. ¿Qué no te gusta _____ comer?

12. ¿Me ayudarías _____ preparar la merienda?

I. De visita en Colombia. Lee esta tarjeta postal que recibió Elena de una amiga que está visitando a sus parientes *(relatives)* en Colombia. Escribe las preposiciones necesarias en los espacios en blanco.

J. Mi familia. Escribe oraciones sobre tu familia. Usa los sujetos, verbos y preposiciones que se indican. Sigue el

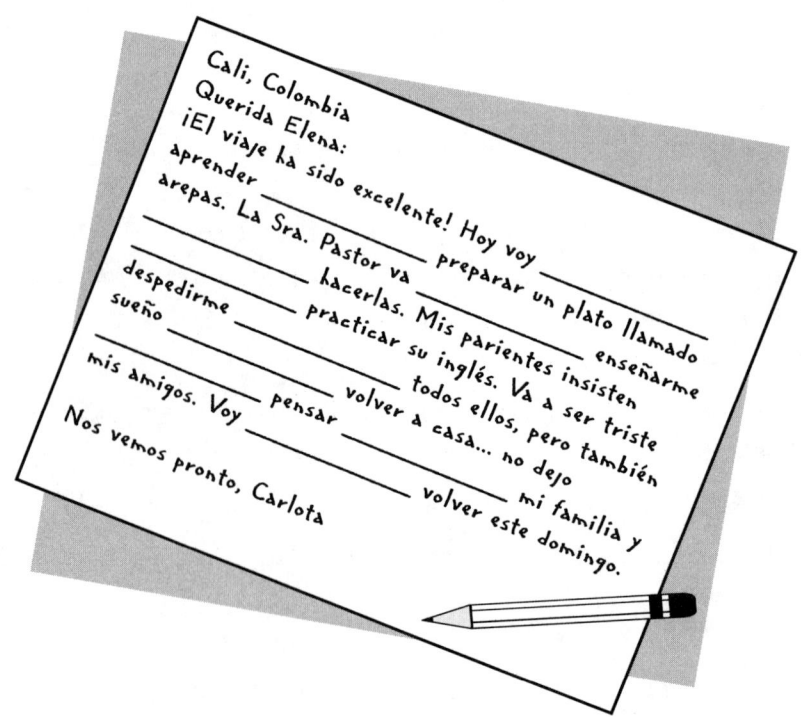

Cali, Colombia
Querida Elena:
¡El viaje ha sido excelente! Hoy voy _____ aprender _____ preparar un plato llamado arepas. La Sra. Pastor va _____ hacerlas. Mis parientes insisten _____ enseñarme _____ practicar su inglés. Va a ser triste despedirme _____ volver a casa... no dejo _____ sueño _____ volver a casa... no dejo _____ pensar _____ mi familia y mis amigos. Voy _____ volver este domingo.
Nos vemos pronto, Carlota

10   *¡Tú dirás! Second Edition*

modelo.

- **Modelo** mi prima Chochi / enseñar a
  Mi prima Chochi me va a enseñar a preparar un plato dominicano.

1. yo / acabar de

2. nosotros / contar con

3. ustedes / pensar en

4. mis hermanas / dejar de

5. Joaquín / ayudar a

6. mi mamá y mi papá / soñar con

7. tú / comenzar a

8. mi hermanito / jugar con

9. yo / jugar a

10. mi abuelita / pensar en

¡Adelante!

Platos favoritos

Habla con un(a) compañero(a) sobre sus platos favoritos de comida hispana. Comenten los siguientes puntos:

1. Si por lo general comen comida hispana en sus casas, y qué platos comen.
2. Qué comidas y bebidas hispanas prefieren de desayuno, de almuerzo, de merienda y de cena.
3. Si saben preparar algún plato de comida hispana, cómo se prepara y quién les enseñó a prepararlo.
4. Si hay restaurantes que sirven comida hispana en su comunidad, qué tipos de comida sirven y si les gustan estos restaurantes.
5. En qué se parece y en qué se diferencia la cocina hispana de distintos países y regiones de España y América Latina.

Mi restaurante

Imagínate que quieres abrir un restaurante de comida hispana. Escribe un párrafo sobre tus planes para el restaurante. Cubre los siguientes puntos:

1. Desde hace cuánto tiempo sueñas con tener un restaurante.

2. Cómo se va a llamar tu restaurante y cómo va a ser la decoración.

3. La dirección y el número de teléfono de tu restaurante y el horario en el que va a estar abierto.

4. Qué vas a servir de comer y de beber. Menciona platos para el desayuno, el almuerzo, la merienda y la cena.

5. Dónde vas a aprender a preparar los platos y quién te va a enseñar a cocinarlos.

6. Qué amigos o parientes te van a ayudar con los preparativos, y qué va a hacer cada uno.

7. Cómo va a ser la fiesta de inauguración del restaurante.

TERCERA ETAPA

¡Leamos!

Un **reportaje** es una entrevista en la que un reportero le hace preguntas a una persona sobre un tema en particular. Todos los días, los noticieros de radio y televisión transmiten reportajes, y los periódicos y las revistas los publican.

▶ Antes de leer

1. ¿Has leído alguna vez un reportaje? ¿Qué formato siguen?

2. ¿Qué significan la **P** y la **R** que aparecen en el reportaje?

3. ¿Qué características tienen en común los tacos y los *hot dogs*? ¿Puedes nombrar otras comidas que tengan estas características?

La comida: regional y universal a la vez

La profesora Andrea Alvarado es una antropóloga que estudia las costumbres alimenticias de las culturas. Actualmente está investigando la influencia de la geografía, la historia y la cultura en las comidas hispanas.

P: Dra. Alvarado, ¿qué nos revela la comida de un pueblo[17]?

R: Algunos aspectos de la comida de un pueblo revelan mucho de su historia, de su composición étnica y de su situación geográfica. Otros elementos, sin embargo, parecen ser universales: existen en las comidas de todos los pueblos.

P: ¿Qué influencia tiene la geografía en las comidas hispanas?

R: Cada región tiene sus platos típicos que resultan de su geografía, pero también de su historia étnica y cultural. Los habitantes de los países que tienen una relación importante con el mar, como Chile, España y las islas caribeñas, comen pescado en muchas formas.

La Argentina, el Uruguay y el Paraguay tienen grandes llanos[18] de clima moderado y agua abundante y por eso producen y comen mucha carne de todas clases, pero especialmente carne de res.

En los países andinos[19], los peruanos, los ecuatorianos y los bolivianos comen papas de todas las maneras imaginables.

Nombre _____ **Fecha** _____

En los países tropicales del Caribe y de Centroamérica, se consumen muchas y variadas frutas frescas. También la presencia histórica de muchos pueblos africanos resulta en una influencia considerable de esas culturas en la comida de la región.

Los mexicanos y centroamericanos descienden[20] de varias culturas indígenas que dependían del maíz como comestible[21] fundamental, y esa dependencia sigue hasta hoy.

P: ¿Y cuáles son algunos factores universales de la comida?

R: El principal factor común de todas las comidas del mundo es la comodidad: todas las culturas han inventado un plato portátil[22]. Este plato siempre está hecho con algún tipo de pan (bollo, pan de molde en rebanadas, tortilla) y algún tipo de relleno (carne, verduras, queso).

Por ejemplo, en El Salvador se comen las "pupusas", un plato parecido al taco con rellenos diversos. En la República Dominicana se comen "pastelitos" rellenos de pollo, cebolla, aceitunas, tomates, nueces, pasas y huevo cocido. Los chilenos y argentinos comen "empanadas" con casi los mismos rellenos. Los bolivianos comen algo muy semejante que llaman "empanadas salteñas".

P: ¿Cuál es su conclusión acerca de estas semejanzas[23]?

R: Bueno, esto nos muestra que aunque hay factores "específicos" (geografía, historia, etc.) que influencian la comida de un pueblo, también hay factores "universales", como la necesidad de las personas de comer con una mano mientras se desplazan[24].

P: ¿Hay otras comidas que existen en todos los países?

R: Sí, por ejemplo todos los pueblos tienen por lo menos un plato que consiste en una mezcla de carne o pescado y verduras en una olla: el "puchero" argentino, el "chupe de mariscos" chileno, la "cazuela de mariscos" venezolana, el "sancocho" de varios países, la "zarzuela de mariscos" y la "olla podrida" española.

P: ¿Y cuáles son los factores universales de estas comidas?

R: La necesidad de las personas de usar distintas verduras antes de que se echen a perder; la necesidad de tener una dieta balanceada con una proporción saludable de proteínas, carbohidratos y grasas; y la necesidad de aprovechar al máximo la carne, que es más cara y difícil de conseguir, al mezclarla con otros ingredientes.

▶ *Después de leer*

1. ¿Qué países comen principalmente carne de res?

2. ¿Cuáles son algunos países que tienen una relación fuerte con el mar?

3. ¿Qué historia tienen en común los bolivianos y los ecuatorianos?

4. ¿Por qué hay tantas frutas frescas en Centroamérica y el Caribe?

5. ¿Cuál es el ingrediente principal de la dieta mexicana y centroamericana?

6. ¿Qué tienen en común todos los platos como el "puchero" argentino?

7. ¿Qué otros platos o bebidas puedes nombrar que tienen características casi universales?

8. ¿Crees que hoy en día la geografía de una región sigue determinando su comida? Piensa en lo que sucede en las distintas regiones de los Estados Unidos. ¿Crees que esto sucede en todas partes? ¿Por qué?

---

[17]**pueblo** todas las personas de una cultura
[18]**llano** gran extensión de tierra plana
[19]**andinos** de la Cordillera de los Andes
[20]**descienden** tienen como antepasados
[21]**comestible** que se puede comer
[22]**portátil** que se puede transportar
[23]**semejanzas** cosas parecidas o similares
[24]**se desplazan** viajan, se mueven de un lugar a otro

Capítulo 1 Cuaderno para hispanohablantes **13**

Sonidos y palabras

> ### Las palabras agudas y el acento escrito
>
> 1. Las palabras que llevan el golpe en la última sílaba se llaman **palabras agudas**.
>
> | | |
> |---|---|
> | a-ca-**bar** | so-lu-**ción** |
> | us-**ted** | ca-ma-**rón** |
> | mi-ne-**ral** | sal-chi-**chón** |
> | se-**ñor** | ca-**fé** |
> | pas-**tel** | des-**pués** |
>
> 2. Las palabras agudas llevan acento escrito cuando terminan en **–n**, en **-s** o en **vocal**. Es decir, lo contrario que las palabras llanas.
>
> | | |
> |---|---|
> | ca-**mión** | le-**ón** |
> | si-tua-**ción** | ve-**rás** |
> | a-de-**más** | a-pren-de-**rás** |
> | ins-truc-**ción** | pen-sa-**rá** |
> | ciem-**piés** | co-no-ce-**ré** |

K. La comida andina. Subraya las palabras agudas y encierra en un círculo la sílaba tónica de cada una.

La papa tiene un papel principal en la cocina inca. En Bolivia y en el Perú la papa cumple la misma función que el arroz en un país como Cuba. En Bolivia se hace el "chuño" para evitar que las papas se pudran. Se encontró esta solución al problema. Después de cortar las papas en pedazos pequeños, se colocan los trozos afuera en el frío nocturno de la montaña. Al congelar las papas se pueden conservar por mucho tiempo. Los incas reconstituyen las papas con agua cuando las van a cocinar.

L. El turista perdido. En el siguiente diálogo hay 12 errores de acentuación en las palabras agudas. Encuentra las palabras con errores de acentuación y escríbelas correctamente en las líneas en blanco.

Turista: Perdone, joven. Busco un restaurante llamado "El Rincon Mexicano". Por favór, ¿sabe ustéd dónde esta?

Diego: Sí, señór. Lo conozco muy bien. Es mi restaurante favorito.

Turista: ¡Qué bien! Tengo la recomendacion de mi hermano que vivía aqui antes.

Diego: Pues, el lugár no está muy lejos. Usted tiene que seguir hasta la calle Seis. Puede continuar por esta calle y llegara al Rincón Mexicano.

Turista: Muchas gracias por la informacion. Voy allí en seguida. Me gusta mucho el arróz con pollo a la mexicana.

Diego: De nada, señor. Buen provecho. Adios.

1. _____   7. _____
2. _____   8. _____
3. _____   9. _____
4. _____   10. _____
5. _____   11. _____
6. _____   12. _____

Nuestro idioma

Las mayúsculas y las minúsculas

1. En español las oraciones siempre comienzan con mayúscula.

2. Los nombres de las personas, los negocios, los países, los estados y las ciudades siempre comienzan con mayúscula.

   Gloria **E**stefan   **M**ónica **M**artínez **D**uarte
   Restaurante **L**a **R**eina **C**arnicería **E**l **C**harro
   Argentina   **C**osta **R**ica
   California   **V**eracruz
   Nueva **Y**ork   **S**an **J**uan de **P**uerto **R**ico

3. Los idiomas y las nacionalidades *no* comienzan con mayúscula.

   la clase de **e**spañol
   la ortografía **a**lemana
   un estudiante **d**ominicano
   unas papas a la **f**rancesa

4. Los días de la semana y los meses del año *no* comienzan con mayúscula.

   el **d**omingo   **e**nero
   el **m**iércoles   **a**gosto

M. El correo electrónico. Carlos usa el correo electrónico para tener amigos por correspondencia en distintos países de América Latina. Éste es un mensaje que le escribió a un amigo boliviano. Subraya las letras que deben cambiarse de mayúscula a minúscula o de minúscula a mayúscula.

Querido Raúl,

Me alegro de recibir tu mensaje. Escribes muy bien en Inglés, pero yo prefiero practicar mi Español, si no te molesta. Yo tengo muchos amigos en el Internet. Mi plan por ahora es hacer una colección de recetas y platos típicos de los países Hispanos. Aquí en mi escuela tenemos un club de cocineros. Buscamos recetas de todas partes del mundo. Por ejemplo, tengo un amigo Paraguayo que vive en asunción. Su plato favorito es la Paella que hace su mamá. Son Españoles pero viven en el paraguay. Me va a mandar la receta dentro de poco. Otro amigo pertenece a un grupo Chileno de cocineros profesionales que tienen interés en la comida Internacional. él vive en santiago de chile y quiere aprender a hacer platos Norteamericanos. También me comunico con una señora peruana de lima, la Capital. Ella prepara un libro sobre los mejores restaurantes Peruanos, Ecuatorianos y Bolivianos. Es muy interesante comunicarse con gente de otros Países. abre mis ojos a las posibilidades del Mundo. A mí me gustaría escribir un libro de recetas también, pero de todo el Mundo Hispano. Puedo encontrar muchas recetas en el Internet pero creo que después de graduarme voy a tener que viajar a muchos Países Hispanos para conseguir las recetas.

Escribe pronto con tus platos favoritos y las recetas si puedes, tu amigo,

Carlos

N. Un detalle de la gastronomía peruana. El escritor de este párrafo cometió errores de uso de mayúsculas. Encierra en un círculo cada letra que debería estar en mayúscula.

alberto fujimori es el presidente del perú. es de una familia japonesa. su madre vino al peru en 1934 y alberto nació en 1938. la inmigración japonesa al perú fue muy importante durante una época. hoy hay muchos restaurantes japoneses muy auténticos en lima. sirven platos del japón y tienen nombres como el restaurante tokio. presentan otra elección para los turistas europeos y latinoamericanos que buscan comida nueva.

Los verbos gustar *y* querer

1. El verbo **gustar** se usa para hablar de algo que preferimos o que nos da gusto. El verbo es singular si se habla de *una* cosa y plural si se habla de *más de una* cosa. No importa si el sujeto es singular o plural.

   A mí me **gustan** las enchiladas, pero a ellos les **gusta** la ensalada.

2. El verbo **querer** se usa para expresar cariño o amor y para expresar deseos o intenciones. El verbo es singular cuando el sujeto es *uno* y plural cuando el sujeto es *más de uno*. No importa si se habla de una o de muchas cosas.

   Yo **quiero** comer comida mexicana, pero ellos **quieren** comer hamburguesas.

Ñ. Planes para la fiesta. Maya está planeando lo que va a servir en su fiesta. Encierra en un círculo el verbo que corresponde a cada oración. Sigue el modelo.

■ **Modelo** A mi hermana no le ((gustan) / gusta / quieren) los tacos, ella siempre (querer / gusta / (quiere)) hamburguesas.

1. Algunos de mis amigos siempre (gustan / quieren / gusta) platos mexicanos, no les (quieren / gusta / gustan) las hamburguesas.

2. Claro, Elena no (quiere / gustan / gusta) pollo porque es vegetariana.

3. A mí no me (quiere / quieren / gustan) los frijoles con chile porque no me (gusta / quiero / gusto) el picante.

4. A nosotros nos (gustan / quieren / gustar) las enchiladas pero no (queremos / gustamos / gusto) prepararlas.

5. Mis padres no (gustan / quieren / gusta) que yo haga cosas complicadas porque no les (quiere / gusta / quieren) limpiar la casa después.

6. Yo (gusto / quieren / quiero) servir tacos porque le (gustan / quieren / gustamos) a casi todo el mundo.

7. Si hace frío también (quiero / gusto / gustan) servir chocolate caliente.

8. A todos mis amigos les (gustan / quieren / gusta) bailar, así que luego van a (quieren / gustan / querer) algo fresco de beber.

¡Adelante!

Encantada de conocerte

Trabaja con un(a) compañero(a) de clase. Imaginen que son dos estudiantes extranjeros que están de intercambio académico en un país de América Latina y que deciden ir juntos(as) a un restaurante.

1. Hablen sobre la decoración, el ambiente y la comida del restaurante en el que están.

2. Hablen sobre sus comidas favoritas y sus preferencias en cuanto a restaurantes y tipos de comida. Describan el restaurante favorito de cada uno en su país.

3. Decidan qué quieren pedir. Luego hablen sobre la comida cuando llegue.

4. Hablen sobre sus planes para el futuro: lo que les gustaría estudiar, el trabajo que les gustaría tener, el lugar donde quisieran vivir.

El crítico gastronómico

Imagina que eres el crítico gastronómico de un periódico de tu comunidad. Escribe una crítica de un restaurante, real o imaginario, que sirve comida hispana.

1. Describe la primera impresión que produce el restaurante: la decoración, la limpieza, la música, el ambiente, el servicio, etc.

2. Comenta los platos que ofrece el restaurante: si son muchos o pocos, si son variados, si son de un sólo país o de varios, si son caros o baratos, etc.

3. Menciona al menos cuatro platos que pediste y qué te pareció cada uno.

4. Escribe tu recomendación general, explicando por qué el lector debe ir o no a este restaurante.

INTEGRACIÓN

¡Sigamos adelante!

Conversemos un rato

O. La comida de un país latinoamericano. Trabaja con un(a) compañero(a) de clase. Preparen una informe oral sobre la comida de un país de América Latina. Usen información que ya conozcan o búsquenla en libros de consulta. Cubran los siguientes puntos:

1. Los platos más típicos del país.

2. Algunos de los ingredientes que se usan para prepararlos.

3. Cómo influyen el clima y la geografía del país en su cocina.

4. Cómo influyen la historia y la cultura del país en su cocina.

5. Si ustedes han probado la cocina de ese país, qué platos y qué les parecieron.

6. Si se sirven la comida de ese país en los Estados Unidos, y si hay algún restaurante en su comunidad que la sirva.

7. En qué se parece y en qué se diferencia la comida de ese país de la comida de otros países hispanos.

8. En qué se parece y en qué se diferencia la comida de ese país de la comida que se come en los Estados Unidos.

P. ¿Quién come qué? Entrevista a cinco compañeros(as) y prepara un informe oral en el que le cuentes al resto de la clase los resultados de tus entrevistas. Menciona también tus propias respuestas. Averigua:

1. Cuáles son los platos hispanos que más le gustan a cada uno.

2. De dónde son esos platos.

3. Cuándo los probó por primera vez.

4. Si los come seguido o solamente en ocasiones especiales, y en qué ocasiones.

5. Cuáles son los ingredientes de cada plato y cómo se prepara.

6. Si sabe preparar alguno de los platos, y cómo aprendió.

¡Sigamos adelante!

Taller de escritores

Escribe tus opiniones sobre algunos restaurantes de tu ciudad para que tus compañeros(as) decidan si les gustaría comer en ellos.

Q. Reflexión. Escribe una lista de cuatro restaurantes en los que has comido. Incluye algunos restaurantes que te gustan mucho y algunos que no te gustan tanto. Escribe diez palabras relacionadas con cada uno de los restaurantes. Observa la lista, y escoge las cinco palabras más importantes para la descripción de cada restaurante. Escribe una lista de las palabras que vas a usar.

R. Primer borrador. Crea una primera versión de tu trabajo. Escribe un párrafo de tres a cinco oraciones sobre cada restaurante. Recuerda que escribes para tus compañeros(as) de clase.

S. Revisión con un(a) compañero(a). Intercambia tus párrafos con un(a) compañero(a) de clase. Lee y comenta lo que escribió tu compañero(a). Usa estas preguntas como guía.

1. ¿Cuáles de las opiniones de tu compañero(a) son más interesantes?

2. Si conoces alguno de los restaurantes, ¿estás de acuerdo con sus opiniones?

3. ¿Las opiniones son útiles y claras para los lectores?

4. ¿Qué información haría más útiles los párrafos?

T. Versión final. Revisa en casa tu primer borrador. Haz los cambios sugeridos por tu compañero(a) y cualquier cambio que consideres necesario. Revisa el contenido y luego la gramática, la ortografía, el uso de los acentos y la puntuación. Trae esta versión final a la clase.

U. Carpeta. Tu profesor(a) puede incluir la versión final en tu carpeta, colocarla en el tablón de anuncios o usarla para la evaluación de tu progreso.

Capítulo 2 Vamos a conocernos

PRIMERA ETAPA

¡Leamos!

Un **guión** es el texto de una obra de teatro, de una película, o de cualquier texto que vaya a ser narrado. Los anuncios que transmite la radio se graban a partir de un guión como el que sigue.

▶ *Antes de leer*

1. ¿Qué tipo de tienda es un almacén?

2. ¿Qué tipo de información esperas escuchar en los anuncios comerciales de la radio?

3. Lee las palabras en la nota al pie de la lectura. ¿Te dan una idea del contenido de la lectura?

Un guión

Locutor: Bienvenidos, amables radioyentes de Radio Ventura, al programa "Salud y medicina", aquí en el 890 de su radio. Soy Herminio Vargas. Hoy tenemos como invitado al médico argentino Carlo Pontini. Hablaremos con el Dr. Pontini después de este anuncio de nuestro patrocinador[1], los Almacenes Ortega.

Música comercial: canción de los Almacenes Ortega.

Mujer: Oiga, señora, ¿ya están listos sus hijos para el comienzo del año escolar? Si no, no deje de aprovechar la gran promoción de Almacenes Ortega, "¡A la escuela!". Tenemos todo lo necesario para sus hijos... ¡y todo a precios espectaculares!

Hombre: ¿Necesita Ud. también algo para el cuarto de su hijo o hija? Pues en nuestro departamento de muebles le ofrecemos económicas camas para jóvenes a tan sólo 250 dólares. Tenemos además una gran selección de escritorios de varios estilos y materiales, en barata desde 95 hasta 200 dólares, incluyendo estante a juego[2]. También hay sillas de 40 a 80 dólares. Y para crear un ambiente ameno[3], no deje de visitar nuestra sección de alfombras y nuestra florería[4], donde le ofrecemos un gran surtido[5] de plantas.

Mujer: Y en la sección de aparatos electrónicos usted puede encontrar radios despertadores, televisores, vídeos y estéreos de las mejores marcas, ¡con rebajas[6] de hasta un 50 por ciento! Pero apúrese, porque la barata termina el día diez.

Hombre: Y, por supuesto, la papelería de Almacenes Ortega le ofrece el mayor surtido de útiles escolares: lápices, bolígrafos, cuadernos, calculadoras, sacapuntas, portafolios y mochilas de todos tipos y colores.

Mujer: Y eso no es todo. En nuestra librería[7] encontrará libros de texto y materiales de consulta que prepararán a su hijo para sobresalir[8] en cualquier clase.

---

[1] **patrocinador** organización que paga el programa
[2] **a juego** que combina
[3] **ameno** agradable, placentero
[4] **florería** tienda que vende flores
[5] **surtido** variedad
[6] **rebajas** reducciones de precio
[7] **librería** tienda que vende libros
[8] **sobresalir** destacar

Hombre: Y, para después de la escuela, nuestra sección de música tiene todos los discos compactos y las cintas más deseadas. Además tenemos una gran cantidad de pósters de los grupos musicales de moda.

Mujer: Y en la sección de deportes... ¡desde raquetas de tenis hasta bicicletas!

Hombre: Así que vengan todos a Almacenes Ortega, donde conseguirán todo lo que pensaban comprar a la mitad del precio, porque en Almacenes Ortega todos los días encontrarán...

Mujer y Hombre: ¡Calidad y variedad al mejor precio!

Música comercial: canción de los Almacenes Ortega.

▶ Después de leer

1. ¿Qué tienda patrocina este programa?
2. ¿Qué productos venden los Almacenes Ortega?
3. ¿Qué ofertas tiene el departamento de muebles?
4. ¿Qué productos electrónicos ofrecen los Almacenes Ortega?
5. ¿Venden muchos útiles escolares? ¿Cuáles?
6. ¿Qué productos tienen una rebaja de hasta el 50 por ciento?
7. ¿Compras muchos artículos escolares antes del comienzo del año escolar? ¿Qué artículos compras? ¿Dónde los compras?
8. ¿Qué artículos consideras indispensables para estar bien preparado(a) para el regreso a clases? ¿Qué artículos consideras opcionales? Explica tus respuestas.

Sonidos y palabras

Las palabras esdrújulas

Las palabras que tienen la sílaba tónica en la antepenúltima sílaba (tercera desde el final) se llaman palabras **esdrújulas**. Siempre llevan acento escrito.

| **mú**-si-ca | **ví**-de-o | **rá**-pi-do |
| es-**té**-re-o | **dé**-ci-mo | **bús**-ca-lo |

A. Recordando la tierra. Lee este párrafo sobre Marta y su manera de recordar su tierra. Subraya las palabras esdrújulas.

Marta tiene dieciséis años y es de la República Dominicana. Vive en los Estados Unidos desde hace tres años. Le parece fantástico estar aquí, pero también extraña muchísimo su tierra. En su cuarto trata de recrear el ambiente del Caribe. Tiene un estéreo en el que escucha música dominicana. También tiene un vídeo para ver películas en español. Cuando va a la isla de visita lleva su cámara para sacar fotografías. Pone las fotos en la cómoda de su cuarto para recordar su isla. En su cuarto además tiene unos pósters de las playas de la isla. También le gusta ir a un restaurante dominicano porque en su opinión el café de allí es riquísimo. Hasta su médico es de la isla.

B. Unas preguntas. En este cuestionario sobre tus preferencias y posesiones faltan los acentos escritos en todas las palabras esdrújulas. Escribe los acentos necesarios.

1. ¿Tienes un estéreo en casa?

2. ¿Te gusta la música rock?

3. ¿Tienes un televisor y un vídeo en tu cuarto?

4. ¿Tienes un radio despertador?

5. ¿Tienes máquina de escribir o computadora?

6. ¿Prefieres escribir con bolígrafo o con lápiz?

7. ¿Qué cosas pones encima de tu cómoda?

8. ¿Usas una cámara de fotos?

Nuestro idioma

Los números

1. Los números del 16 al 29 y los múltiplos de cien entre 200 y 900 se escriben generalmente con palabras compuestas.

   diecisiete   doscientos   cuatrocientos

   veintitrés   trescientos   quinientos

2. Algunas letras cambian al formar palabras compuestas.

   die**z**   die**c**iocho

   vein**te**   vein**ti**séis

   siete   **se**tecientos

   n**ue**ve   n**o**vecientos

3. Los números entre 30 y 99 se escriben con palabras separadas por la palabra **y**.

   treinta y tres

   cuarenta y seis

   cincuenta y dos

4. **Cien** se usa solo y **ciento** se usa en las combinaciones.

   cien

   ciento uno

   ciento cuarenta y seis

5. En español nunca se usa un guión *(hyphen)* en las combinaciones, como se hace en inglés (por ejemplo, *twenty-five*).

C. Carlos y su mundo. Escribe en los espacios en blanco los números que están entre paréntesis.

1. Carlos recorre en bicicleta las (22) _____ millas de su casa a la escuela.

2. En su edificio viven (116) _____ personas en (26) _____ apartamentos.

3. Carlos vive en el apartamento número (150) _____.

4. En su cuarto Carlos tiene (124) _____ libros en español. Lee mucho.

5. En su cómoda tiene (18) _____ fotos de su familia.

6. Le gusta mucho la música y tiene (195) _____ discos compactos.

7. Nunca tira nada y tiene unos (25) _____ bolígrafos en su mochila.

D. La clase de español. Contesta las siguientes preguntas usando oraciones completas.

1. ¿Cuántos estudiantes hay en tu clase de español?

2. ¿Cuántos estudiantes son chicos?

3. ¿Cuántos estudiantes son chicas?

4. ¿Cuántos estudiantes conocías antes de la clase?

5. ¿Cuántos estudiantes tienen puestos pantalones vaqueros?

6. ¿Cuántos estudiantes escriben con bolígrafo en esta clase?

7. ¿En qué página del Cuaderno de ejercicios estás trabajando?

8. ¿Cuántas páginas tiene el Cuaderno de ejercicios?

9. ¿Cuántos ejercicios has completado en este capítulo del Cuaderno de ejercicios?

10. ¿Cuántos capítulos tiene tu libro de español?

11. ¿Cuántas clases de español hay en este mes?

Nuestro idioma

> *El uso de los artículos definidos en español*
>
> 1. Se usa un artículo definido con los idiomas, excepto cuando va directamente después de los verbos **hablar, estudiar** y **aprender** o de las preposiciones **de** y **en**.
>
>   Quieren aprender bien **el** español.
>
>   Hablo español y también estudio japonés.
>
> 2. Se usa un artículo definido con los nombres de juegos y deportes.
>
>   Me gusta mucho **el** tenis.
>
>   Ellas juegan **al** fútbol todos los fines de semana.
>
> 3. Se usa un artículo definido antes de los sustantivos de lugar como **ciudad, iglesia, escuela** y **biblioteca**.
>
>   Viven en el centro de **la** ciudad.
>
>   Voy a **la** escuela todos los días.
>
> 4. Se usa un artículo definido con las expresiones de posesión.
>
>   Veo **la** mochila y **el** libro de Alfredo.
>
> 5. En su forma singular, algunos sustantivos femeninos se usan con artículos masculinos para evitar que se junten los sonidos de las dos **a**'s.
>
>   **el** agua   **el** alma
>   **el** hambre   **el** águila
>   **el** hacha

E. La mochila perdida. Escribe en el espacio en blanco un artículo definido cuando corresponda.

Pancho: Oye, Gloria, ¿has visto mi _____ mochila?

Gloria: Y _____ mochila verde que está ahí, ¿no es la tuya?

Pancho: No, la mía es roja. Tiene libros importantes. Mi libro de _____ alemán, por ejemplo. _____ alemán es difícil. Necesito estudiar. Y tiene _____ agua que tomo en la clase de educación física.

Gloria: Vamos, no te preocupes. Tú tienes _____ otra mochila, ¿no?

Pancho: Sí, pero la que no encuentro tiene _____ calculadora de Carlos y _____ cuaderno nuevo que uso para escribir los apuntes en _____ clase de música.

Gloria: Ah, sí, veo _____ problema. ¿Trajiste tu mochila a _____ escuela? ¿Cuál fue tu primera clase?

Pancho: _____ tenis es mi primera actividad. Luego me reuní en _____ biblioteca con el maestro de _____ alemán para buscar un libro.

Gloria: Bueno, yo voy a _____ cancha de tenis y tú ve a _____ biblioteca. La encontraremos, te lo aseguro.

F. Preguntas personales. Contesta estas preguntas personales incluyendo un artículo definido cuando sea necesario.

1. ¿Qué idiomas hablas con tus padres?
   _____

2. ¿Cuál es tu idioma favorito?
   _____

3. ¿Qué juegos o deportes te gustan?
   _____

4. ¿Dónde pasas la mayor parte del día durante la semana?
   _____

5. ¿Qué cosas llevas en tu mochila generalmente?
   _____

¡Adelante!

Nuestras posesiones

Habla con tres o cuatro compañeros(as) de las cosas que tiene cada persona.

1. Menciona y describe las cosas que tienes en tu cuarto, incluyendo cantidades aproximadas (por ejemplo: veintitrés libros, un televisor, tres vídeos).
2. Pregúntales a tus compañeros sobre sus posesiones.
3. Calculen qué cosas son las más comunes y cuántas tienen entre todos, por ejemplo, **ciento veinticuatro discos compactos**.
4. Hagan una descripción del cuarto típico según sus investigaciones.
5. Comenten por qué ciertas cosas son más populares o importantes que otras.
6. Presenten un informe oral sobre sus resultados al resto de la clase.

La vida estudiantil ideal

Escribe unos cuatro párrafos sobre los elementos de la vida ideal de un(a) estudiante.

1. ¿Cómo son tu casa y cuarto ideales? ¿Qué contiene tu cuarto? ¿Qué estéreo tienes, qué discos compactos, qué pósters?
2. ¿Cómo viajas a la escuela todos los días?
3. ¿Qué haces después de la escuela?
4. ¿Qué clases tomas y qué notas sacas?

SEGUNDA ETAPA

¡Leamos!

Una de las ventajas del correo electrónico es que nos permite comunicarnos casi instantáneamente con personas que se encuentran muy lejos de nosotros. Así, las distancias desaparecen y el planeta se vuelve una comunidad global. A continuación, leerás un intercambio entre miembros del Club de Correspondencia Electrónica del Colegio Juárez y alumnos del Colegio Santa Rosa de Barranquilla, Colombia.

▶ *Antes de leer*

1. ¿Qué propósitos tendrá un "club de correspondencia electrónica"?

2. ¿Qué tipo de información esperas ver en este intercambio de mensajes?

3. Mira las preguntas de los dos alumnos. ¿Sobre qué cosas hablan?

El correo electrónico

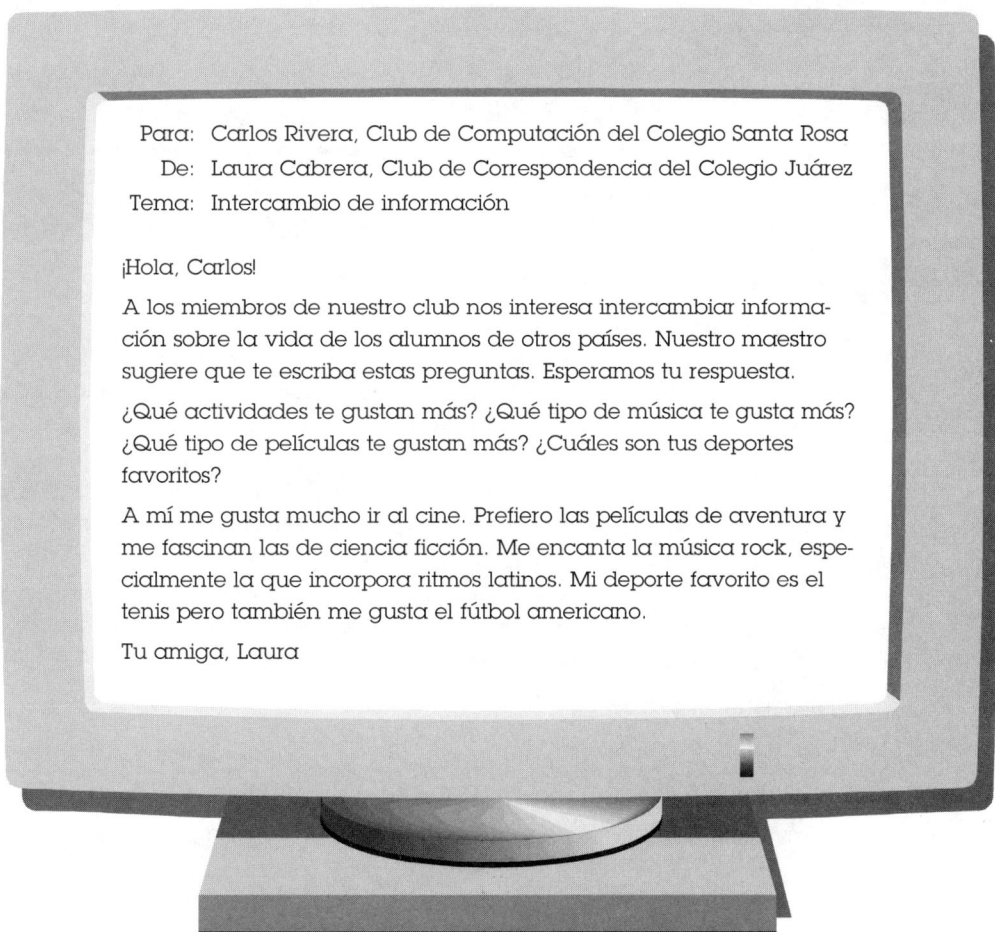

Para: Carlos Rivera, Club de Computación del Colegio Santa Rosa
De: Laura Cabrera, Club de Correspondencia del Colegio Juárez
Tema: Intercambio de información

¡Hola, Carlos!

A los miembros de nuestro club nos interesa intercambiar información sobre la vida de los alumnos de otros países. Nuestro maestro sugiere que te escriba estas preguntas. Esperamos tu respuesta.

¿Qué actividades te gustan más? ¿Qué tipo de música te gusta más? ¿Qué tipo de películas te gustan más? ¿Cuáles son tus deportes favoritos?

A mí me gusta mucho ir al cine. Prefiero las películas de aventura y me fascinan las de ciencia ficción. Me encanta la música rock, especialmente la que incorpora ritmos latinos. Mi deporte favorito es el tenis pero también me gusta el fútbol americano.

Tu amiga, Laura

Para: Laura Cabrera, Club de Correspondencia del Colegio Juárez
De: Carlos Rivera, Club de Computación del Colegio Santa Rosa
Tema: Respuesta a "Intercambio de información"

¡Hola, Laura!

Te agradezco el mensaje que me mandaste. A mí también me encanta recibir información de alumnos extranjeros[9]. Primero contesto tus preguntas y después tengo otras para ti.

Lo que más me gusta hacer es salir con mis amigos. Vamos todos al café donde bebemos refrescos y hablamos. Es lo que hacemos todos los días después de la escuela. Me gusta la música rock pero me gusta más la música electrónica, sobre todo para bailar. A mí también me fascinan las películas de ciencia ficción pero me encantan las de horror. En cuanto a los deportes me interesan poco. Pero veo los partidos de fútbol (el nuestro, no el tuyo) a veces y sé un poco sobre el béisbol.

Ahora, tengo unas preguntas para ti. ¿Qué te parecen las clases que estás tomando? Debemos hablar también de lo que no nos gusta, ¿verdad? ¿Qué te molesta más de tu vida? ¿Qué te preocupa del futuro?

Tu amigo por correspondencia, Carlos

Para: Carlos Rivera, Club de Computación del Colegio Santa Rosa
De: Laura Cabrera, Club de Correspondencia del Colegio Juárez
Tema: Respuestas a tus preguntas

¡Hola, Carlos!

Es cierto que hay cosas que no me gustan. Me molesta mucho la falta de conciencia[10] sobre la situación del medio ambiente. Me interesa y me preocupa el problema de la destrucción de las selvas tropicales.

Las clases que tomo me gustan regular[11]. Me gustan los idiomas y la literatura pero no me gustan mucho las ciencias. Las matemáticas me parecen particularmente difíciles. Bueno, pero a medida que las entiendo más, más me van gustando.

Más preguntas para ti. ¿Tus amigos tienen novio o novia, o más bien[12] amigos? ¿Participan mucho en la política? ¿Te gusta el jazz?

Tu amiga, Laura

---

[9] **extranjeros** de otros países
[10] **conciencia** entendimiento, comprensión
[11] **regular** ni mucho ni muy poco
[12] **más bien** sobre todo, mejor dicho

▶ *Después de leer*

1. ¿Quién sugiere las primeras preguntas que hace Laura?

2. ¿Qué película preferiría Carlos: "Misión espacial" o "Pesadilla de terror"? ¿Por qué?

3. ¿Qué música le gusta más a Carlos?

4. ¿Qué quiere decir Carlos cuando escribe que ve los partidos de fútbol, "el nuestro, no el tuyo"?

5. ¿Qué le molesta mucho a Laura?

6. ¿Qué clases son tus favoritas? ¿Por qué?

7. ¿Te gusta practicar deportes? ¿Cuáles? ¿Por qué?

8. ¿Te gusta ver deportes por televisión? ¿Por qué?

Sonidos y palabras

Homófonos

Algunas palabras suenan igual, pero se diferencian al escribirlas por el uso del acento.

1. **Él:** pronombre personal
   Él es mi amigo.

   El: artículo singular masculino
   El libro de español es interesante.

2. **Mí:** pronombre de objeto indirecto
   A **mí** me gusta jugar al tenis.

   Mi: adjetivo posesivo
   ¿Dónde está **mi** perro?

3. **Tú:** pronombre personal
   ¿**Tú** vas a estudiar química este año?

   Tu: adjetivo posesivo
   ¿Es éste **tu** libro?

4. **Té:** una bebida caliente
   Para el desayuno prefiero tomar **té** en vez de café.

   Te: pronombre reflexivo
   ¿**Te** gusta vivir en una ciudad?

G. Mis preferencias. Encierra en un círculo la palabra entre paréntesis que completa cada oración de la siguiente carta.

Querida Amanda,

Me gustó mucho recibir (tu / tú) nota (él / el) otro día. (Te / Té) digo que creo que nuestros gustos no son tan distintos. A (mi / mí) también me gusta más leer que mirar la televisión. Igual que (tu / tú), adoro las películas de horror. Pero es cierto que prefiero tomar (te / té) en vez de café por la mañana. (Tu / Tú) música favorita es el rock; yo prefiero (el / él) merengue. ¿(Te / Té) gusta la música clásica? A (mi / mí) me gusta mucho. Si quieres (te / té) mando una lista de mis discos compactos favoritos. (Tu / Tú) puedes mandarme los nombres de los grupos de salsa que te gustan a ti. Hasta la próxima, (tú / tu) amigo, Arturo.

H. Un acuerdo. Algunas de las palabras en cursiva necesitan un acento escrito. Acentúa las palabras según corresponda.

Guillermo: ¿*Tu* sabes dónde está *mi* libro *de* química?

Matilde: No sé. Ay, *tu*. Si no *te* gusta una clase siempre pierdes *el* libro.

Guillermo: Lo puse aquí mientras me hacía una taza de *te*. ¿Me prestas *tu* libro?

Matilde: Solamente si *tu* me prestas *tu* nuevo disco compacto de jazz. A *mi* me gusta mucho esa música.

Guillermo: ¡Claro! *Te* lo presto. Pero necesito *el* libro ahora. Tengo que estudiar.

Matilde: ¿Vas a estudiar con *tu* amigo Fernando?

Guillermo: No, *el* está enfermo hoy. Y *tu*, ¿no quieres estudiar conmigo?

Nuestro idioma

> ### *Verbos como* gustar
>
> Varios verbos siguen la misma estructura que **gustar**. Se usan en singular si se habla de *una* cosa y en plural si se habla de *más de una* cosa.
>
> | | |
> |---|---|
> | Me **encanta** esa película. | *I love that film.* |
> | ¿Te **falta** algo? | *Are you missing something?* |
> | Me **fascinan** las películas de aventura. | *I love adventure films.* |
> | No me **importa** adónde vamos. | *I don't care where we go.* |
> | Les **interesa** mucho el jazz. | *They're very interested in jazz.* |

I. Mis gustos. Escribe oraciones usando las siguientes palabras. Sigue el modelo.

■ **Modelo**   Yo / encantar / películas de ciencia ficción
   A mí me encantan las películas de ciencia ficción.

1. Ellos / fascinar / clase de español

   _____

2. Mi hermana / interesar / libros de aventuras

   _____

3. Tú / faltar / disco

   _____

Nombre _____ **Fecha** _____

4. Nosotros / importar / medio ambiente

_____

5. Ustedes / encantar / deportes

_____

J. Mis gustos y preferencias. Escribe oraciones con los verbos **encantar, faltar, fascinar, importar** e **interesar**. Describe tus preferencias y gustos en cuanto a (1) tus clases, (2) los deportes, (3) las películas, (4) los libros, (5) la música, (6) la televisión, (7) los animales y (8) el arte. Usa cada verbo por lo menos una vez.

1. _____
2. _____
3. _____
4. _____
5. _____
6. _____
7. _____
8. _____

Nuestro idioma

> *Posesión*
>
> 1. En el libro de texto has visto cómo indicar posesión con adjetivos como éstos:
>
> | | |
> |---|---|
> | **mi** novio | **nuestras** películas |
> | **su** música | **sus** amigos |
>
> 2. También puedes usar las siguientes palabras para indicar posesión. Estos adjetivos concuerdan con el objeto poseído en género y número.
>
> | | |
> |---|---|
> | mío(a) / míos(as) | nuestro(a) / nuestros(as) |
> | tuyo(a) / tuyos(as) | vuestro(a) / vuestros(as) |
> | suyo(a) / suyos(as) | suyo(a) / suyos(as) |
>
> 3. Estos adjetivos pueden combinarse con artículos definidos para formar pronombres posesivos.
>
>   Aquí está mi libro. ¿Dónde está el tuyo?   *Here's my book. Where's yours?*
>
>   El cuaderno de Javier es azul. El mío es rojo.   *Javier's workbook is blue. Mine is red.*

K. Una amiga curiosa. Escribe en el espacio en blanco el adjetivo que corresponda. Sigue el modelo.

■ **Modelo** —¿De quién es ese gato? ¿Es tuyo?
—Sí, es _____*mío*_____. Me gustan mucho los gatos.

1. —¿De quién es este disco compacto? ¿Es de Elena García?
   —Sí, es _____. Le encanta ese grupo.

2. —¿De quiénes son estas raquetas? ¿Son de tus hermanas?
   —Sí, son _____. Juegan mucho al tenis.

3. —¿De quiénes son esas películas para niños? ¿Son de ustedes?
   —Sí, son _____, pero ya no las miramos.

4. —¿De quién son estos libros? ¿No son míos?
   —Sí, son _____. Me los prestaste la semana pasada.

5. —¿De quién es esa pelota? ¿Es de tu hermano?
   —Sí, es _____. Le gusta mucho jugar al básquetbol.

6. —¿De quién es esta pintura? ¿Es de tus padres?
   —Sí, es _____. Les fascina ese artista.

7. —¿De quién es la bicicleta? ¿Es tuya?
   —Sí, es _____. Me la regalaron en mi cumpleaños.

L. ¿Qué dirán? Escribe en el espacio en blanco una respuesta apropiada a cada pregunta. Sigue el modelo.

■ **Modelo** ¿Cuál es tu clase favorita? *La mía es el español.*
¿Y si le preguntas a tu mejor amigo(a)? Dirá que *la suya es la biología.*

1. ¿Cuál es tu deporte favorito? _____
   ¿Y si les preguntas a tus padres? Dirán que _____

2. ¿Cuáles son tus músicos favoritos? _____
   ¿Y si le preguntas a tu hermano(a)? Dirá que _____

3. ¿Cuál es tu CD favorito? _____
   ¿Y si le preguntas a tu mejor amigo(a)? Dirá que _____

4. ¿Cuáles son tus programas de televisión favoritos? _____
   ¿Y si le preguntas a tu mejor amiga? Dirá que _____

5. ¿Cuál es la película favorita de tu maestro(a)? _____
   ¿Y si les pregunto a tus padres? Dirán que _____

6. ¿Qué tipo de música es tu favorita? _____
   ¿Y si les pregunto a tus padres? Dirán que _____

¡Adelante!

Los gustos

Habla con tres o cuatro compañeros(as) de clase sobre sus gustos y preferencias en cuanto a las películas, los deportes y las artes.

1. Pregúntales a tus compañeros(as) sobre algunas cosas que les gustan, les encantan, les interesan, les importan y les fascinan. Toma notas sobre sus respuestas. Luego responde tú a las preguntas que te hacen ellos(as).

2. Pregúntales sobre algunas que no les gustan, no les importan, etc. Toma notas sobre lo que te cuentan, y luego responde tú a sus preguntas.

3. Entre todos, preparen un resumen oral de los gustos, intereses y preferencias del grupo. Preséntenlo al resto de la clase.

Las tradiciones culturales

Escribe una composición que describa algunas de las tradiciones culturales que sigue tu familia. Incluye algunas que te gustan y otras que no te gustan.

1. Piensa en las costumbres y tradiciones que tiene tu familia: por ejemplo, un plato que siempre comen en un día especial, un lugar al que siempre van en cierta ocasión, cómo se reparten las tareas domésticas, etc. Escribe una lista de estas tradiciones.

2. Escoge tres o cuatro tradiciones y escribe un párrafo sobre cada tradición, mencionando lo que te gusta y no te gusta de cada una.

3. Escribe uno o dos párrafos más en los que presentes tus opiniones sobre las tradiciones en general: ¿Es importante tener tradiciones? ¿Crees que las tradiciones tienen aspectos positivos y negativos? ¿Cuáles son? ¿Consideras que las tradiciones se respetan suficientemente o no?

TERCERA ETAPA

¡Leamos!

En los Estados Unidos viven personas de diversos orígenes étnicos y culturales. Esta mezcla de tradiciones enriquece la cultura de un pueblo. La siguiente lectura presenta la historia de una familia hispana en los Estados Unidos.

▶ Antes de leer

1. Mira los subtítulos de la lectura. ¿Qué te indican los años y lugares mencionados?
2. Lee brevemente el segmento fechado 1998. ¿Cuántas personas hay en la familia Segura?

La familia Segura

1948, San Luis, Colorado

Hola. Soy Angélica Segura y tengo trece años. Tengo tres hermanos mayores: Miguel, Javier y Beto. Mi madre se llama Amelia y mi padre Pablo. Vamos a mudarnos[13] a Chicago donde hay más trabajo para mi padre. Estoy muy emocionada porque vamos a vivir en una ciudad grande, pero no me gusta dejar a mis amigos de aquí. Chicago es una ciudad muy grande... ¡debe ser mil veces mayor que San Luis!

1965, Chicago

Soy Gloria Segura. Tengo quince años y vivo en Chicago desde que nací. Vivo con mis padres, Amelia y Pablo. Mi padre es contador. Mi madre es enfermera. Tengo cinco hermanos: Miguel, Javier, Beto, Angélica y Mauricio. Miguel trabaja para una compañía de petróleo en Texas. Miguel está casado con una mujer venezolana, Elena; tienen dos hijas, Pati y Pilar. Javier también está casado. Él y su esposa, Hortensia, tienen dos hijos, Carlos y Pedro.

También viven con nosotros mis abuelos Alfonso y Carolina, los papás de mi papá. Me gusta vivir con ellos; mi abuelita es muy buena y cocina riquísimo.

Mi tío Paco, el hermano de mi papá, vive en la República Dominicana. Para la Navidad les regalamos a mis padres dos pasajes[14] para ir a visitarlo. Fue un viaje maravilloso.

1998, San Luis, Colorado

¿Qué pasa? Yo soy Tony Segura. Nací aquí en el valle en 1980. Me encanta vivir aquí con mis padres Mauricio y Estela y mi hermano Gerardo. Mis abuelos Amelia y Pablo también viven aquí desde 1990. Los dos vivieron en Chicago durante muchos años, pero después de jubilarse[15] decidieron volver a la tierra donde nacieron. Mis padres y mis tíos, Javier y Beto, tienen un terreno grande donde cultivan papas. Somos unos dieciocho parientes[16] cuando todos nos reunimos cada domingo para comer.

Este año vamos a tener una reunión de toda la familia. Viene mi tío Miguel y su mujer[17] e hijas de California. También viene mi tío abuelo Paco con su familia de Santo Domingo. Va a ser muy divertido. Ayudé a preparar todo por correo electrónico. Qué suave[18] las computadoras, ¿no?

▶ ***Después de leer***

1. Completa el árbol genealógico de la familia Segura usando información de la lectura.

2. ¿Tú tienes antepasados inmigrantes? ¿Quiénes son?

3. ¿De dónde vinieron tus antepasados y cuándo?

1948

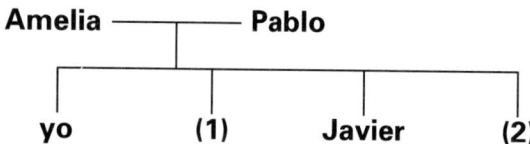

1965 - 1998

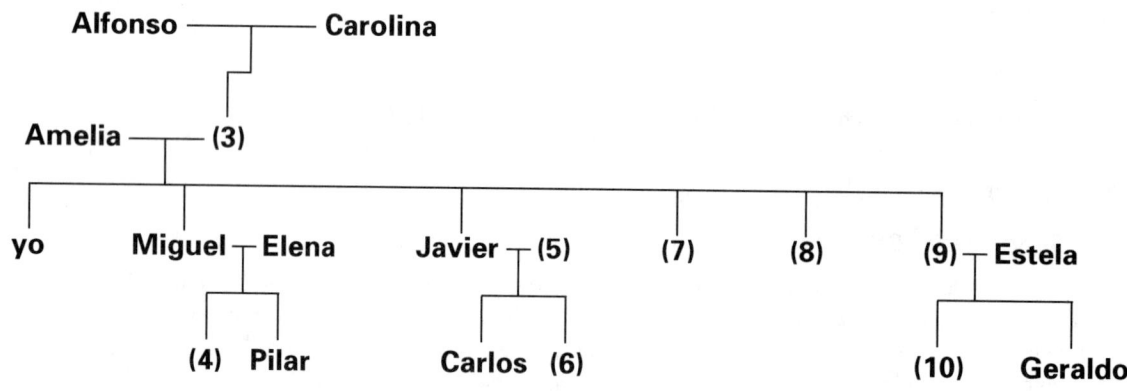

---

[13]**mudarnos** cambiarnos de casa o lugar de residencia
[14]**pasajes** billetes o boletos de viaje
[15]**jubilarse** llegar al final de la vida laboral
[16]**parientes** personas que pertenecen a la misma familia
[17]**mujer** esposa
[18]**qué suave** expresión coloquial que significa interesante, divertido, fantástico

4. Traza un árbol genealógico de tu familia, incluyendo todos los nombres que conozcas. También escribe entre paréntesis los lugares en donde vivió cada persona.

Sonidos y palabras

> ### *Las palabras interrogativas*
> Las siguientes palabras se escriben con acento ortográfico cuando forman parte de una pregunta directa o indirecta.
>
> | ¿Adónde? | ¿Cuándo? | ¿Dónde? | ¿Qué? |
> |---|---|---|---|
> | ¿Cómo? | ¿Cuánto(a)? | ¿Por qué? | ¿Quién(es)? |
> | ¿Cuál(es)? | ¿Cuántos(as)? | | |

M. Sobre la familia. Escribe la palabra interrogativa que corresponde en cada espacio en blanco.

1. Yo tengo tres hermanos. ¿_____ tienes tú?

2. Yo bailo con mis amigos. ¿Con _____ bailas tú?

3. Mi familia vino de Guatemala. ¿De _____ proviene tu familia?

4. Mi mejor amigo se llama Gabriel. ¿_____ se llaman tus mejores amigos?

5. A mí me pusieron Jacobo porque es el nombre de mi abuelo. ¿Sabes _____ te pusieron tu nombre tus padres?

6. Mi mamá cumple años el cuatro de diciembre. ¿_____ es el cumpleaños de tu mamá?

7. Yo celebro mi cumpleaños con una gran fiesta. ¿_____ celebras tú tu cumpleaños?

8. Nosotros preparamos comida guatemalteca. ¿_____ platos especiales preparan ustedes?

9. Mi fiesta es en casa de mis tíos. ¿_____ hacen la celebración ustedes?

10. Yo invito a mi fiesta a todos mis amigos y parientes. ¿A _____ invitan ustedes a la fiesta?

Puntuación

> ### *Los signos de interrogación*
> 1. En español se usan signos de interrogación al principio y al final de una pregunta.
>
>   ¿Cuándo vas a hablar con nuestros padres?
>
> 2. Cuando la oración tiene una parte que no es pregunta, el signo va al principio de la pregunta solamente.
>
>   Voy a llamarlos esta tarde, ¿y tú?

N. Preguntas, preguntas. Usa las palabras interrogativas del recuadro para escribir cinco preguntas que le harías a un(a) compañero(a) para saber más sobre su familia.

¿Adónde?	¿Cuántos(as)?
¿Cómo?	¿Dónde?
¿Cuál(es)?	¿Por qué?
¿Cuándo?	¿Qué?
¿Cuánto(a)?	¿Quién(es)?

1. _____
2. _____
3. _____
4. _____
5. _____

Nuestro idioma

El verbo **deber**

1. El verbo **deber** puede significar lo mismo que **tener que** *(to have to)*.

    Debo escribirles a mis padres.

2. El verbo **deber** también puede significar *to owe*.

    Mi hermana me **debe** cinco dólares.

3. El verbo **deber** seguido de la preposición **de** indica probabilidad.

    Mis abuelos ya **deben de** estar en Chicago.

Ñ. ¿Qué deben hacer? Indica qué deben hacer las siguientes personas. Sigue el modelo.

■ **Modelo**   —Antonio saca malas notas en la clase de historia.
    —*Debe estudiar más.*

1. —Los niños tienen sueño.

    _____

2. —Patricio y Amanda tienen mucha hambre.

    _____

3. —Tú y yo tenemos mucha sed.

    _____

4. —Mamá necesita comprar carne para la cena.

5. —Los Sres. Olivares quieren comprar muebles para su casa.

O. Minidiálogos. Completa las siguientes conversaciones con respuestas que tengan sentido. Sigue el modelo.

- **Modelo**   **Juan:** Rosario siempre saca muy buenas notas.

    Ana: *Sí, es cierto. Debe de estudiar mucho.*

1. **Alberto:** Patricia juega muy bien al tenis, ¿no?

   Ignacio: _____

2. **Mirta:** Antonio y Arturo están muy pálidos y tiene fiebre.

   María: _____

3. **Lorenzo:** El Sr. Castillo compra un carro nuevo cada seis meses.

   Gabriela: _____

4. **Inés:** Parece que Florencia tiene muchos amigos.

   Pedro: _____

Nuestro idioma

Los adjetivos con ser *y* estar

Algunos adjetivos tienen diferentes significados si se usan con **ser** o con **estar**.

ser aburrido(a)	to be boring	**estar aburrido(a)**	to be bored
ser atento(a)	to be courteous	**estar atento(a)**	to be paying attention
ser bueno(a)	to be good	**estar bueno(a)**	to taste good
ser despierto(a)	to be alert	**estar despierto(a)**	to be awake
ser distraído(a)	to be absentminded	**estar distraído(a)**	to be distracted
ser libre	to have freedom	**estar libre**	to be unoccupied
ser listo(a)	to be clever	**estar listo(a)**	to be ready
ser malo(a)	to be bad	**estar malo(a)**	to be sick
ser orgulloso(a)	to be proud, haughty	**estar orgulloso(a)**	to be proud
ser rico(a)	to be rich	**estar rico(a)**	to taste good
ser seguro(a)	to be safe	**estar seguro(a)**	to be certain
ser vivo(a)	to be sharp, alert, lively	**estar vivo(a)**	to be alive

P. ¿Cómo están y cómo son? Lee las descripciones que Mateo hace de su familia. Completa sus oraciones con un adjetivo apropiado y el verbo **ser** o **estar**, según corresponda. Sigue el modelo.

- **Modelo**   Mi hermana dice cosas inteligentes.
    Es muy lista.

1. Mis padres acaban de ganar la lotería. _____
2. Mi tía Elena se despertó de su siesta. _____
3. Mi hermana no se siente bien. _____
4. Mi mamá es inteligentísima. _____
5. Mi hermano tiene muy buenos modales. _____
6. Mis abuelos son generosos y justos. _____
7. Mi primo Joaquín sacó el primer premio en el concurso de ciencias. _____
8. Mis hermanitas se quejan porque no tienen nada que hacer. _____
9. Mi hermana vive cerca de la estación de policía. _____
10. Yo siempre me olvido de todo. _____

Q. Mi familia y mis amigos. Escribe oraciones sobre tus parientes y amigos usando el adjetivo y el verbo indicados. Asegúrate de que el adjetivo concuerde en género y número con el sustantivo que modifica. Sigue el modelo.

- **Modelo**   ser / listo
    Mi hermano mayor es muy listo. Siempre le va bien en la escuela y aprende todo muy rápido.

1. estar / seguro _____
2. estar / distraído _____
3. ser / orgulloso _____
4. estar / libre _____
5. ser / despierto _____
6. estar / atento _____
7. estar / bueno _____
8. ser / libre _____
9. ser / malo _____

¡Adelante!

Las obligaciones familiares

Habla con cuatro o cinco compañeros(a) de clase sobre sus obligaciones familiares.

1. Primero, hablen de sus obligaciones familiares: las tareas domésticas, la ayuda con el estudio, el apoyo económico, la educación, el cuidado de la salud, etc. Usen los verbos de obligación presentados en este capítulo. Luego usen las palabras interrogativas que estudiaron en este capítulo para obtener más información sobre las obligaciones de cada persona.

2. Organicen las obligaciones en orden de importancia según el criterio de los miembros del grupo. Por ejemplo, ¿es más importante el apoyo emocional o el apoyo económico?

3. Preparen una breve presentación oral en la que resuman las conclusiones del grupo sobre cada tipo de obligación. Cada miembro del grupo debe hablar sobre un tipo de obligación.

4. Después de oír todas las presentaciones, comparen y contrasten todos juntos las ideas de todos los grupos.

Mi familia

Si tienes parientes inmigrantes que conoces, prepara una descripción de ellos. Si quieres puedes usar los parientes de un(a) amigo(a), o puedes crear una historia realista.

1. Incluye alguna información sobre su país de origen.

2. Habla de sus experiencias en su país y de cuándo salieron. ¿Cómo era la vida? ¿Por qué salieron de su país? ¿Adónde fueron? ¿Cómo?

3. Menciona el lugar adonde fueron al llegar a los Estados Unidos. ¿Quiénes vinieron con ellos, y quiénes no?

4. Describe un poco de su vida después de inmigrar.

5. Incluye una descripción de su familia actual.

INTEGRACIÓN

¡Sigamos adelante!

Conversemos un rato

R. Trabaja con un(a) compañero(a) de clase. Cada uno(a) de ustedes hará el papel de otra persona, inventada o de la vida real. Entrevista a tu compañero(a), y luego preséntalo(a) al resto de la clase. Obtén la siguiente información.

1. ¿Cuáles son tres de tus actividades favoritas?

2. ¿Qué actividades te gustan menos?

3. ¿Qué es lo que más te aburre?

4. ¿Qué aspectos de la vida te fascinan más?

5. ¿Dónde está la mayoría de tu familia?

6. ¿Cuáles son tus intereses: la música, los deportes, el cine, otros?

S. La historia de mi familia. Prepara una presentación oral sobre la historia de tu familia. Preséntala al frente de la clase. Tus compañeros te harán preguntas sobre tu familia; hazle preguntas a ellos tú también.

1. Cuenta quién fue la primera persona de tu familia en llegar a los Estados Unidos. Di cuándo llegó y describe la historia de tu familia en este país.

2. Menciona qué características de tu familia consideras típicamente hispanas, por ejemplo, la comida que comen, la música que oyen, las fiestas que celebran, etc.

3. Habla un poco de cómo piensas que transmitirás estas características a tu propia familia cuando seas mayor. ¿Qué aspectos de tu cultura crees que es importante transmitir?

¡Sigamos adelante!

Taller de escritores

Escribe una descripción de tu familia para tus compañeros(as) de clase.

T. Reflexión. Usa la siguiente tabla para organizar tu información. Primero llena cada recuadro con la información necesaria. Incluye el nombre de cada persona, el lugar de donde es y su edad aproximada. Si no sabes toda la información, pregúntales a otros miembros de tu familia. Después de completar el cuadro, escoge cuatro personas sobre quienes escribir en tu composición.

Padres				
Abuelos(as)				
Tíos(as)				
Primos(as)				
Hermanos(as)				

U. Primer borrador. Escribe un párrafo sobre cada persona. Luego escribe una introducción breve y una conclusión breve que unifiquen tu composición. Recuerda que escribes para tus compañeros(as) de clase.

V. Revisión con un(a) compañero(a). Intercambia tu composición con un(a) compañero(a) de clase. Lee y comenta el borrador de tu compañero(a). Usa estas preguntas como guía.

1. ¿Cuáles de los parientes de tu compañero(a) son más interesantes?

2. ¿Qué otros detalles sobre la familia te gustaría leer?

3. ¿Está bien organizada la composición?

4. ¿Qué párrafo te gusta más y por qué?

5. ¿Es adecuado el nivel de la composición para los compañeros de clase?

W. Versión final. Revisa en casa tu primer borrador. Haz los cambios sugeridos por tu compañero(a) y cualquier cambio que consideres necesario. Revisa el contenido y luego la gramática, la ortografía, el uso de los acentos y la puntuación. Trae esta versión final a la clase.

X. Carpeta. Tu profesor(a) puede incluir la versión final en tu carpeta, colocarla en el tablón de anuncios o usarla para la evaluación de tu progreso.

Capítulo 3 ¿Dónde y a qué hora?

PRIMERA ETAPA

¡Leamos!

Una guía turística le brinda al viajero toda la información necesaria para descubrir una ciudad nueva. Muchas guías incluyen información histórica y cultural, además de nombres, direcciones y precios de hoteles, museos y restaurantes.

▶ *Antes de leer*

1. Lee el título del fragmento. ¿De qué crees que se va a tratar?

2. ¿Qué información te brindan los subtítulos?

3. En tu propia comunidad, ¿cómo ha influido la historia en la arquitectura?

Una guía turística

TRAVEL

La arquitectura de las ciudades latinoamericanas

Mucho del encanto de las ciudades latinoamericanas se debe a su arquitectura antigua. Muchas ciudades se construyeron en la época colonial, es decir del siglo XVI a principios del siglo XIX. Aun[1] cuando América Latina se independizó de España, no cambió mucho la arquitectura.

Su construcción

La elección de los materiales de construcción generalmente repite la experiencia europea. Los edificios grandes como las oficinas gubernamentales[2] y las iglesias se construyeron esencialmente de piedra. Este material también era usado por las civilizaciones indígenas. En el caso de los aztecas en México, los españoles construyeron nuevos edificios encima de los templos indígenas. En el caso de los incas en Perú, los españoles prefirieron construir sus ciudades en la costa y dejaron los magníficos edificios incas a la ruina en las montañas.

El uso de la piedra quiere decir que los edificios tienen una vida muy larga y es más difícil eliminarlos que renovarlos. Los hispanos no ven en la novedad un ideal casi religioso, y la preservación de los lugares públicos es habitual.

Su organización

Casi sin excepción, la ciudad latinoamericana está organizada alrededor de la plaza central. La plaza es el sitio de la iglesia y la alcaldía[3], y, en la actualidad, de otras necesidades diarias como las librerías, la biblioteca, los centros deportivos, los salones de belleza, los negocios y los centros comerciales. La plaza generalmente contiene estatuas y otras decoraciones, además de árboles y bancos[4] para sentarse. Así que la población de la ciudad hispana pasa gran parte del tiempo en la plaza, en contacto con su comunidad.

El Viejo San Juan, Puerto Rico

Un ejemplo de la organización tradicional es la sección llamada El Viejo San Juan, en la capital de Puerto Rico. El respeto hacia la historia y la tradición ha resultado en la preservación de toda un área histórica. Las calles estrechas[5] y pintorescas rodean la Plaza de Armas en el centro del área. Hay varios museos, iglesias, conventos y otras plazas. En la Plaza de San José se encuentra, por ejemplo, la iglesia de San José, la segunda más antigua de América Latina después de la catedral de Santo Domingo. La Plaza de Colón conmemora con una estatua la llegada de Cristóbal Colón a la isla en 1493. Hay museos de arte puertorriqueño, de la familia y del libro. También existe un museo que contiene una reproducción de una farmacia antigua.

En resumidas cuentas[6], El Viejo San Juan es un excelente ejemplo del encanto de la ciudad latinoamericana tradicional.

▶ Después de leer

1. ¿Cuándo fue la época colonial en América Latina?
2. ¿Qué materiales se usaron para la construcción de los edificios?
3. ¿Dónde construyeron los españoles sus ciudades en México? ¿Y en Perú?
4. ¿Qué hay generalmente en el centro de la ciudad latinoamericana?
5. ¿Qué hay alrededor de la plaza?
6. ¿Por qué es especial El Viejo San Juan?
7. ¿Por qué es más antigua la arquitectura latinoamericana que la norteamericana?
8. ¿Crees que en las ciudades norteamericanas hay algún lugar público equivalente a la plaza latinoamericana? ¿Cuál? ¿Por qué?
9. ¿Te parece importante que una ciudad tenga espacios públicos donde la comunidad pueda reunirse? ¿Por qué?
10. ¿Qué espacios públicos hay en tu ciudad? ¿Quiénes acuden a ellos, y qué hacen allí?
11. ¿Cómo es la arquitectura de tu comunidad? ¿Es antigua o moderna? ¿Te gusta?
12. ¿Prefieres los edificios antiguos o los modernos? ¿Por qué?

---

[1]**Aun** incluso
[2]**gubernamentales** del gobierno
[3]**alcaldía** sede del gobierno local
[4]**bancos** asientos para varias personas
[5]**estrechas** angostas
[6]**En resumidas cuentas** en fin, para concluir

Nombre _____ **Fecha** _____

Sonidos y palabras

> ### *La* g, *la* j *y la* h
>
> 1. La letra **g** tiene un sonido aspirado en las combinaciones **ge** y **gi**, y un sonido no aspirado en las combinaciones **ga, go** y **gu**.
>
> | **ge**ranio | **gi**tano | ami**ga** | a**go**sto | **gu**sto |
> |---|---|---|---|---|
> | a**ge**nte | cole**gio** | **ga**rabato | **go**ta | **Gu**stavo |
>
> 2. La letra **g** tiene un sonido no aspirado en las combinaciones **gue** y **gui**.
>
> | **gue**rrero | **gui**sante |
> |---|---|
> | hambur**gue**sa | **guí**a |
>
> 3. La letra **j** siempre tiene un sonido aspirado.
>
> | roda**ja** | pasa**je** | **jí**cama | ga**jo** | **jue**go |
> |---|---|---|---|---|
> | **ja**món | lengua**je** | a**jí** | a**jo**njolí | **ju**sticia |
>
> 4. La letra **h** siempre es muda en español. Es decir, se escribe pero no se pronuncia.
>
> | **h**ambre | **h**elado | **h**ielo | a**h**ora | **h**ueso |
> |---|---|---|---|---|
> | almo**h**ada | an**h**elo | **h**ijo | **H**olanda | **h**umedad |

A. ¿Adónde vas ahora? El curioso de Tomás tiene cuatro años y le hace muchas preguntas a su hermana mayor. Elige la palabra entre paréntesis que sea correcta y completa las siguientes oraciones.

Tomás: ¿Has estado alguna vez en el (ospital / hospital)?

Pati: No. (Hamás / Jamás) he estado tan enferma.

Tomás: Pero sí vas al (colegio / colejio), ¿verdad, (ermanhita / hermanita)?

Pati: Sí, voy todos los días. Me (gusta / justa) mucho ir a la escuela.

Tomás: ¿Te gusta (gugar / jugar) al tenis?

Pati: Pues, en realidad, prefiero el (agua / ajua) de la piscina. ¿Y tú?

Tomás: Yo prefiero comer (hamburgesas / hamburguesas). ¿No te (agradan / hagradan)?

Pati: Sí, cuando tengo (hambre / ambre). También me gustan las papas fritas.

Tomás: ¿Y adónde vas (agora / ahora)?

Pati: Voy con (Gillermo / Guillermo) a la estación de autobuses.

Tomás: ¡Memo es tu (mejor / megor) amigo! ¿Qué van a (acer / hacer) allí?

Pati: Memo va a comprar su (pasage / pasaje) para ir a la universidad.

Tomás: ¿Por qué no vas tú a la universidad? ¿No eres (inteligente / inteligente)?

Pati: Sí, pero sólo tengo diecisiete años. Voy el año que viene y ya no tendré que contestar tantas (preguntas / prejuntas).

B. Los planes de Isidoro. Isidoro, en un mensaje por correo electrónico, describe sus planes para un viaje. Elige la palabra entre paréntesis que sea correcta.

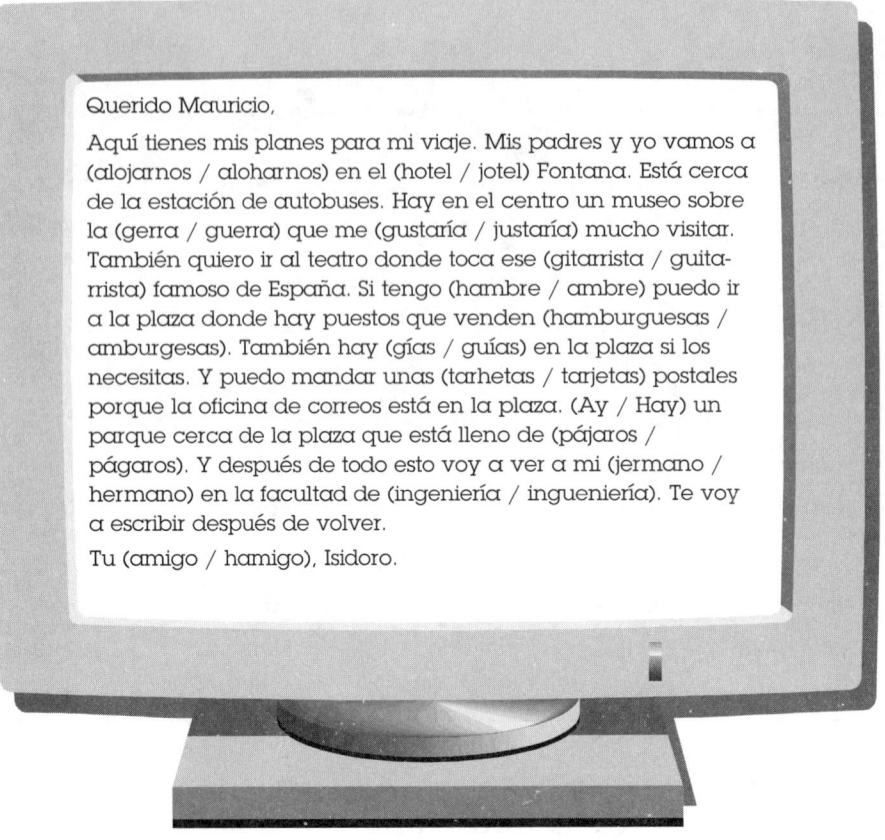

Querido Mauricio,

Aquí tienes mis planes para mi viaje. Mis padres y yo vamos a (alojarnos / aloharnos) en el (hotel / jotel) Fontana. Está cerca de la estación de autobuses. Hay en el centro un museo sobre la (gerra / guerra) que me (gustaría / justaría) mucho visitar. También quiero ir al teatro donde toca ese (gitarrista / guitarrista) famoso de España. Si tengo (hambre / ambre) puedo ir a la plaza donde hay puestos que venden (hamburguesas / amburgesas). También hay (gías / guías) en la plaza si los necesitas. Y puedo mandar unas (tarhetas / tarjetas) postales porque la oficina de correos está en la plaza. (Ay / Hay) un parque cerca de la plaza que está lleno de (pájaros / págaros). Y después de todo esto voy a ver a mi (jermano / hermano) en la facultad de (ingeniería / inguenieria). Te voy a escribir después de volver.

Tu (amigo / hamigo), Isidoro.

Nuestro idioma

Más verbos y preposiciones

1. En el segundo capítulo de este cuaderno de ejercicios aprendiste que algunos verbos generalmente van seguidos de ciertas preposiciones, y que otros verbos generalmente no van seguidos de una preposición.

Quiero **aprender a** hablar italiano.	*I want to learn to speak Italian.*
Voy a **ir a** tu casa mañana.	*I will go to your house tomorrow.*
Necesito **comprar** limones.	*I need to buy lemons.*
Espero **recibir** buenas noticias pronto.	*I hope to get good news soon.*

2. Algunos verbos que en inglés requieren una preposición al ir seguidos de un infinitivo no la requieren en español.

Quiero hablar.	*I want **to** talk.*
Prefieren comer en casa.	*They prefer **to** eat at home.*
Prometo no venderlo.	*I promise not **to** sell it.*
Necesito ir a la biblioteca.	*I need **to** go to the library.*
Decidí escribirles una carta.	*I decided **to** write them a letter.*
¿Esperas ganar el partido?	*Do you expect **to** win the game?*

continued on next page

Nombre _____ Fecha _____

> 3. Otros verbos que en inglés requieren una preposición al ir seguidos de un sustantivo no la requieren en español *si el sustantivo no es una persona.*
>
> | Buscan un hotel. | They are looking **for** a hotel. |
> |---|---|
> | Mire la catedral. | Look **at** the cathedral. |
>
> 4. En español, todos los verbos requieren la preposición **a** si su objeto directo es una persona. Ésta se llama la **a personal**. En inglés no se usa ninguna preposición.
>
> | Buscan **a** Elena. | They are looking for Elena. |
> |---|---|
> | Romeo quiere **a** Julieta. | Romeo loves Juliet. |
> | El niño llama **a** su madre. | The child calls his mother. |
> | Yo conozco **a** tu hermana. | I know your sister. |

C. Muchas necesidades. Tu primo Julián viene a pasar el verano con tu familia y necesita muchas cosas. En los espacios en blanco escribe la preposición apropiada cuando sea necesario.

1. Acabo _____ perder mi medicina. Necesito ir _____ la farmacia.

2. Busco _____ un libro sobre el Perú. Debo _____ visitar la librería.

3. Me gusta _____ bailar. Quiero conocer _____ la discoteca Estrellas.

4. Espero _____ encontrar una piscina. ¿Vamos _____ tu club?

5. Me interesa aprender _____ tocar la guitarra. ¿Conoces _____ algún maestro de guitarra?

6. ¿Dónde puedo mirar _____ la televisión? ¿Puedo _____ verla contigo?

7. Prometí _____ llamar _____ mis tíos. ¿Me ayudas _____ hacer la llamada?

D. Una carta de Colombia. Imagina que vas de vacaciones a Colombia, donde conoces por primera vez a unos parientes lejanos. Escribe oraciones sobre tu visita usando los verbos de la lista. Incluye una preposición donde sea necesario. Sigue el modelo.

■ **Modelo**   gustar
                 Me gusta muchísimo la comida colombiana.

1. decidir

_____

2. enojar(se)

_____

3. esperar

_____

4. insistir

_____

5. ir

6. necesitar

7. preferir

8. prometer

9. querer

10. venir

Nuestra idioma

> ### Las contracciones al y del
>
> 1. Cuando las preposiciones **a** y **de** van seguidas del artículo **el**, forman las contracciones **al** y **del**.
>
>   Vamos **al** cine.   Vienen **del** club deportivo.
>
> 2. Estas contracciones no se forman cuando las preposiciones **a** y **de** van seguidas del pronombre personal **él**, ni cuando el artículo **el** forma parte de un nombre propio.
>
>   La veo a ella pero no lo veo **a él**.   ¿Conoces a Juan? Este libro es **de él**.
>
>   Van a viajar **a El** Salvador.   La librería se llama El Lector. Pues, ¡vamos **a El** Lector!

E. Una excursión a El Tambo. Elige la respuesta apropiada del paréntesis.

1. Buenos días, señores. Soy su guía en su visita (al / a la) ciudad (de El / del) Tambo.

2. Espero que todos estén satisfechos (de el / del) hotel.

3. Es uno de los mejores (del / al) centro.

4. Suban (al / a El) autobús, y vamos a comenzar la excursión por la ciudad.

5. Primero, vamos (al / a el) museo (de la / del) ciudad.

6. De allí pasamos (a él / al) centro comercial El Colegio Mayor.

7. Lo interesante (del / de él) centro es que se puede visitar muchas tiendas sin necesidad de salir (al / a la) calle.

Nombre _____ **Fecha** _____

8. Después (de El / del) Colegio vamos a ir (al / a la) alcaldía (de el / del) pueblo.

9. A veces en la alcaldía hay reuniones de estudiantes (del / de El) país (de El / del) Salvador.

10. En ese caso, pasaremos (al / del) mercado de (el / al) lado para tomar un refresco y esperar un rato.

11. Más tarde les hablaré (del / de El) resto de la excursión.

F. Las actividades de la familia López. Completa las siguientes oraciones usando los lugares de la lista. Usa **de, a, del** o **al** según corresponda. Sigue el modelo.

■ **Modelo** Juanito López va _al colegio_ todos los días.

aeropuerto	hospital	museo
banco	librería	parque
El Cine Gráfico	mercado central	El Gran Teatro Calderón
estadio		

1. Los señores López vienen _____, donde depositaron su dinero.

2. Ahora van _____ a ver las pinturas de Diego Rivera.

3. Luego tienen que ir _____ a comprar comida.

4. Las muchachas vienen _____, donde jugaron con sus amigas.

5. El Sr. López toma un taxi _____ porque viaja a Nueva York.

6. Esperanza quiere ir _____ a ver un partido de fútbol.

7. El tío Carlos acaba de volver _____, donde trabaja como actor.

8. Miguelito quiere ir _____ a ver una película de dibujos animados.

9. La tía Raquel vuelve _____, donde compró un libro.

10. Marta va _____, donde trabaja como enfermera.

¡Adelante!

¿Dónde estoy?

Tienes que visitar...

Trabaja con un(a) compañero(a) de clase.

1. Hagan los papeles de un(a) residente y un(a) turista en tu ciudad.

2. El (La) turista pregunta sobre lugares interesantes para visitar. El (La) residente sugiere algunos y ambas personas conversan sobre si vale la pena o no visitarlos. Usen la mayor cantidad posible de los verbos que estudiaron en este capítulo, y las contracciones **al** y **del**.

3. Si tu ciudad tiene lugares relacionados con la tradición y la cultura hispana, úsenlos como tema de conversación.

Mi ciudad

Escribe un folleto turístico sobre tu ciudad.

1. Escoge tres o cuatro lugares (plaza, universidad, etcétera) para incluir.
2. Si hay lugares hispanos, inclúyelos en tu folleto.
3. Decide qué aspectos de los lugares vas a mencionar en la composición: su historia, su arquitectura, su importancia cultural, etc.
4. Primero, escribe una introducción de un párrafo en la que hables en general sobre tu ciudad.
5. Luego, escribe un párrafo sobre cada uno de los lugares que escogiste.
6. Concluye el folleto con un párrafo en el que invites a las personas a visitar tu ciudad.
7. Asegúrate de usar cada una de las siguientes palabras al menos una vez en tu folleto: **querer, insistir, preferir, ir, aprender, prometer, necesitar, buscar, mirar, del, al, de El** y **a él**. Puedes usar la forma que desees de los verbos. También usa al menos tres veces la **a personal**.

SEGUNDA ETAPA

¡Leamos!

Para visitar una ciudad que no conocemos, es muy importante tener buenas instrucciones[7] de cómo llegar de un lugar a otro. Después de todo, ¡una dirección[8] nos sirve de muy poco si no conocemos los nombres de las calles ni la ubicación[9] de los edificios! En esta lectura, una guía turística explica cómo llegar de un lugar a otro en el centro de Lima, la capital del Perú.

▶ *Antes de leer*

1. ¿Qué información esperas encontrar en la guía turística de una ciudad?
2. ¿Qué información te haría más fácil e interesante una excursión a pie por una ciudad?
3. ¿Qué cosas esperarías ver en una ciudad como Lima, Perú, que tiene una historia larga e ilustre?

Una excursión por Lima

Comience en la Plaza Grau, que está al sur del centro de la ciudad. En el lado izquierdo de la plaza, en la esquina del Paseo de Colón, se encuentra el Museo de Arte. El museo contiene una impresionante colección de artefactos de la época precolombina[10], muebles y arte colonial y pintura moderna. Pregunte al taquillero[11] sobre las exhibiciones especiales.

Camine por el lado izquierdo del Paseo de la República y pasará delante del Museo de Arte Italiano, un edificio neoclásico[12]. Doble a la derecha en calle Carabaya y camine dos cuadras[13] hasta alcanzar la plaza que lleva el nombre del libertador José de San Martín. Hay una estatua del libertador en el centro de la plaza. En esta zona se encuentran varias librerías internacionales.

Las antiguas iglesias

De la plaza cruce la calle Unión y siga hasta la calle Camaná. Doble a la derecha y siga una cuadra hasta la calle Moquegua. En esta calle, cerca de la esquina, encontrará la iglesia Jesús María, una iglesia sencilla del siglo[14] XVIII con pinturas y altares espectaculares.

Vuelva a la calle Camaná y siga derecho dos cuadras hasta la calle Huancavelica. Doble a la izquierda. Pasará delante del Teatro Segura, uno de los principales de Lima. Doble a la derecha en la calle Cailloma y siga hasta la esquina con la calle Ica. A media cuadra, del lado izquierdo de Ica, se encuentra el Teatro Municipal, que ofrece música, baile y espectáculos folclóricos. Media cuadra más adelante, del lado derecho, está la antigua iglesia de San Agustín. Esta iglesia se destruyó casi completamente en el terremoto[15] de 1974, y después fue restaurada con mucha atención.

Vuelva a la calle Cailloma y siga en la misma dirección de antes. Camine dos cuadras y doble a la izquierda en la calle Conde de Superunda. A media cuadra está la mansión de Oquendo, del siglo dieciocho. Dicen que el Libertador San Martín se quedó aquí después de proclamar la independencia del Perú.

Regrese a la esquina de Superunda y Camaná, donde encontrará las excelentes instalaciones de la iglesia y monasterio de Santo Domingo.

La Plaza de Armas

Continúe una cuadra más por Superunda hasta la Plaza de Armas, la plaza mayor de Lima. Pase la oficina central de correos. A la derecha está la Municipalidad[16] de Lima. Siga derecho por Superunda y encontrará el Palacio de Gobierno. La entrada está al lado en la calle Unión. Alrededor del mediodía ocurre el cambio de la guardia, una ceremonia muy interesante.

Sobre Superunda y frente a la misma plaza se encuentra la catedral de la ciudad. Esta iglesia es una reconstrucción del siglo dieciocho, ya que la iglesia anterior se destruyó en el terremoto de 1746. Al lado de la catedral está el Palacio Arzobispal, un edificio de este mismo siglo.

A una cuadra a la derecha de la catedral está la estación de trenes y dos cuadras atrás a la izquierda está el Palacio del Marqués de Torre Tagle, construido en el siglo dieciocho. Es el mejor ejemplo de la arquitectura colonial no religiosa de la ciudad.

En el área al sur de esta casa se encuentran varios otros lugares de interés como la Biblioteca Nacional, el Palacio de la Inquisición y el Mercado Central de Lima. De aquí siga usted por la calle Abancay y luego por la calle Cotabamba, unas cinco cuadras, hasta la Plaza Grau donde comenzó.

▶ *Después de leer*

1. ¿Dónde comienza la excursión?

2. ¿Qué museo está cerca de la Plaza Grau? ¿Qué se exhibe en este museo?

3. ¿En qué siglo se construyó la iglesia Jesús María?

4. ¿En qué calle está la iglesia San Agustín?

5. Según la lectura, ¿dónde se quedó San Martín después de proclamar la independencia?

6. ¿En qué esquina están la iglesia y monasterio de Santo Domingo?

7. ¿Qué lugar de los que se describen en esta guía te gustaría más visitar? Explica por qué.

8. ¿En qué se parecen tu comunidad y Lima? ¿En qué son diferentes?

9. ¿Prefieres los edificios antiguos o los modernos? ¿Por qué?

10. ¿Hay edificios muy antiguos en tu comunidad? ¿Cuáles son? Descríbelos y menciona su historia, si la conoces.

---

[7]**instrucciones** mandatos que indican lo que debes hacer
[8]**dirección** la calle y el número donde queda un lugar
[9]**ubicación** sitio donde algo se encuentra
[10]**época precolombina** antes de la llegada de Colón a América
[11]**taquillero** el que vende boletos
[12]**neoclásico** imitación del estilo clásico
[13]**cuadra** el largo de una calle
[14]**siglo** cien años
[15]**terremoto** temblor de tierra
[16]**Municipalidad** edificio sede del gobierno municipal o local

Sonidos y palabras

Las letras s, c y z

Las letras **s, c y z** pueden representar el mismo sonido en muchas partes del mundo hispanohablante, pero estas letras no son intercambiables, como se ve en las siguientes palabras.

la ca**s**a *(the house)*	la ca**z**a *(to hunt)*
ve**s** *(you see)*	la ve**z** *(time)*
siento *(I feel)*	**c**iento *(one hundred)*
cru**z**ar *(to cross)*	cru**c**e Ud. *(cross)*
la ta**z**a *(the cup)*	la ta**s**a *(the rate)*

G. ¿Cómo llego? Liliana está esperando el autobús y mucha gente le pregunta cómo llegar a distintos lugares. Escribe **s, c** o **z** en los espacios en blanco según corresponda.

1. **Señor:** Señorita, por favor, ¿cómo __e llega a la pla__a prin__ipal de la __iudad?

   Liliana: __iga por e__ta calle ha__ta la calle __iete y doble a la derecha.

2. **Muchacho:** Perdona. ¿__abes __i está lejo__ el mu__eo de arte?

   Liliana: No, está __erquita. Cru__a la calle y dobla a la i__quierda en la ofi__ina de correos.

3. **Señora:** Di__culpe, señorita. ¿Dónde está el __ine Na__ional?

   Liliana: Fíje__e que no estoy __egura. Me pare__e que __erca de la e__ta__ión de autobu__es.

H. ¿Cómo llegamos? Rodrigo y Raquel van a visitar a Elisa, y ella les explica cómo llegar en este mensaje por correo electrónico. Las palabras en cursiva tienen errores de ortografía. Vuelve a escribirlas correctamente.

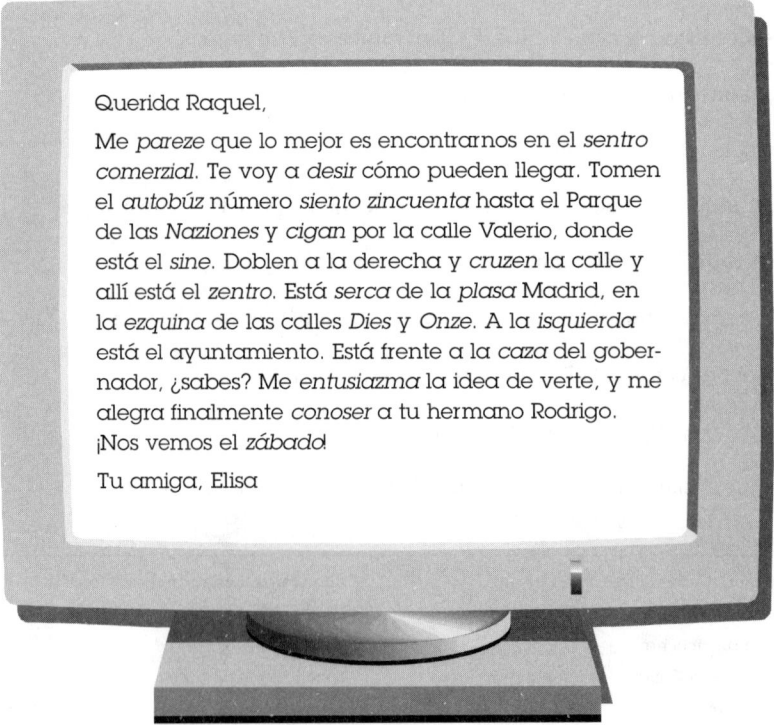

Querida Raquel,

Me *pareze* que lo mejor es encontrarnos en el *sentro comerzial*. Te voy a *desir* cómo pueden llegar. Tomen el *autobúz* número *siento zincuenta* hasta el Parque de las *Naziones* y *cigan* por la calle Valerio, donde está el *sine*. Doblen a la derecha y *cruzen* la calle y allí está el *zentro*. Está *serca* de la *plasa* Madrid, en la *ezquina* de las calles *Dies* y *Onze*. A la *isquierda* está el ayuntamiento. Está frente a la *caza* del gobernador, ¿sabes? Me *entusiazma* la idea de verte, y me alegra finalmente *conoser* a tu hermano Rodrigo. ¡Nos vemos el *zábado*!

Tu amiga, Elisa

Nombre _____   Fecha _____

1. _____   9. _____   16. _____
2. _____   10. _____   17. _____
3. _____   11. _____   18. _____
4. _____   12. _____   19. _____
5. _____   13. _____   20. _____
6. _____   14. _____   21. _____
7. _____   15. _____   22. _____
8. _____

Nuestro idioma

Los plurales

1. Las palabras que terminan en **-z** en singular se escriben con **c** en plural.

ve**z**	ve**c**es
cru**z**	cru**c**es
vo**z**	vo**c**es
feli**z**	feli**c**es
lu**z**	lu**c**es
pe**z**	pe**c**es
lápi**z**	lápi**c**es

2. Las palabras agudas que llevan acento escrito en la forma singular se vuelven palabras llanas al formar el plural y pierden el acento.

conclusión	conclusiones
excursión	excursiones
exhibición	exhibiciones
francés	franceses

I. Tarjeta postal. Inés le manda a Olga una tarjeta postal desde Londres. En los espacios en blanco, escribe la forma plural de las palabras de la lista.

inglés   autobús   vez   cruz

cortés   voz   feliz

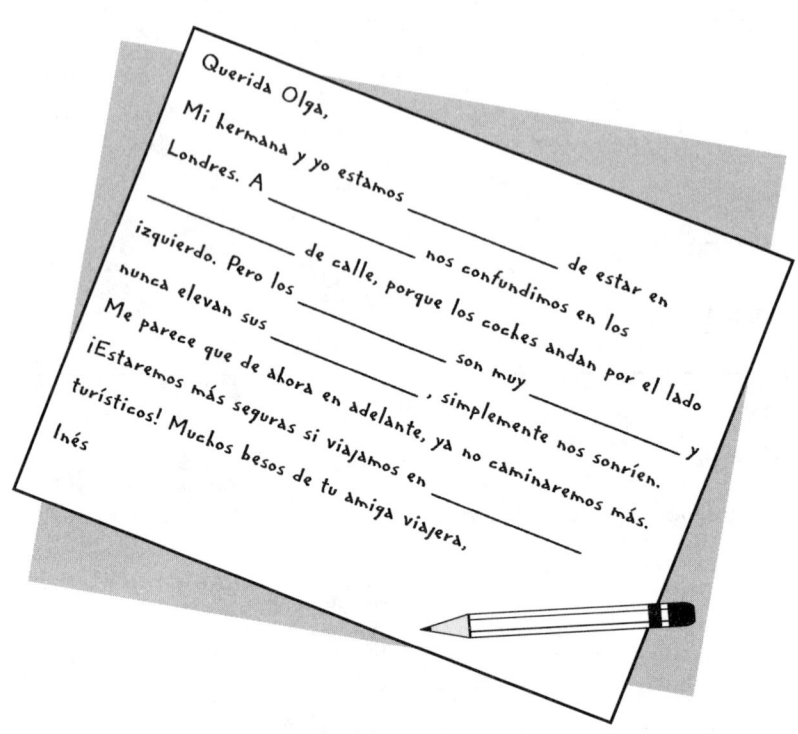

J. La excursión. Éste es un anuncio para una excursión urbana. Escribe en los espacios en blanco la forma plural de las palabras entre paréntesis que están en la forma singular, y la forma singular de las que están en la forma plural.

1. Si usted desea ver todas las (atracción) _____ del centro de la ciudad, tome una de nuestras (excursión) _____ en autobús.

2. Nuestros paseos comienzan en la Plaza de la (Constituciones) _____, adonde puede llegar con el autobús número doscientos.

3. Si no nos encuentra, pida (instrucción) _____ a un taxista.

4. Nuestro paseo más popular se llama (Luz) "_____ de la Ciudad".

5. Esta excursión visita todas las (exhibición) _____ en los museos del centro.

6. También visitaremos las (instalación) _____ especiales del museo de arte.

7. Luego pasaremos por las (mansión) _____ construidas por los (francés) _____ en el siglo XIX.

8. Almorzaremos en el restaurante (Evocación) _____ de España.

9. La (excursiones) _____ sigue el mismo estilo por la tarde hasta su (conclusiones) _____ en la misma plaza donde comenzamos.

Nuestro idioma

Algunos verbos con cambios ortográficos

1. Los verbos que terminan en **-car, -gar** y **-zar** tienen cambios de ortografía en algunos mandatos: **tú (negativo), usted, ustedes, nosotros y vosotros (negativo)**.

comen**z**ar	pa**g**ar	simplifi**c**ar
no comien**c**es	no pa**gu**es	no simplifi**qu**es
comien**c**e	pa**gu**e	simplifi**qu**e
comien**c**en	pa**gu**en	simplifi**qu**en
comen**c**emos	pa**gu**emos	simplifi**qu**emos
no comen**c**éis	no pa**gu**éis	no simplifi**qu**éis

2. También tienen cambios de ortografía en el presente de **vosotros**, el pretérito de **yo** y en las formas del subjuntivo.

comen**z**ar	pa**g**ar	simplifi**c**ar
comen**c**éis	pa**gu**éis	simplifi**qu**éis
comen**c**é	pa**gu**é	simplifi**qu**é
comien**c**e	pa**gu**e	simplifi**qu**e
comien**c**es	pa**gu**es	simplifi**qu**es
comen**c**emos	pa**gu**emos	simplifi**qu**emos
comien**c**en	pa**gu**en	simplifi**qu**en

3. Estos cambios ocurren para conservar el sonido de la **c, g** o **z** en el infinitivo.

K. El guía de turismo. Carlos quiere ser guía de turismo. Éstas son sugerencias que halló en un libro sobre turismo. Completa las oraciones conjugando los verbos de la lista como mandatos formales.

almorzar	organizar
analizar	pagar
dedicar	practicar
madrugar	tranquilizar

1. _____ : si comienza el día temprano podrá estar mejor preparado.

2. _____ a los turistas que están nerviosos: están de vacaciones y no deben tener preocupaciones.

3. Si no tiene mucha experiencia como guía, _____ un día entero a perfeccionar su presentación.

4. Exija a los turistas que le _____ por adelantado, antes de que comience la excursión.

5. _____ todos los detalles de la excursión cuidadosamente, para que todo esté en orden.

6. _____ poco al mediodía para estar bien alerta durante la tarde.

7. _____ el plano de la ciudad cuidadosamente para escoger la mejor ruta y visitar la mayor cantidad posible de lugares en un día.

8. _____ la narración en casa todas las noches para poder hablar con soltura frente a los turistas.

L. Recomendaciones para un viaje. Imagina que debes darle consejos y recomendaciones a un(a) amigo(a) que está por irse de viaje a un lugar que tú ya has visitado. Escribe oraciones con los siguientes verbos.

1. comiencen

   _____

2. no dediques

   _____

3. alcancen

   _____

4. cargué

   _____

Puntuación

> ### *Los signos de admiración*
> Los signos de admiración, al igual que los signos de interrogación, se escriben al comienzo y al final de la oración.
>
> ¡Pague la cuenta!

M. Conversaciones durante una excursión. Completa estas conversaciones con signos de admiración o signos de interrogación, según corresponda.

1. **Guía:** _ Hola_ _Cómo está_

   Sra. Campos: _ Excelente_ _Y usted_

2. **Guía:** _Tengan mucho cuidado_ _El camino está resbalosísimo_

   Sr. Andrade: Llovió aquí esta mañana, _no_

3. **Guía:** _No toquen los artefactos_

   Niño: _Por qué no_ _Yo quiero tocarlos_

   Guía: Pero, _imagínate si se rompe alguno_ Entonces, _qué harías_

Nombre _____ **Fecha** _____

¡Adelante!

¿Cómo llego?

Trabaja con un(a) compañero(a).

1. Uno(a) de ustedes debe hacer el papel de un(a) estudiante recién llegado(a) a la ciudad, y el (la) otro(a) el papel de alguien que vive allí desde hace mucho tiempo.

2. La persona que acaba de llegar a la ciudad pregunta qué lugares debe visitar.

3. La persona que vive allí desde hace tiempo debe indicarle qué lugares visitar y a qué lugares no debe ir. Usa mandatos con **tú**. Trata de usar verbos que terminen en **-car, gar** y **zar**.

4. La persona que es nueva pregunta por qué debe evitar esos lugares, y la otra persona le explica.

5. La persona que vive allí desde hace tiempo sugiere algunos lugares a los que deben ir juntos. Usa mandatos con **nosotros**. Trata de usar verbos que terminen en **-car, gar** y **zar**.

Siga derecho...

Escribe una explicación de cómo llegar a un lugar de tu ciudad o comunidad.

1. Escoge un lugar algo distante de la escuela. Si es posible, elige un lugar relacionado con la tradición y cultura hispanas.

2. Escribe instrucciones para llegar a ese lugar desde la escuela. Imagina que las instrucciones son para alguien que no conoces: usa un tono formal y los verbos para **usted**. No menciones de qué lugar se trata.

3. Usa mandatos formales como **cruce, siga, doble** y **tome** en tus instrucciones.

4. Incluye puntos de referencia como los edificios que la persona va a ver en el camino, qué autobús debe tomar o dónde puede estacionar su auto.

5. Intercambia tus instrucciones con las de un(a) compañero(a) de clase. Trata de adivinar a qué lugar te llevarían las instrucciones que él (ella) escribió. Quizá te resulte útil dibujar un mapa.

TERCERA ETAPA

¡Leamos!

Las fiestas folklóricas y los días festivos forman parte importante de una comunidad. Ambos nos transmiten información sobre la historia y la cultura de la comunidad y sobre sus habitantes. La siguiente lectura nos invita a conocer algunos de los principales días festivos del Perú.

▶ Antes de leer

1. Observa los subtítulos del fragmento. ¿Qué factor se usa para ordenar la información que aquí se presenta?

2. Piensa en los días festivos que se celebran en tu comunidad. ¿Cuáles son sus orígenes? ¿Cómo se celebran?

3. Si un extranjero visitara tu comunidad en un día festivo, ¿qué información sobre la cultura e historia locales obtendría de la celebración? ¿Qué aprendería sobre los habitantes de tu comunidad?

Calendario de fiestas del Perú

6 de enero: Como en todo el mundo hispano, en el Perú también se celebra el Día de los Reyes Magos. Este día pone fin a la celebración de la Navidad. La familias se reúnen para "bajar" o guardar las decoraciones navideñas que adornaron sus hogares. Muchos celebran esta fecha con comida, bebida y baile, pero los niños en particular aguardan la llegada de los tres reyes magos, quienes tradicionalmente les brindan regalos.

18 de enero: Es el aniversario de la fundación de la ciudad de Lima en 1535 por el conquistador del Perú, Francisco Pizarro. Lima era llamada la "Ciudad de los Reyes", también se la conoce como "La Perla del Pacífico", "La tres veces coronada villa" y "La ciudad jardín". El aniversario se celebra con ceremonias conmemorativas por parte de la Municipalidad de Lima.

febrero: Todo el mes se dedica a los carnavales. Éstos se celebran los fines de semana, frecuentemente en las calles. El calor del verano inspira a adultos y niños por igual a jugar con agua durante estos días. Usando baldes[17], globos llenos de agua o chisguetes[18], unos tratan de sorprender a otros con un inesperado baño de agua. Al anochecer el juego con agua da paso al juego con talco. La "mata chola" es una media larga a la que se llena con una buena cantidad de talco y luego se le hace un nudo, de tal modo que se forme una pequeña bola a uno de los extremos de la media. Cogiendo la mata chola por el extremo largo, los niños tratan de dejar una impresión de talco en la ropa de sus víctimas. El fin del juego es llenar de talco a los otros jugadores. Otras formas de celebrar los carnavales son fiestas y concursos de disfraces.

23–29 de abril: El Concurso Nacional del Caballo Peruano de Paso se realiza en Pachacámac, al sur de Lima. Estos finos[19] caballos son descendientes de los caballos árabes que los españoles trajeron durante la época colonial. Son famosos porque casi bailan al andar. Los montan los *chalanes*, jinetes expertos que visten elegantes trajes tradicionales de color blanco.

24 de junio: En la antigua capital inca de Cuzco se celebra una vez al año el "Inti Raymi", la fiesta indígena más importante del Perú. Las actividades empiezan en el Korikancha (templo del sol), dónde se reúnen todos los participantes de la ceremonia. De ahí se desplazan por las calles de Cuzco hacia la Fortaleza de Sacsayhuamán. Miles de espectadores se ubican a lo largo de las ruinas de la antigua fortaleza para presenciar el Inti Raymi. Grupos indígenas de todo el Perú mandan representantes a Cuzco para la celebración. Los participantes demuestran bailes populares de la tradición incaica de cada una de las regiones del país. Este homenaje al sol tiene la función de convencerlo a que vuelva del norte, donde se encuentra en el solsticio de invierno. Durante toda la semana anterior hay desfiles, bailes folklóricos y procesiones. También hay puestos que venden comida típica en la Plaza de Armas de Cuzco.

28–29 de julio: El aniversario de la independencia del Perú se celebra con desfiles escolares y el gran desfile militar, que abarca las principales avenidas de la ciudad de Lima y cuenta con la presencia del Presidente de la República. También se realizan exposiciones artesanales y espectáculos folklóricos. Hay fuegos artificiales en la Plaza de Armas de Lima, la cual está junto al Palacio de Gobierno. Asimismo, los peruanos festejan su patriotismo celebrando en sus hogares, cantando y bailando la música criolla y andina, y disfrutando de platos típicos como el ceviche, el arroz con pollo, la carapulcra y otros.

25 de diciembre: La Navidad en el Perú se celebra de diversas formas, influenciadas directamente por la región del país en la que la población vive. Una cena navideña típica en las ciudades de la costa incluye el panetón[20], el pavo y como bebida el chocolate. En las ciudades de la sierra se bebe la tradicional "chicha de jora" y se prepara la "pachamanca", similar a un *lobster bake*. En la selva se bebe el "masato", una bebida a base de yuca masticada y fermentada, y se preparan comidas con yucas y plátanos. En general se acostumbra cenar con la familia la noche del 24 de diciembre y esperar juntos la llegada de la navidad a las doce. Es a esa hora que se abren los regalos y se dan los abrazos de "Feliz Navidad". Algunas tradiciones navideñas de otros países como el árbol de navidad y Papá Noel[21] se han adoptado también en el Perú.

---

[17]**baldes** cubetas, recipientes
[18]**chisguetes** pistolas de agua
[19]**finos** elegantes
[20]**panetón** gran pan dulce con fruta y nueces típico de la época navideña
[21]**Papá Noel** nombre usado para Santa Claus en algunos países de América Latina

Nombre _____ **Fecha** _____

▶ *Después de leer*

1. Además del Día de los Reyes Magos, ¿que otra fiesta se celebra durante el primer mes del año?

2. ¿Cuál es el origen de los caballos de paso peruanos?

3. ¿Quiénes son los *chalanes*?

4. ¿Quién fue el conquistador del Perú?

5. ¿Quiénes celebran el "Inti Raymi"? ¿Dónde lo celebran?

6. ¿Qué propósito tiene el Inti Raymi?

7. ¿Cuál es la última celebración del año, según la lectura?

8. Nombra al menos tres diferentes orígenes históricos o culturales de las celebraciones peruanas.

9. ¿Qué fiestas peruanas son semejantes a las fiestas estadounidenses? ¿Qué actividades semejantes se llevan a cabo durante las celebraciones en el Perú y en los Estados Unidos?

10. ¿Celebras tú algunas de las fiestas mencionadas? ¿Cómo las celebras?

11. ¿Celebras tú algunas fiestas parecidas, pero que no sean las mismas? ¿Cuáles son y cómo las celebras?

Sonidos y palabras

La m *y la* n

1. En español la **m** y la **n** muchas veces se pronuncian de maneras muy parecidas. Es importante no confundirlas al escribir.

2. Siempre se escribe **m** antes de **b** y **p**. Las combinaciones *nb* y *np* no existen en español.

   ambiente   **imp**uesto
   ambos   **imp**osible

3. Siempre se escribe **n** antes de **v** y **f**. Las combinaciones *mv* y *mf* no existen en español.

   envío   **en**friar
   invierno   **in**formación

4. Muchas palabras que en español se escriben con **nm**, en inglés se escriben con *mm*.

   inmediatamente   ***imm***ediately
   inmoderado   ***imm***oderate

N. Una fiesta el sábado. Escoge la palabra correcta.

1. Te quiero (invitar / imvitar) a una fiesta el sábado.

2. La fiesta va a (enpezar / empezar) a las nueve de la noche.

3. Va a haber un (ambiente / anviente) muy agradable.

4. Mi hermana y yo seremos los (amfitriones / anfitriones).

5. Puedes venir solo o con un (acompañante / aconpañante).

6. Nuestra casa queda (enfrente / emfrente) del Parque Central.

7. Tenemos un jardín (immenso / inmenso) donde podremos bailar.

8. Serviremos refrescos y (hanburguesas / hamburguesas).

9. Ya lo verás, será una fiesta (impresionante / inpresionante).

10. Es (importante / inportante) que nos avises si vas a venir o no.

Ñ. Oraciones con palabras secretas. Lee las siguientes definiciones y úsalas para adivinar las palabras secretas. Todas las palabras tendrán una de las siguientes combinaciones de letras: **nm, mp, mb, nf** o **nv, nt**. Luego, escribe una oración con cada palabra. Sigue el modelo.

■ **Modelo**   **Significado:** entender

   Palabra: *comprender*

   Oración: *Yo comprendo que hay que estudiar mucho para saber bien un idioma.*

1. **Significado:** que no muere nunca

   Palabra: _____

   Oración: _____

2. **Significado:** que no es posible

   Palabra: _____

   Oración: _____

3. **Significado:** hacer frente a

   Palabra: _____

   Oración: _____

4. **Significado:** que no puede ser vencido(a)

   Palabra: _____

   Oración: _____

5. **Significado:** que no tiene fin

   Palabra: _____

   Oración: _____

6. **Significado:** que hace perder tiempo (pista: empieza con contra)

   Palabra: _____

   Oración: _____

7. Significado: hacer más bello(a)

   Palabra: _____

   Oración: _____

8. Significado: grande, espacioso

   Palabra: _____

   Oración: _____

Nuestro idioma

> ### Más verbos con cambios ortográficos
>
> 1. Además de **tener** y **venir**, otros verbos tienen cambios radicales con **g** en la forma de **yo** y en algunos mandatos: **tú (negativo), usted, ustedes, nosotros** y **vosotros (negativo)**.
>
> | salir | hacer | poner | oír |
> |---|---|---|---|
> | sal**g**o | ha**g**o | pon**g**o | oi**g**o |
> | no sal**g**as | no ha**g**as | no pon**g**as | no oi**g**as |
> | sal**g**a | ha**g**a | pon**g**a | oi**g**a |
> | sal**g**an | ha**g**an | pon**g**an | oi**g**an |
> | sal**g**amos | ha**g**amos | pon**g**amos | oi**g**amos |
> | no sal**g**áis | no ha**g**áis | no pon**g**áis | no oi**g**áis |
>
> 2. Algunos verbos tienen otros cambios radicales además de la **g**.
>
> | decir | traer |
> |---|---|
> | di**g**o | trai**g**o |
> | di**g**a | trai**g**a |
>
> 3. Los verbos que se forman a partir de verbos con cambio radical también tienen cambio radical. Entre ellos están los siguientes:
>
> | con**tener** | re**tener** | des**hacer** | pro**poner** |
> |---|---|---|---|
> | entre**tener** | inter**venir** | re**hacer** | pre**decir** |
> | man**tener** | pre**venir** | com**poner** | a**traer** |
> | ob**tener** | sobre**salir** | o**poner** | dis**traer** |

O. Un día de feria. Andrés describe lo que hace en un día de feria. Completa las oraciones conjugando los verbos de la lista.

salir	decir	suponer	tener
obtener	hacer	oír	traer
poner	proponer	entretener	

1. Siempre _____ a mi hermano cuando _____ a la feria del sábado.

2. Me levanto y me _____ los vaqueros.

3. Le _____ a mi mamá adónde voy y _____ a las nueve de la mañana.

4. Me _____ mucho en el camino con mis amigos que también van a la feria.

5. Yo siempre le _____ a mi hermano que comamos un taco.

6. _____ música en el parque todos juntos —les digo a mis amigos.

7. Yo _____ otras cosas divertidas hasta las tres de la tarde, cuando _____ que volver a casa para comer.

8. _____ que siempre tendré que traer a mi hermano mayor.

9. Pero un día de estos _____ mi licencia de conducir y puedo ir solo.

P. Estoy listo. Esteban va al concurso de poesía y está muy impresionado con su propio talento. Completa estas oraciones con la forma correcta del presente del verbo entre paréntesis.

1. _____ al concurso todos los años. (venir)

2. _____ cada año mi victoria inevitable en el concurso. (predecir)

3. _____ que es importantísimo llegar a tiempo. Comienza a las nueve de la mañana. (decir)

4. _____ toda mi poesía. Así no _____ problema si piden que lea más. (traer) (tener)

5. _____ un poema excepcional una vez al año para el concurso. (componer)

6. _____ como poeta de mi generación. (sobresalir)

7. _____ mucha admiración cuando leo mi obra. (atraer)

8. A menudo _____ mi poema hasta el último momento para perfeccionarlo. (rehacer)

9. Nunca _____ un premio, desgraciadamente. (obtener)

10. Pero me _____ mucho cuando _____ los otros poemas. (entretener) (oír)

11. Siempre _____ mi optimismo. (mantener)

12. Todos los años _____ un cambio en el formato del concurso. (proponer)

13. Me _____ al límite de un poema por concursante. (oponer)

14. _____ que volveré al próximo concurso de todos modos. (suponer)

Q. Inspección. La escuela se prepara para la ceremonia de graduación, pero el director no está muy contento. Completa sus oraciones con los mandatos indicados.

1. Sr. Rodó, estoy cansado de ver estas sillas todos los años. _____ otras sillas diferentes. (obtener, nosotros)

2. Ustedes no deben estar aquí antes de la ceremonia. ¡_____ de aquí inmediatamente! (salir, ustedes)

3. Son feas estas decoraciones. ¡No me _____ ! (contradecir, usted)

4. La mesa es demasiado pequeña. _____ otra mesa más grande. (traer, ustedes)

5. Tampoco me gusta la música. _____ otra marcha de entrada. (proponer, usted)

6. La comida del banquete es terrible. ¡_____ el menú! (rehacer, nosotros)

7. Estoy triste porque no viene mucha gente a la ceremonia. _____ más público. (atraer, ustedes)

8. Es muy importante la publicidad. ¡_____ más publicidad! (hacer, nosotros)

9. También es importante el entretenimiento. _____ al público a cada momento. (entretener, ustedes)

10. No quiero tener la ceremonia. ¡_____ todas las preparaciones! (deshacer, usted)

¡Adelante!

¿Cómo celebramos?

Trabaja con un(a) compañero(a) de clase para describir un día festivo, preferiblemente hispano, que celebras en casa. Sigue las instrucciones para entrevistar a tu compañero(a). Luego, tu compañero(a) va a entrevistarte a ti.

1. Primero, pregúntale a tu compañero(a) de qué celebración desea hablar y por qué.

2. Luego, pregúntale qué tiene que hacer para crear un ambiente agradable para esta celebración.

3. Pregúntale qué cosas son importantes que hagan él (ella) y su familia para que la celebración sea un éxito.

4. Pídele que te cuente qué hace para decorar la casa antes de la celebración. Pregúntale qué decoraciones obtiene y dónde las pone.

5. Finalmente, pregúntale si se acuerda de celebraciones familiares que fueron especialmente impresionantes. Pregúntale por qué fueron impresionantes.

Preparativos para la fiesta

Trabaja con un(a) compañero(a) de clase para escribir instrucciones para una fiesta.

1. Imaginen que están a cargo de organizar una fiesta escolar a la que asistirán todos(as) los (las) estudiantes y profesores(as) de la escuela, y también todas las familias de los (las) estudiantes.

2. Describan brevemente la celebración: el motivo, la fecha, la hora, el lugar y las actividades.

3. Escriban cinco instrucciones diciéndole a los (las) profesores(as) qué deben hacer para preparar a sus clases para la fiesta. Usen mandatos formales para **usted** y **ustedes**.

4. Escriban ocho instrucciones diciéndoles a sus compañeros(as) cómo deben prepararse para la fiesta. Usen mandatos para **yo, tú, él, ella, ellos, ellas, nosotros** y **ustedes**.

5. Escriban ocho instrucciones para las familias de los estudiantes. Usen mandatos para **yo, tú, él, ella, ellos, ellas, nosotros** y **ustedes**.

INTEGRACIÓN

¡Sigamos adelante!

Conversemos un rato

R. Planes de viaje. Trabaja con un(a) compañero(a) para crear el plan de un viaje que van a hacer juntos a una ciudad de América Latina.

1. Pregúntale a tu compañero(a) adónde le gustaría ir, qué quiere hacer ahí, y qué piensa que ustedes deberían hacer ahí. Él (Ella) te hará las mismas preguntas. Escojan la ciudad adonde les gustaría ir.

2. Obtengan información sobre esa ciudad, incluyendo los sitios de mayor interés turístico y las principales fiestas locales. Pueden buscar esta información en guías turísticas, en el Internet, preguntarle a personas de ese país, etc.

3. Decidan cuáles son los sitios turísticos y las fiestas que les parecen más impresionantes en esa ciudad. Hablen sobre por qué les gustaría ir a esos sitios y esas celebraciones.

4. Hablen sobre el itinerario que seguirían para visitar esos lugares y asistir a las fiestas.

5. Hablen sobre lo que tienen que hacer para prepararse para el viaje, usando mandatos. También comenten cuándo suponen que partirán y que regresarán.

6. Presenten oralmente al resto de la clase una descripción de su itinerario.

S. ¿Qué hay aquí? Trabaja con un(a) compañero(a) de clase. Una persona hace el papel de turista en la ciudad en la que viven y la otra hace el papel de guía de turismo.

1. El (La) turista pide información sobre varios lugares y festividades. Pregunta a qué hora abre cada lugar o a qué hora comienza la fiesta. También pide información sobre dónde está cada lugar e instrucciones para llegar allí.

2. El (La) guía describe los lugares y las fiestas que le parecen más interesantes. Menciona dónde están o cuándo son, cómo se llega allí y lo que el (la) turista debe hacer allí.

Taller de escritores

Trabaja con un(a) compañero(a) de clase. Deben crear el texto de una página en el Internet destinada a las personas que visiten su comunidad.

T. Reflexión. Escriban todos los lugares que los visitantes deben ver y todas las cosas que pueden hacer en su comunidad. Después examinen lo que escribieron y pónganse de acuerdo sobre las diez mejores ideas. Organícenlas en orden de importancia. Para causar mayor sensación, ordénenlas de menor a mayor importancia.

U. Primer borrador. Escriban la página del Internet basándose en las ideas de su lista. Usen mandatos para indicarle a las personas qué hacer, adónde ir y qué ver en su comunidad. Organicen esta información en tres o más párrafos. Incluyan también un párrafo de introducción en el que describan el ambiente general de su comunidad y un párrafo de conclusión resumiendo por qué su comunidad sería interesante para un visitante. Recuerden que escriben para un público general.

V. Revisión con un(a) compañero(a). Intercambien su lista con otro equipo. Lean y comenten el borrador del otro equipo. Utilicen estas preguntas como guía.

1. ¿Qué ideas son las más interesantes?

2. ¿Cuáles son iguales a las que tuvieron ustedes?

3. ¿Piensan que el formato es adecuado para un público general?

4. ¿Qué otras ideas podrían mejorar la lista?

W. Versión final. Revisen su primer borrador. Hagan los cambios sugeridos por el otro equipo y cualquier otro cambio que consideren necesario. Revisen el contenido y luego la gramática, la ortografía, el uso de los acentos y la puntuación. Traigan a la clase una copia de esta versión final para cada miembro del grupo.

X. Carpeta. Tu profesor(a) puede incluir la versión final en tu carpeta, colocarla en el tablón de anuncios o usarla para la evaluación de tu progreso.

Capítulo 4 Vamos al centro

PRIMERA ETAPA

¡Leamos!

Graciela habla con su amiga Patricia. Quieren estudiar para un examen de inglés que van a tener el próximo lunes. Tratan de encontrarse, pero Graciela está muy ocupada. Graciela le explica su horario a Patricia.

▶ *Antes de leer*

1. ¿Qué tipo de información esperas encontrar en una agenda?

2. Observa el formato de la agenda. ¿Qué categorías se usan para ordenar la información?

3. ¿Usas una agenda para organizar tus actividades diarias?

Una agenda

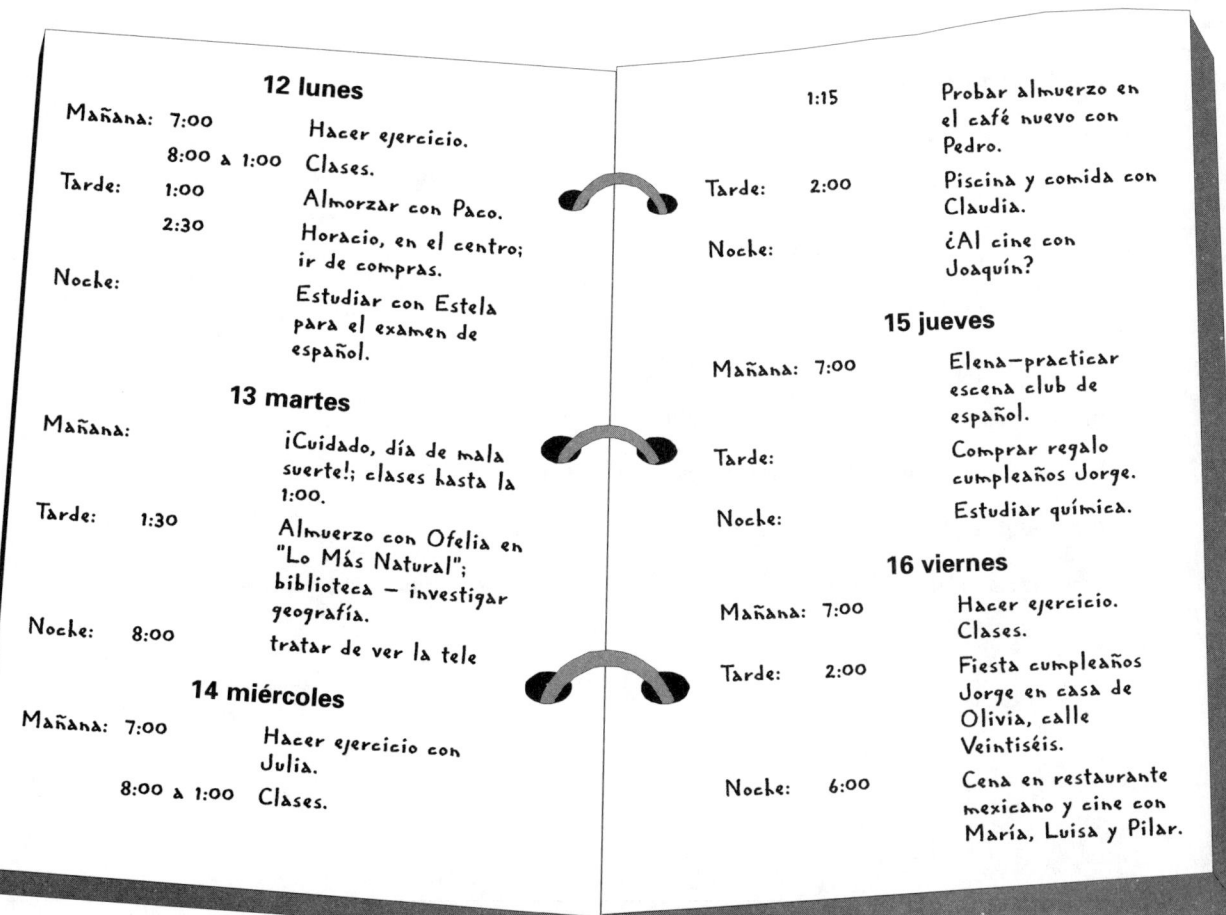

Graciela:

Me gustaría estudiar contigo pero el lunes es imposible. Voy a hacer ejercicio a las siete de la mañana y desde las ocho hasta la una tengo clases. A la una voy a almorzar con Paco en la cafetería. Después tengo que ver a mi amigo Horacio en el centro. Voy a tomar el metro y quisiera ir de compras antes de volver a casa, para matar dos pájaros de un tiro[1]. Por la noche viene Estela a estudiar conmigo para el examen de español.

El martes tampoco puedo. Tengo clases hasta la una y después voy a comer con Ofelia; tengo ganas de probar la comida de ese restaurante vegetariano[2] Lo Más Natural. Esa tarde tengo que ir a la biblioteca a investigar un tema para la clase de geografía. Por la noche voy a tratar de mirar la televisión, si me da tiempo. Eso hago para descansar, porque estoy hasta la coronilla[3] de trabajo.

El miércoles no. Voy a hacer ejercicio con Julia a las siete. A la una y cuarto tengo una cita con Pedro; vamos a probar la comida que sirven en el café que abrieron enfrente de la escuela. A las dos voy a la piscina con Claudia en su coche; luego iremos a comer porque nadar nos abre el apetito[4]. Quiero ir al cine en el centro con Joaquín, pero no sé si mis padres me lo van a permitir.

Quizás el jueves. No, es imposible. Voy a tratar de llegar temprano a la escuela. Elena y yo tenemos que practicar la escena que vamos a hacer con el club de español. Por la tarde voy de compras al centro. Necesito comprar un regalo para el cumpleaños de Jorge. Por la noche voy a estudiar mucho para la clase de química.

El viernes? ¡Claro que no! Hago ejercicio y voy a mis clases por la mañana. A las dos de la tarde hay una fiesta de cumpleaños para Jorge en casa de Olivia. A las seis voy al centro a cenar y al cine con María, Luisa y Pilar. ¿Y si tratamos de encontrarnos durante el fin de semana?

▶ *Después de leer*

1. ¿Cuántas veces hace ejercicio Graciela durante la semana?
2. ¿Cuántas veces va al centro?
3. ¿A cuántas fiestas está invitada Graciela?
4. ¿Qué día y por qué va a la escuela temprano?
5. ¿Qué hace Graciela para descansar?
6. ¿Qué clases menciona Graciela específicamente?
7. ¿En cuántos retaurantes diferentes come durante la semana?
8. Muchos estudiantes trabajan mientras van a la escuela. ¿Cuándo podría trabajar Graciela si quisiera?
9. En términos generales, ¿es semejante tu horario al de Graciela?
10. Describe tus actividades, obligaciones y planes para esta semana en un horario similar al de Graciela.

---

[1] **matar dos pájaros de un tiro** refrán que significa hacer dos cosas a la vez

[2] **vegetariano** que no usa carne

[3] **(estar) hasta la coronilla** expresión que significa estás sofocado(a) o cansado(a) de algo

[4] **apetito** gana de comer

Nombre _____ **Fecha** _____

Sonidos y palabras

> ### La d entre dos vocales y al final de una palabra
>
> 1. Algunos hispanohablantes omiten el sonido **d** en el español hablado cuando está entre dos vocales o cuando está al final de una palabra.
>
> 2. Recuerda que aunque no pronuncies la **d** al hablar, es importante que la incluyas al escribir.
>
> | Usa | No uses | Usa | No uses |
> |---|---|---|---|
> | soni**d**o | sonío | ciuda**d** | ciudá |
> | manda**d**o | mandao | verda**d** | verdá |
> | aboga**d**o | abogao | soleda**d** | soledá |
> | delga**d**o | delgao | se**d** | se |
> | cansa**d**o | cansao | Madri**d** | Madrí |
> | enchila**d**a | enchilaa | capacida**d** | capacidá |

A. Un jueves muy ocupado. Sofía describe sus planes para este jueves. Encuentra las palabras que están mal escritas, y vuelve a escribirlas correctamente en los espacios en blanco.

1. Hoy, como tos los sábaos, paso el día con mi hermana Astrid.

2. Está casá y siempre tiene muchos mandaos que hacer en el centro de la ciudá.

3. Por la mañana vamos primero a la oficina de su abogao porque quiere consultar con él acerca de un accidente que tuvo en una tienda de su vecindá.

4. Después vamos de compras. A las dos vamos a comer unas enchilás, y si a media tarde nos da sé, vamos a tomar una limoná en la plaza.

5. Yo necesito buscar un vestío para el baile del sábado.

6. Quiero uno que me haga parecer más delgá.

7. Creo que mi hermana va a comprar una computaora nueva.

8. Yo estoy encantá de tener la oportunidá de acompañarla.

9. ¿Aónde vamos después? No sé, pero con seguridá va a ser divertío.

10. Y también sé que al final del día estaré muy cansá.

1. _____   8. _____   15. _____
2. _____   9. _____   16. _____
3. _____   10. _____   17. _____
4. _____   11. _____   18. _____
5. _____   12. _____   19. _____
6. _____   13. _____   20. _____
7. _____   14. _____

Nuestro idioma

> ### *Cómo expresar deseos y preferencias*
>
> 1. Recuerda que **gustar** se usa para hablar de algo que preferimos o que nos da gusto y **querer** se usa para expresar cariño, deseos o intenciones.
>
>   Me **gusta** ir de compras.
>
>   **Quiero** comprar una bicicleta.
>
> 2. La expresión **yo quisiera** equivale a la expresión **yo quiero**, pero la primera forma expresa el deseo de un modo menos enfático que la segunda.
>
>   Señor taxista, **quisiera** ir a la estación de autobuses, por favor.
>
> 3. La expresión **me gustaría** equivale a la expresión **yo quisiera**. Aquí el verbo **gustar** se usa para expresar deseo e incertidumbre, no para hablar de algo que nos gusta.
>
>   **Me gustaría** tomar el metro al centro, si es posible.
>
> 4. Otras dos maneras de expresar un deseo son el uso del verbo **desear** y de la expresión **tener ganas de** seguida de un infinitivo.
>
>   ¿**Deseas** ir en taxi o **tienes ganas de** ir en bicicleta?

B. Unas invitaciones. Expresa las siguientes ideas de manera diferente usando las expresiones que aprendiste.

1. ¿Quieres ir al parque? A mí me gustaría ir esta tarde.

   _____

2. Me gustaría ir pero tengo que estudiar.

   _____

3. ¿No quieres pasear en bicicleta?

   _____

4. Ya te dije que quisiera ir, pero no puedo.

   _____

5. ¿Pero no tienes ganas de ir de compras al centro comercial?

   _____

6. ¡Claro que quisiera! Pero debo estudiar.

   _____

7. ¿Por qué deseas tanto estudiar?

   _____

8. En realidad no tengo tantas ganas de estudiar, pero tengo un examen mañana y quisiera aprobarlo.

9. ¿Examen? ¡Me gustaría saber qué examen es tan importante para ti!

10. Tengo el examen para mi licencia de manejar, y ya quiero tener mi licencia.

11. ¡Ay! Mira, yo te ayudo a estudiar. ¡Deseo pasear muy pronto en tu coche nuevo!

C. ¿Qué vas a hacer? Escribe oraciones usando los siguientes verbos y las expresiones que aprendiste para expresar deseos y preferencias. Sigue el modelo.

■ **Modelo** yo / ir de compras / mañana
Yo tengo ganas de ir de compras mañana.

1. ella / dar un paseo / mañana, si no llueve

2. Daniel / jugar al tenis con un amigo / el sábado

3. mi hermano / ir a una discoteca / la próxima semana, si es posible

4. los estudiantes de la clase de español / estudiar para un examen / esta noche

5. la profesora de español / comer con unos amigos en la cafetería de la escuela / hoy

6. tú / ir a una fiesta en casa de Susana / este fin de semana

7. mis padres / ir a Puerto Rico de vacaciones / el próximo año

8. mi mejor amiga / sacar una "A" / en todas las clases

Nuestro idioma

> ### *Los verbos* tratar de *y* probar
>
> 1. El verbo **tratar de** significa "hacer un esfuerzo para lograr algo".
>
>   **Trato de** sacar mejores notas pero no puedo.
>
>   Van a **tratar de** llegar a tiempo.
>
> 2. El verbo **probar** significa "comer o beber para saber cómo es" *(to taste)*, "ponerse para ver cómo queda" *(to try on)* o "examinar, experimentar o intentar" *(to test)*.
>
>   Tengo muchas ganas de **probar** la comida argentina.
>
>   Si voy al centro, me **pruebo** un vestido que tienen en esa tienda.
>
>   El coche fue **probado** en carreteras de montaña.
>
> 3. Recuerda que **probar** tiene un cambio radical de **o** a **ue** en el tiempo presente en las formas **pruebo, pruebas, prueba** y **prueban**.

D. Vamos al centro. Graciela, María, Luisa y Pilar van al centro. Graciela le describe el plan a su hermana menor. Completa su descripción escribiendo la forma apropiada de **probar** o **tratar de** en los espacios en blanco.

Pues, vamos al centro a las cinco de la tarde. Primero yo me _____ unos vestidos en el almacén Lucaste. En la tienda de música María _____ el piano que quiere comprar; ella _____ ahorrar el dinero necesario trabajando después de clases. Luisa y Pilar se _____ unos sombreros en otra tienda. Después vamos a _____ la comida del restaurante La Estrellita. Luego nosotras _____ llegar al cine un poco antes de comenzar la función. Después de salir del cine Luisa y María _____ encontrar un taxi para volver a casa.

E. Oraciones. Escribe oraciones con las siguientes palabras y una forma del verbo **probar** o **tratar**. Sigue el modelo.

■ **Modelo**   probar, pizza
Nosotras queremos probar la pizza de anchoas que sirven en la pizzería nueva.

1. probar, vestido

   _____

2. probar, metro

   _____

3. tratar, comida

   _____

4. probar, coche

   _____

5. tratar, caminar

6. tratar, conciertos

7. probar, plato

8. tratar, español

9. probar, helado

10. tratar, museo

¡Adelante!

¿Adónde vas y cómo?

Trabaja en un equipo con cuatro o cinco compañeros(as). Entrevista a los otros miembros del grupo.

1. Pregúntale a cada uno(a) a qué lugares le gusta ir después de la escuela, adónde quiere ir hoy y adónde quisiera ir el fin de semana.
2. Pregúntale qué medio(s) de transporte le gusta usar para llegar a estos lugares y por qué. Pregúntale si le gustaría viajar de otra manera, y pídele que la describa.
3. Pregúntale para qué va a esos lugares.
4. Comenten cuáles son los destinos más comunes.
5. Comenten cuáles son los medios de transporte más comunes.
6. Presenten a la clase los tres destinos y los tres medios de transporte más comunes.
7. Comparen sus resultados con los de los otros grupos.

Después de la escuela

Describe tres lugares (sin incluir la escuela) que quisieras visitar frecuentemente.

1. Describe los lugares que deseas visitar.
2. Menciona para qué quisieras ir a cada lugar.
3. Indica cuándo te gustaría ir.
4. Explica qué tienes que hacer para llegar allí.
5. Incluye a qué hora te gustaría volver a casa, cómo y por qué.
6. Señala las ocasiones en las que no quisieras ir allí y explica por qué.

SEGUNDA ETAPA

¡Leamos!

El correo electrónico nos permite comunicarnos rápidamente con personas que a lo mejor están muy lejos. Un amigo por correspondencia electrónica le escribe desde Buenos Aires a Benito, contándole sobre algunas de sus actividades diarias.

▶ Antes de leer

1. ¿Qué medios de transporte usas tú para viajar por tu ciudad?

2. Lee la primera oración de cada párrafo. ¿Cuál piensas que será el tema principal de esta lectura?

3. Si tuvieras un(a) amigo(a) por correspondencia, ¿cómo le describirías lo que haces a diario?

El correo electrónico

Querido Benito,

Me preguntaste sobre mi rutina y si viajo en metro acá en Buenos Aires. Efectivamente[5], tomo el subte[6] para realizar mis actividades diarias. Combinado con el colectivo[7], creo que resulta la mejor manera de transportarse por la ciudad.

Por ejemplo, desde donde vivo yo en el barrio de Palermo, la línea D me conduce hasta la calle Florida en el centro. O al llegar a la avenida 9 de Julio puedo cambiar a la línea C para ir a la avenida de Mayo. Afortunadamente, este año mis papás me permiten ir al centro con mis amigos.

Pero yo no voy al centro todos los días, ¡faltaba más![8] Tengo demasiado trabajo escolar. Para ir al colegio, subo al subte en mi barrio y bajo en la estación Bulnes. Todos los martes, después del cole[9], tomo el colectivo para ir a mi clase de violín. Después lo tomo otra vez para encontrarme con mis amigos en el centro comercial El Salto, donde casi siempre nos quedamos hasta las siete de la tarde. Generalmente jugamos a los vídeojuegos o comemos un helado de dulce de leche. Para volver a casa tomo nuevamente el colectivo hasta el subte y después la línea D.

No sé cuánto cuesta ir en el subte porque mi papá me compra un abono[10] mensual. Me imagino que es más barato para los estudiantes.

Como de costumbre, el sábado por la mañana mis amigos y yo vamos en el subte a una pileta[11] en el parque Rivadavia. Luego comemos por ahí y después comúnmente vamos al cine o a un partido de fútbol. Probablemente iremos al circo García la semana próxima, pero quizás tomaremos un taxi para regresar a casa.

Así que, como ves, uso mucho el subte y el colectivo, tanto para ir a la escuela como para salir a divertirme con mis amigos los fines de semana. Acá se puede ir a todas partes usando el transporte público. Supongo que cuando vengás[12] de visita a Buenos Aires, vos[13] también lo usarás.

Me imagino que tenés[14] un subte en tu ciudad igualmente. Escribime[15] sobre tu rutina y sobre cómo usás[16] el transporte público. ¿O a lo mejor tenés un coche?

Tu amigo lejano, Daniel

---

[5]**Efectivamente** verdaderamente
[6]**subte** el metro, transporte subterráneo
[7]**colectivo** autobús
[8]**¡faltaba más!** es obvio, ni mucho menos
[9]**cole** abreviación de "colegio"
[10]**abono** pase válido por cierta cantidad de viajes o cierto tiempo
[11]**pileta** piscina, alberca
[12]**vengás** variación de "vengas"
[13]**vos** equivalente a **tú**, usado en algunos países sudamericanos
[14]**tenés** variación de "tienes"
[15]**Escribime** variación de "escríbeme"
[16]**usás** variación de "usas"

Después de leer

1. ¿Con qué combina Daniel el subte para viajar por la ciudad?
2. ¿Dónde queda la calle Florida?
3. ¿Adónde va Daniel más frecuentemente?
4. ¿En qué estación baja Daniel para ir a su colegio?
5. ¿Qué hace después de la escuela todos los martes?
6. ¿Adónde van él y sus amigos después de la escuela?
7. ¿Cómo paga Daniel el pasaje del subte?
8. ¿Adónde suele ir los sábados?
9. En los últimos dos párrafos, Daniel usa dos verbos que se escriben y pronuncian distinto en la Argentina que en otros países de habla hispana. ¿Cuáles son? (*Pista:* sus infinitivos son **venir** y **tener**.)
10. ¿Qué ventajas tiene el transporte público? ¿Qué desventajas tiene?
11. ¿Qué tipos de transporte público existen en tu comunidad? ¿Son muy usados por la gente, o usa la gente su propio coche?
12. ¿Tú usas el transporte público, o tienes coche propio?

Sonidos y palabras

Los adverbios terminados en -mente

1. Muchos adjetivos pueden convertirse en adverbios al añadirles la terminación **-mente**. Este sufijo se agrega al final de la forma femenina del adjetivo, cuando la hay, o al final del adjetivo si solo hay una terminación posible.

rápida	rápida**mente**
frecuente	frecuente**mente**

2. Si el adjetivo tiene un acento escrito, lo mantiene en su forma adverbial.

dif**í**cil	dif**í**cilmente
com**ú**n	com**ú**nmente
f**á**cil	f**á**cilmente

F. El mensaje de Daniel. Primero, forma un adverbio terminado en **-mente** con cada uno de los siguientes adjetivos. Luego, lee las oraciones y usa los adverbios que formaste para volver a expresar cada oración con otras palabras.

1. frecuente

2. fácil

3. rápido

4. diario

5. general

6. perfecto

7. probable

8. obvio

9. Yo voy casi siempre al centro en el subte.

10. Mis amigos y yo viajamos a gran velocidad en el subte.

11. Vamos de manera cómoda y sencilla de un lugar a otro en el subte.

12. Por lo general, bajamos en la estación Bulnes para ir al colegio.

13. Por supuesto, conocemos todas las líneas y sus estaciones.

14. Me parece que tú usas tu propio coche.

15. Nosotros usamos el transporte público todos los días.

G. Mi amigo Benito. Una amiga quiere saber lo que Benito aprendió mediante la correspondencia electrónica. Responde a las siguientes preguntas usando el adverbio apropiado, formado a partir de la palabra provista. Sigue el modelo.

■ **Modelo** ¿Van a la escuela en el subte? **Probable**
Probablemente van a la escuela en el subte.

1. ¿Es muy barato el subte? **Aparente**

2. ¿El subte es muy rápido? **Evidente**

3. ¿Es práctico el transporte público? **Básico**

4. ¿Llegan a todas partes el subte y el colectivo? **Teórico**

5. ¿Compran abonos mensuales los estudiantes? **Normal**

6. ¿Está debajo de la calle el subte? **Obvio**

_____

7. ¿Hay muchas estaciones? **Seguro**

_____

8. ¿Debemos tener algo semejante aquí? **Claro**

_____

Nuestro idioma

A lo mejor, quizá(s) *y otras expresiones*

1. Ciertas expresiones indican una falta de certidumbre y contrastan con las expresiones de intención como **ir a**, **pensar** y **querer**.

2. Las expresiones **a lo mejor**, **quizá(s)** y **tal vez** son impersonales e invariables, es decir, no se conjugan. Es aceptable decir **quizá** o **quizás**.

   A lo mejor bajamos aquí, ¿no?

   Quizás toman el metro para ir al cine por la tarde.

   Tal vez nos conviene tomar ese autobús.

3. Las expresiones **creer que**, **imaginar(se) que**, **parecer que** y **suponer que** se usan conjugando el verbo.

   creer que

   (**creo que, crees que, cree que, creemos que, creéis que, creen que**)

   Creemos que necesitamos un plano del metro.

   imaginarse que

   (**me imagino que, te imaginas que, se imagina que, nos imaginamos que, os imagináis que, se imaginan que**)

   Me imagino que quieres comprar los billetes de diez viajes.

   parecer que

   (**me parece que, te parece que, le parece que, nos parece que, os parece que, les parece que**)

   Les parece que cambiamos en la estación Colón.

   suponer que

   (**supongo que, supones que, supone que, suponemos que, suponéis que, suponen que**)

   Supongo que voy de compras en el colectivo.

   (continúa en la página 72)

> 4. La expresión **parece que** puede usarse sin el pronombre de objeto indirecto.
>
>   **Parece que** este invierno será muy frío.
>
> 5. Todas estas expresiones pueden usarse para hablar del presente, del pretérito o del futuro.
>
>   **Creo que** hoy voy a llegar tarde a casa.
>
>   **Me parece que** ayer estudiaste mucho.
>
>   **Quizás** podremos vernos el fin de semana que viene.

H. Un viaje en el metro. Federico siempre está preocupado cuando sube al metro. Pasa todo el viaje comentando y preguntando sobre lo que pasa. Completa sus oraciones con la forma apropiada de la expresión entre paréntesis.

1. Ellos _____ tenemos que tomar este tren. (creer que)
2. Ella _____ tenemos que cambiar de línea. (suponer que)
3. Yo _____ es más rápido tomar el subte. (imaginarse que)
4. A Juan _____ que debemos tomar otra línea. (parecer que)
5. Nosotros siempre _____ va a llegar a tiempo. (suponer que)
6. Te _____ vamos bien, ¿verdad? (parecer que)
7. Tú _____ bajamos aquí, ¿no? (creer que)
8. Tú siempre _____ vamos bien. (imaginarse que)
9. Ellos _____ hay muchos asientos. (suponer que)
10. Yo _____ bajamos ahora, ¿no? (creer que)
11. Sí, sí. Finalmente. Me _____ es aquí. (parecer que)

I. La visita por la ciudad. Escribe una oración con cada una de las palabras en el recuadro.

quizá	parece
tal vez	es posible que
a lo mejor	

1. _____
2. _____
3. _____

4. _____

5. _____

Puntuación

> ### *El punto y la coma con los números*
> 1. En España y algunos países de América Latina, se usa el punto decimal para separar grupos de tres cifras en los números a partir del mil.
>
>   1.998   2.231.895
>
> 2. En estos países, se usa la coma para indicar las fracciones decimales.
>
>   pi   3,1416
>
>   10%   0,10

J. Los números. Coloca un punto o una coma según corresponda en el espacio en blanco.

1. 257_490

2. 0_34

3. 1_789_3

4. 0_75621

5. 32_423_709_806_13

K. De paseo. Escribe oraciones con las siguientes palabras. Sigue el modelo.

■ **Modelo** creer que / 13.827 segundos
Medí con mi cronómetro el tiempo que nos llevó llegar de una estación de metro a la siguiente, y creo que nos tomó 13.827 segundos.

1. te parece que / 0,38 dólares

   _____

2. nos imaginamos que / 138.023 pies cuadrados

   _____

3. suponen que / 121,99 pesos

   _____

4. quizás / 237.126,88 días

   _____

5. a lo mejor / 0,33 pasteles

   _____

6. crees que / 100,99 pesetas

   _____

7. parece que / 534.876,23 pesos

   _____

¡Adelante!

¿Cómo se va a... ?

Trabaja con un(a) compañero(a).

1. Escoge tres lugares conocidos de tu ciudad.

2. Estudia cómo se puede ir al lugar en autobús, metro o taxi.

3. Informa a tu compañero(a) cómo se puede llegar a ese lugar. Usa las expresiones de incertidumbre (duda) que aprendiste en este capítulo.

4. Habla de qué tipo de billetes hay que comprar para llegar allí, cómo se compran y cuánto cuestan. Usa al menos cuatro adverbios que terminen en **-mente**.

5. Incluye información sobre el horario, las estaciones y los cambios de línea.

6. Tu compañero(a) te informa sobre otro lugar de la misma manera.

En el futuro

Trabaja con un(a) compañero(a).

1. Piensen en las posibilidades de transporte en el año 2025.

2. Pónganse de acuerdo sobre tres o cuatro tipos importantes. Usen expresiones como **supongo que, me imagino que** y **creo que**.

3. Escriban una descripción de cómo van a funcionar tales medios de transporte. Usen **ir a, quizás, tal vez, a lo mejor, creer que, imaginar(se) que, parecer que** y **suponer que**.

4. Indiquen qué puede pasar con los medios actuales: el metro, el autobús, el coche y el avión.

TERCERA ETAPA

¡Leamos!

En los últimos años se han puesto de moda los viajes en los cuales el turista disfruta de un contacto directo y prolongado con la naturaleza. El siguiente artículo de una revista semanal de interés general describe algunos de estos viajes.

▶ Antes de leer

1. ¿Qué sugiere la introducción sobre el tema de la lectura?

2. ¿Qué información adicional te brindan el título y los subtítulos?

3. ¿Qué oportunidades existen en tu comunidad para disfrutar del medio ambiente?

Algunas excursiones de ecoturismo[17]

El ecoturismo en Costa Rica

Costa Rica es probablemente el país del hemisferio occidental más dedicado al ecoturismo y a la preservación de su flora y su fauna nativas. Por esta razón, disfruta de un sistema espectacular de parques nacionales y reservas naturales. Con este propósito se mantienen muchos kilómetros cuadrados[18] de su territorio en su estado natural, y en ellos es fácil darse cuenta[19] de que millones de especies habitan la región. El gobierno, al mismo tiempo que estimula el turismo, prohibe la construcción de carreteras y centros poblados, lo que dificulta los desplazamientos en el interior del país. Pero hoy día existe todo un sistema de medios de transporte para llegar a los parques que no daña el medio ambiente. Así también hay más oportunidades de observar a los animales que habitan la región porque éstos no huyen como ocurre en los lugares más comercializados.

Para realizar estos viajes es importante contar con la ayuda de un buen agente de viajes. El viaje comienza con un vuelo comercial (desde los Estados Unidos, generalmente desde Miami) a San José, la capital de Costa Rica. De ahí se toma un avión más pequeño o un autobús hasta un pueblo cercano. Un taxi recoge al turista y lo lleva al puerto, donde es necesario subir a bordo de un barco para llegar al destino final. Durante la visita al parque ecológico, los medios de transporte disponibles[20] incluyen la canoa, el caballo y la lancha.

Otros destinos del ecoturista

Hay muchos otros lugares en América Latina que permiten acceso al medio ambiente en condiciones ideales; muchos de ellos exigen el uso de medios de transporte poco comunes para llegar al destino final.

En la región amazónica del Perú hay campamentos que sólo son accesibles por medios especiales porque están en la selva[21]. Hay que ir en avión a Iquitos, un puerto en el río Amazonas, y tomar una lancha o un hidroavión[22] hasta alguno de los campamentos. Todas las excursiones por la región prosiguen[23] en lancha.

También en la región del Ecuador que está cerca del río Amazonas las excursiones requieren cierta tenacidad[24] de parte del viajero. En este caso, un barco grande sirve de hotel flotante en medio de la selva. Para llegar a él, hay que volar a Lago Agrio y tomar un autobús desde allí al hotel. Otro autobús lleva al viajero a la Reserva Cuyabeno, donde hay delfines, monos y unas cuatrocientas especies de pájaros.

Las trece islas Galápagos, también parte del Ecuador, están a novecientos setenta kilómetros de la costa. A ellas se llega por mar o por aire. El archipiélago[25] constituye un parque nacional y el gobierno controla estrictamente las visitas, que hay que planear con mucha anticipación. Gracias a esto, las más de tres mil millas cuadradas de islas son ricas en flora y fauna nativas. Sobresalen las tortugas gigantes, que pueden llegar a pesar hasta seiscientas libras.

En la República Dominicana, donde también existen muchos parques naturales, se puede ir en lancha hasta la isla Cabritos, ubicada en medio de un lago salado. Allí viven doscientos cocodrilos americanos. El lago está a ciento cuarenta y cuatro pies por debajo del nivel del mar.

El ecoturismo le brinda al viajero la oportunidad de realizar excursiones que permiten experimentar la naturaleza en un estado puro. Representa una alternativa atrayente[26] para quien desea evitar las ciudades atascadas[27] de gente haciendo cola[28] a la entrada de todos los sitios populares.

▶ Después de leer

1. ¿Qué propósito tiene el ecoturismo?

2. ¿Por qué puede ser difícil llegar a algunos de estos lugares?

3. ¿Qué persona ayuda al turista a organizar un viaje así?

---

[17]**ecoturismo** tipo de turismo que trata de conservar la naturaleza y se centra en la ecología
[18]**kilómetros cuadrados** unidad de medida equivalente al área de un cuadrado cuyos lados miden un kilómetro
[19]**darse cuenta** comprender *(realize)*
[20]**disponibles** que se pueden usar
[21]**selva** bosque tropical, jungla
[22]**hidroavión** avión que puede aterrizar en el agua
[23]**prosiguen** siguen
[24]**tenacidad** persistencia, determinación
[25]**archipiélago** conjunto de islas
[26]**atrayente** atractiva, deseable
[27]**atascadas** demasiado llenas
[28]**haciendo cola** colocándose uno tras otro para esperar su turno, en fila

4. ¿Cuáles son algunos medios de transporte usados dentro de los parques?

5. ¿Qué es Iquitos?

6. ¿A qué país pertenecen las islas Galápagos y dónde se encuentran?

7. ¿En qué país se halla la isla Cabritos?

8. ¿Por qué hay más plantas y animales nativos cuando no hay construcciones en el área?

9. ¿Te gustaría realizar alguno de estos viajes? ¿Adónde?

10. ¿Qué puedes concluir acerca del futuro del ecoturismo? ¿Crees que es sólo una moda del presente?

11. ¿Hay algún lugar en tu comunidad o en tu estado que podría ser una destinación para ecoturistas? Descríbela, mencionando qué tipo de viajes ofrecerías a los turistas y como beneficiaría esto a tu comunidad.

Sonidos y palabras

La ll y la y

1. Como la **ll** y la **y** se pronuncian exactamente igual en español, hay que tener mucho cuidado de escribir correctamente las palabras con este sonido.

   Yo vivo por a**ll**á, en la esquina de las ca**ll**es General Anaya y **Ll**uvia.

   No sé donde se ha**ll**a tu hermana **Y**olanda. (hallar)

   Espero que Mario ha**y**a terminado la tarea. (haber)

2. Algunos hispanohablantes pronuncian este sonido muy levemente, lo que puede provocar confusión con palabras que suenan parecido pero tienen un significado diferente.

vía	villa
cae	calle
mía	milla
ahí	allí

3. Muchos hispanohablantes agregan una **y** a verbos que no deben llevarla.

Usa	**No uses**
creer	creyer
leer	leyer
poseer	poseyer
traer	trayer

L. Proyectos de viaje. Sara y Tomás conversan sobre su próximo viaje mientras toman el desayuno. Encierra en un círculo la palabra correcta.

Sara: ¿Me pasas la (botella / boteya) de agua mineral?

Tomás: ¡Claro! ¿Adónde te gustaría ir este año? Yo prefiero un viaje (senciyo / sencillo), ¿y tú?

Sara: Sí. Dicen que Punta del Este, en Uruguay, es (maravilloso / maravioso).

Tomás: Muy bien. Pues, compra los (biyetes / billetes) y nos vamos.

Sara: Bueno, no es cuestión de ir a la (taquiya / taquilla) y decir "Véndame dos pasajes de ida y vuelta a Uruguay."

Tomás: ¡Claro que no! ¿Quieres otra (tortiya / tortilla), Sarita?

Sara: No, (gracias / graciyas). Prefiero un (bocadillo / bocadiyo).

Tomás: Aquí tienes. Pues, mañana vamos a la (agencilla / agencia) de viajes de la (caye / calle) Llamozas.

Sara: ¡Perfecto!

M. ¡Rumbo al Uruguay!
Sara y Tomás planean un viaje al Uruguay con la ayuda de Marina, su agente de viajes. Las palabras en cursiva tienen errores de ortografía. Escríbelas correctamente en los espacios en blanco.

Sara: Hay un *miyón* de cosas que decidir.

Tomás: Sí, *lla* sé. Debemos comprar los *biyetes* pronto.

Marina: Ustedes quieren rentar una *vía* en la *plalla*, ¿verdad?

Tomás: ¡Claro que sí! Dicen que Punta del Este es la riviera *urugualla*.

Sara: ¿A cuántas *mias* está de Montevideo?

Marina: Creo que a unas setenta y cinco. Pero, ¿ustedes quieren ir en *mallo*? ¿Saben que es otoño *ayá*?

Tomás: Sí, no importa. Tengo muchas ganas de tomar el *desalluno* en la cama. Y *eya* quiere contemplar las *estreyas* mientras paseamos a la *oriya* del mar.

Marina: Bueno, sí. Pero debemos volver a los *detayes* más importantes en este momento. ¿Me deletrean su *apeyido*, por favor?

1. _____
2. _____
3. _____
4. _____
5. _____
6. _____
7. _____
8. _____
9. _____
10. _____
11. _____
12. _____
13. _____
14. _____
15. _____

Nuestro idioma

Verbos que terminan en -uir

1. Casi todos los verbos que terminan en **-uir** agregan una **y** en el tiempo presente, excepto en las formas de **nosotros** y **vosotros**. Algunos verbos de este tipo son **conducir, constituir, construir, excluir, fluir, huir** e **incluir**.

   ¿A qué hora concluye la excursión?

   Nosotros construimos barcos para excursiones en el lago.

2. Este cambio ocurre también en el pretérito, pero sólo en las formas de **él/ella/usted** y **ellos/ellas/ustedes**.

   Nosotros construimos los puentes y ellos construyeron los edificios.

3. El mismo cambio ocurre en los mandatos, excepto en la forma afirmativa de **vosotros**.

   Construye el sendero aquí.

   Contruid los edificios con materiales naturales.

   No construyan Uds. muchos edificios cerca del parque.

4. Este cambio también ocurre en todas las formas del presente del subjuntivo y del imperfecto del subjuntivo, y en las formas **-ndo**.

   Los turistas quieren que la excursión conluya antes de las nueve.

   Los científicos temían que los animales huyeran cuando se abriera el nuevo parque.

   Estamos construyendo senderos para los turistas.

5. El verbo **seguir**, y los verbos formados a partir de este verbo como **perseguir** y **conseguir**, tienen cambios diferentes. Estos verbos cambian la **e** por una **i** en el tiempo presente, excepto en las formas de **nosotros(as)** y **vosotros(as)**.

   Ana y yo siempre seguimos los senderos, pero los otros turistas no los siguen.

6. Este cambio ocurre también en las formas de **él/ella/usted** y **ellos/ellas/ustedes** del pretérito de **seguir** y verbos similares.

   Yo seguí las instrucciones, pero Gregorio y Marta no las siguieron.

7. El cambio de **e** a **i** en **seguir** y verbos semejantes se ve también en los mandatos, excepto en la forma afirmativa de **vosotros(as)**.

   Consigan sus boletos aquí.

   Seguid los senderos.

8. El cambio de **e** a **i** se observa también en todas las formas del presente del subjuntivo y del imperfecto del subjuntivo, y en las formas **-ndo**.

   Héctor insiste en que consigamos boletos.

   Ana no quería que nosotros consiguiéramos boletos.

   Ellos están siguiendo al guía.

Nombre _____ **Fecha** _____

N. El Hotel Miramar. Completa este anuncio con la forma correcta de los verbos de la lista.

construir	disminuir	constituir
perseguir	conseguir	huir
incluir	fluir	

1. ¿Lo _____ las preocupaciones de la vida cotidiana?

2. ¿Conoce usted la belleza de nuestros manantiales, de donde _____ el agua clara y saludable que _____ las tensiones de la vida cotidiana?

3. _____ usted de su mundo lleno de estrés y venga a visitarnos en el Hotel Miramar.

4. _____ usted su propio programa de actividades en el hermoso Hotel Miramar.

5. Nuestras tarifas _____ desayunos y excursiones en yate al Cabo Ballena.

6. _____ una lista de precios en su agencia de viajes.

7. Haga que su fin de semana _____ un descanso verdadero. ¡Llame hoy mismo!

Ñ. Viajar. Completa el siguiente mensaje de correo electrónico con la forma correcta del verbo entre paréntesis.

Querido Alfredo,

Espero realizar mi sueño de viajar cuando salga del colegio. Creo que el viajar _____ (contribuir) a formar una persona más completa. _____ (seguir) pensando que el tren es el mejor medio de transporte. Me parece que _____ (constituir) una manera maravillosa de conocer gente nueva y de contemplar el paisaje. Lamentablemente, hoy día el avión _____ (sustituir) al tren en muchos trayectos. Hasta ahora, mis padres y yo _____ (excluir) los países donde no se habla español. Mis planes de viaje para el futuro _____ (incluir) Europa y África. Mi hermana y yo _____ (conseguir) un libro sobre Sudáfrica. ¡Es un país interesantísimo! Pienso que el conocer y experimentar otras culturas _____ (instruir) al viajero. Al mismo tiempo el viajero _____ (huir) de los problemas y de la rutina cuando se aleja de su entorno cotidiano. Pues, ahora yo _____ (concluir) mi mensaje. Escríbeme tus ideas al respecto. Estos intercambios _____ (constituir) mi mayor fuente de información sobre tu país, hasta que tenga la oportunidad de visitarlo personalmente.

Te abraza tu amigo,

Roberto

Nuestro idioma

Las expresiones **darse cuenta** *y* **realizar**

1. Algunas personas confunden el verbo **realizar** con el verbo *to realize* en inglés. **Realizar** significa "lograr algo" o "hacer algo realidad".

    Patricia trabaja para **realizar** su sueño de ser estrella de cine.

    Pocas personas **realizan** sus mayores deseos.

2. La expresión **darse cuenta** significa "tener conciencia de algo, notar".

    En ese momento Carlos **se dio cuenta** de la presencia de otra persona.

    Los chicos no **se dan cuenta** de lo que pasa.

O. Soñando con viajar. Los estudiantes de la clase de geografía hablan de los viajes que esperan hacer algún día. Completa sus afirmaciones con las formas apropiadas de **darse cuenta** o **realizar**, según corresponda.

1. Nosotras vamos a _____ nuestro sueño de viajar a Argentina. _____ de que va a ser muy difícil, pero pensamos que lo conseguiremos.

2. _____ de que hay pocos músicos que tienen esta oportunidad, pero voy a tratar de _____ mi ambición de estudiar la guitarra en España.

3. ¿_____ ustedes de que es necesario planear mucho para _____ un viaje al extranjero?

4. _____ de que no será fácil para ti llegar a _____ todos los viajes que tienes planeados.

P. Una entrevista de trabajo. El propietario de la Agencia de Viajes Vargas entrevista a Claudia, quien desea obtener un puesto de ayudante por la tarde, después de la escuela. Completa la conversación con la forma apropiada de **darse cuenta de que** o **realizar**, según corresponda.

Propietario: Bueno, Claudia, ¿cuáles son tus sueños para el futuro?

Claudia: Pues, _____ si deseo llegar lejos en la vida tengo que terminar el colegio primero.

Propietario: Y después, ¿qué esperas hacer?

Claudia: Si _____ mi plan de graduarme este año, iré a la universidad este otoño.

Propietario: ¿Y _____ necesitas buenas notas para entrar a la universidad?

Claudia: ¡Claro! Tengo buenas notas. Después quiero ser agente de viajes.

Propietario: ¿Por qué te interesa esto? ¿_____ ser agente de viajes no paga mucho?

Claudia: Sí, pero me ayudará a _____ mi sueño de viajar mucho. Me encanta viajar en avión, en tren, en barco, en cualquier medio de transporte.

Propietario: Y si _____ tu sueño de viajar a los veinticinco años, ¿qué harás entonces?

Claudia: _____ viajar no puede ser mi única meta en la vida. Supongo que si eso sucede, buscaré otras ilusiones que pueda _____.

Propietario: Bueno, si _____ tus ambiciones a los veinticinco años tendrás mucha suerte.

Claudia: Sí. Mis amigos y yo _____ no es fácil. Pero hay que hacer el esfuerzo, ¿no?

¡Adelante!

Una visita a la agencia de viajes

Trabaja con un(a) compañero(a).

1. Hagan los papeles de un(a) agente de viajes y de un(a) cliente.

2. El (La) cliente tiene que explicar el viaje que quiere realizar.

3. El (La) agente de viajes tiene que informarle al (a la) cliente sobre el (los) mejor(es) medio(s) de transporte para el viaje.

4. El (La) cliente decide cómo va a viajar y pide los pasajes.

5. El (La) agente de viajes le describe los hoteles disponibles.

6. El (La) cliente escoge un hotel y solicita una reservación. También pide información sobre excursiones en el área.

7. El (La) agente de viajes le ofrece algunas posibilidades.

8. El (La) cliente decide y se despide.

9. Asegúrense de usar los verbos **darse cuenta, realizar, excluir, incluir** y **seguir** al menos una vez cada uno(a).

10. Si tu profesor(a) lo indica, intercambien los papeles y repitan la escena.

¿Adónde vas?

Trabaja en un equipo con tres o cuatro compañeros(as).

1. Preparen un guión para un programa de televisión. Es concurso de preguntas sobre viajes.

2. Escriban preguntas y respuestas de diferentes niveles de dificultad. Organicen sus preguntas en categorías tales como: "Viajes exóticos", "Medios de transporte", "Destinos tradicionales", etcétera. Usen al menos cinco de los verbos terminados en **-uir** que estudiaron en este capítulo, y los verbos **darse cuenta** y **realizar** al menos una vez.

3. Compitan con otros equipos: ustedes les hacen sus preguntas y ellos les hacen las suyas.

Las mejores vacaciones

Escribe un folleto sobre un plan de vacaciones.

1. Elige un tema para el plan, por ejemplo, puede tratarse de vacaciones ecoturísticas, de vacaciones deportivas, de vacaciones culturales, etc.

2. Piensa en qué tipo de personas podrían estar interesadas en tomar unas vacaciones así, y en cómo podrías tú convencerlas de comprar este plan de vacaciones.

3. Primero, escribe un párrafo para llamar la atención del (de la) lector(a). Usa las expresiones **darse cuenta** y **realizar** al menos una vez. Por ejemplo, puedes preguntarle si se da cuenta de que el plan es una verdadera ganga.

4. Después, describe el plan de vacaciones, mencionando lugares, actividades, paseos, hospedaje y medios de transporte. Menciona también el precio de este plan de vacaciones. Usa al menos cinco palabras con **ll** y cinco con **y**.

5. Finalmente, escribe un párrafo que convenza al lector de que este plan es idealmente atractivo, y de comprarlo.

INTEGRACIÓN

¡Sigamos adelante!

Conversemos un rato

Q. Los medios de transporte. Trabaja con un(a) compañero(a) de clase. Entrevístalo(a) y trata de obtener la siguiente información:

1. ¿Cuáles son los medios de transporte que usa y con qué frecuencia los usa?

2. ¿Adónde va cuando los usa?

3. ¿Cuál es su medio de transporte favorito?

4. ¿Qué medios de transporte cree que existirán en el año dos mil treinta?

R. El transporte y el medio ambiente. Trabaja en un equipo con cuatro o cinco compañeros(as). Preparen un informe oral sobre este tema de interés mundial, y preséntenlo al resto de la clase.

1. Discutan los problemas que los medios de transporte causan al medio ambiente.

2. Indiquen qué medios causan mayores daños al ambiente y por qué.

3. Discutan alternativas posibles para estos medios de transporte y expliquen cómo éstas mejorarían las condiciones actuales.

4. Investiguen y mencionen qué medidas se han tomado en los Estados Unidos o en otros países para tratar de disminuir y contrarrestar estos daños al medio ambiente.

Taller de escritores

Crea un itinerario de viaje para visitar una ciudad de América Latina o una ciudad con fuerte tradición hispana en los Estados Unidos. Tu público será el resto de la clase y el (la) profesor(a).

S. Reflexión. Trabaja en un equipo con tres o cuatro compañeros(as). Escojan una ciudad como destino de viaje. Entre todos creen un bosquejo con una sección para cada miembro del equipo (dónde está la ciudad, cómo se puede llegar allí, qué lugares son de interés turístico, cómo se desplazan los habitantes dentro de la ciudad, etc.). Luego, escriban entre todos libremente las ideas que se les ocurran sobre estos puntos y organicen dichas ideas de acuerdo al bosquejo.

T. Primer borrador. Cada miembro del equipo escribe una versión de su sección. Recuerda que escribes para tus compañeros(as) de clase y tu profesor(a).

U. Revisión con un(a) compañero(a). Trabaja con un(a) compañero(a) de tu equipo. Intercambien sus secciones. Lean y comenten estos borradores. Utilicen las siguientes preguntas como guía.

1. ¿Qué aspecto de la descripción es el más interesante?

2. ¿Hay partes repetitivas?

3. ¿Es adecuada la forma para los compañeros(as) de clase?

4. ¿Qué información falta que debería ser agregada?

V. Versión final. Revisa en casa tu primer borrador. Haz los cambios sugeridos por tu compañero(a) y cualquier otro cambio que consideres necesario. Revisa el contenido y luego la gramática, la ortografía, el uso de los acentos y la puntuación. Revisa la concordancia entre los adjetivos y los sustantivos. Trae esta versión final a la clase. Junta tu sección con las secciones de tus compañeros(as) de equipo para crear la versión final del itinerario.

W. Carpeta. Tu profesor(a) puede incluir la versión final de tu sección del itinerario en tu carpeta, colocarla en el tablón de anuncios o usarla para la evaluación de tu progreso.

Nombre _____ **Fecha** _____

Capítulo 5 Pasatiempos y diversiones

PRIMERA ETAPA

¡Leamos!

Un fax, o facsímil, puede ser transmitido por una línea telefónica de manera casi instantánea. Así puedes mandar texto o imágenes a cualquier parte del mundo. La siguiente lectura es un fax que Dalia, una chica argentina, les manda a sus amigos por correspondencia en los Estados Unidos.

▶ *Antes de leer*

1. Observa el formato del mensaje. ¿De qué crees que se trata?

2. ¿Qué cosas le preguntarías tú sobre sus actividades a un(a) amigo(a) por correspondencia extranjero?

3. Lee las preguntas. ¿Qué tipo de información esperas encontrar en las respuestas?

Un facsímil

FAX

Queridos amigos,

A continuación están mis respuestas a algunas de sus preguntas.

1. ¿Cuántas horas por semana pasas en la escuela?

Respuesta: Paso unas treinta horas por semana en la escuela. En mi escuela únicamente cursamos materias académicas. No tenemos clases donde aprendemos a tocar instrumentos o a pintar. Me gustan esas actividades pero las tengo que hacer con estudios privados. El año pasado estudié pintura con un maestro privado. Ahora estudio el violín de la misma manera.

2. ¿Cuánto tiempo calculas que viste la tele la semana pasada?

Respuesta: Creo que fueron unas tres horas, más o menos. No vi tanto. Tuve que estudiar para unos exámenes. En realidad me gusta más leer o estar con mis amigas que ver la tele.

3. ¿Qué hiciste durante el fin de semana pasado?

Respuesta: El sábado pasado por la noche asistí a un concierto de un grupo popular en las afueras de la ciudad. Antes, por la mañana, arreglé[1] mi cuarto, hice la cama y ayudé a mamá a sacudir el polvo en toda la casa. Luego caminé hasta el centro comercial, donde pasé la tarde con mis amigos. Los sábados en mi familia no tenemos comida familiar. El domingo no hice casi nada. Comí con mi familia y después salimos a dar un paseo por el parque.

(continúa en la página 84)

---

[1]**arreglé** puse en orden

4. ¿Alquilaste un vídeo recientemente? ¿Los alquilas mucho?

Respuesta: Pues, sí. Antes de ayer alquilé una película argentina. Y el viernes pasado también alquilamos uno con mi familia. Creo que es típico para nosotros alquilar dos o tres vídeos por semana. Mi hermanito tiene sólo ocho años y el domingo le traje uno de dibujos animados[2]. Lo vio esa noche.

5. ¿En qué otras actividades participaste la semana pasada?

Respuesta: El martes mi amiga Florencia y yo anduvimos en bici. Anoche varias amigas me invitaron a cenar afuera porque fue mi cumpleaños. Fuimos al Restaurante Pippo. El lunes fui a la pileta[3] porque me gusta mucho nadar. El año pasado quise ponerme en forma[4] pero no pude; pero ahora, entre la natación y la bicicleta, me he puesto muy fuerte.

6. ¿Cuántas horas hablaste por teléfono?

Respuesta: Eso sí, hablé mucho por teléfono con mis amigos, como de costumbre[5]. Me imagino que pasé tres o cuatro horas en el teléfono. Mis amigos y yo tuvimos dificultades con la tarea de ciencia y estudiamos juntos por teléfono y por el Internet.

7. ¿Qué música prefieres y cuántas horas escuchaste música la semana pasada?

Respuesta: Me gusta casi toda la música: clásica, popular, rock, el tango. Me gusta toda. No sé exactamente cuántas horas escuché música la semana pasada. Cuando estudio escucho música, también cuando arreglo mi cuarto, cuando camino a la escuela y cuando vuelvo, excepto el miércoles, cuando anduve tan distraída que me olvidé mi aparato. Me gusta mucho escuchar música. No pierdo ninguna oportunidad.

Bueno, espero que todos estén muy bien. Escríbanme pronto. Un saludo de su amiga,

Dalia

▶ *Después de leer*

1. ¿Qué clases no tiene Dalia en la escuela?

2. ¿Cómo estudió ella pintura el año pasado?

3. ¿Qué tuvo que hacer ella esta semana que no le permitió mirar mucha tele?

4. ¿Qué cosas hizo Dalia en casa el sábado? ¿Y por la tarde?

5. ¿Alquiló Dalia un vídeo la semana pasada?

6. ¿Adónde y con quiénes cenó ella anoche?

7. ¿Con quién habló ella por teléfono la semana pasada?

8. ¿En qué ocasiones Dalia escucha música?

9. ¿Te parece que la vida de Dalia es balanceada? ¿Qué otras actividades sugerirías que Dalia haga?

10. ¿Hiciste tú la semana pasada algunas de las cosas que hizo Dalia? ¿Cuáles?

11. ¿Qué hiciste tú la semana pasada? Describe tus actividades principales y cuánto tiempo dedicaste a cada una. Menciona si esto es común a todas las semanas, o si fue una excepción.

12. ¿Cuál sería tu rutina ideal? Describe brevemente qué otras cosas te gustaría hacer en una semana típica.

---

[2]**dibujos animados** caricaturas
[3]**pileta** piscina, alberca
[4]**en forma** en buena condición física
[5]**como de costumbre** como es habitual

Sonidos y palabras

La f y la j

1. Algunos hispanohablantes al hablar confunden el sonido de la **f** con el de la **j**. Es importante escribir las palabras correctamente, con **f**.

Usa	No uses
fue	**j**ue
fuimos	**j**uimos
fuiste	**j**uiste
a**f**uera	a**j**uera
fuerza	**j**uerza

2. Es especialmente importante no confundir estos sonidos cuando existen palabras casi idénticas pero con significados diferentes.

   fuego   **j**uego

A. Una semana aburrida. Marcos y Octavio hablan de su semana. Encierra en un círculo la palabra correcta de las que están entre paréntesis.

Marcos: Pues, ¿cómo (fue / jue) tu semana, hombre?

Octavio: Una semana (juerte / fuerte), hermano.

Marcos: ¿Qué pasó?

Octavio: Pasé toda la semana en la biblioteca.

Marcos: ¡Qué cosa! Me gusta cuando puedo salir (afuera / ajuera).

Octavio: Sí, a mí también. ¿No (juiste / fuiste) al centro ayer?

Marcos: Sí, Paula y yo (juimos / fuimos) de compras. La pasamos muy bien.

Octavio: Pues, ¿quieres ir a ver los (juegos / fuegos) artificiales esta noche? Quiero hacer algo (juera / fuera) de casa.

Marcos: Sí. Vamos. También (juega / fuega) el equipo de béisbol.

B. Llegando de viaje. El padre de Mateo volvió de un viaje de negocios. Quiere saber lo que hizo su hijo durante la semana. Encuentra las palabras que están mal escritas y escríbelas correctamente en los espacios en blanco.

Papá: ¿Qué hiciste la semana pasada? ¿Adónde jueron tu mamá y tú?

Mateo: Mamá y yo fuimos al cine. Después juimos al centro comercial y yo jugué con unos vídeojuegos que están allí. Me gustan mucho esos fuegos. Ayer pasé mi tiempo ajuera con Armando. Anduvimos en bicicleta y juimos al parque. Claro, jui a la escuela todos los días. Una noche mamá me llevó a ver los fuegos artificiales en el estadio. En fin, jue una semana normal para mí. ¿Adónde juiste tú?

1. _____   5. _____
2. _____   6. _____
3. _____   7. _____
4. _____   8. _____

Nuestro idioma

> ### *La forma* tú *en el pretérito*
>
> 1. Recuerda que la forma correspondiente a **tú** en el pretérito termina en **-ste.**
>
>   pensa**ste**   bebi**ste**   senti**ste**
>
> 2. Muchos hispanohablantes al hablar agregan una **s** al final de esta forma. Al escribir, asegúrate de evitar la terminación **-stes.**
>
> | **Usa** | **No uses** |
> |---|---|
> | habla**ste** | habla**stes** |
> | comi**ste** | comi**stes** |
> | vivi**ste** | vivi**stes** |
>
> 3. También es común al hablar añadir la **s** al final y no en el lugar correspondiente. Al escribir, evita usar la terminación **-tes.**
>
> | **Usa** | **No uses** |
> |---|---|
> | llama**ste** | llama**tes** |
> | movi**ste** | movi**tes** |
> | reí**ste** | reí**tes** |

C. Beto llegó tarde. Completa con la forma apropiada del pretérito del verbo las preguntas que su mamá le hizo a Beto cuando llegó tarde a casa. Luego escribe la respuesta de Beto a cada pregunta. Sigue el modelo.

■ **Modelo**   ¿Ya te *levantaste,* hijito? (levantar)

   Sí, mamá. Me desperté hace dos horas y me quedé leyendo en la cama.

1. ¿A qué hora _____ a casa? (venir)
   _____

2. ¿Por qué _____ tan tarde? (llegar)
   _____

3. ¿Adónde _____ anoche? (ir)
   _____

4. ¿Con quién _____ ? (estar)
   _____

5. ¿A qué hora _____ del baile de la escuela? (salir)

6. ¿Por qué no _____ a casa inmediatamente? ¿Adónde fuiste? (volver)

7. ¿Qué _____ allí? (hacer)

8. ¿Cuánto tiempo _____ allí? (pasar)

9. ¿Cómo que _____ tu reloj? (olvidar)

10. ¿Y no _____ la hora? (preguntar)

Nuestro idioma

Algunos verbos irregulares en el pretérito

1. No olvides que los verbos **ir** y **ser** tienen las mismas formas en el pretérito.

   fui, fuiste, fue, fuimos, fuisteis, fueron

2. Los siguientes verbos son irregulares en el pretérito.

dar	di, diste, dio, dimos, disteis, dieron
decir	dije, dijiste, dijo, dijimos, dijisteis, dijeron
haber	hube, hubiste, hubo, hubimos, hubisteis, hubieron
poder	pude, pudiste, pudo, pudimos, pudisteis, pudieron
poner	puse, pusiste, puso, pusimos, pusisteis, pusieron
querer	quise, quisiste, quiso, quisimos, quisisteis, quisieron
traer	traje, trajiste, trajo, trajimos, trajisteis, trajeron
venir	vine, viniste, vino, vinimos, vinisteis, vinieron
ver	vi, viste, vio, vimos, visteis, vieron

3. Algunos hispanohablantes usan formas antiguas del pretérito que están en desuso.

Usa	**No uses**
vi	vide
traje	truje

D. Una noche típica. Elena describe lo que hizo el viernes pasado por la noche. Escribe en el espacio en blanco la forma correcta del tiempo pretérito del verbo entre paréntesis.

1. Mi amiga Sara _____ a mi casa y _____ una pizza. (venir, traer)

2. La pizza _____ excelente. (ser)

3. Después de cenar, las dos _____ un poco de tele. Yo me _____ unas almohadas de mi cuarto para estar más cómodas. (ver, traer)

4. Sara me _____ que el maestro le _____ tarea extra porque se portó mal en clase. (decir, dar)

5. _____ una fiesta en casa de Mauricio y nosotras _____ allí por como dos horas. (haber, ir)

6. Yo _____ a mi amigo Alberto por unos minutos, pero él se _____ muy pronto. (ver, ir)

7. Sara se _____ a su casa como a las diez. (ir)

8. Cuando yo volví a casa, _____ un CD y le _____ la pizza que sobró a mi perro. (poner, dar)

9. _____ una noche muy divertida. (Ser)

E. El Campamento del Sol. Completa la siguiente carta con la forma del pretérito de los verbos de la siguiente lista. Puedes usar los verbos más de una vez.

| haber | hacer | gustar | decir | venir |
| ser | ver | poder | traer | |

Queridos padres,

Me he divertido mucho mi primera semana aquí en el Campamento del Sol. Anoche _____ una fiesta para todos en el gimnasio. Según _____ el maestro de natación, _____ la mejor fiesta de todo el verano porque _____ todos. Nosotros _____ celebrar sin causar problemas con globos de agua, como ocurrió el año pasado. Alguien _____ unas guitarras y unos amigos _____ tocarlas muy bien. Cuando se _____ de noche _____ las estrellas y luego _____ una fogata. Lo pasé tan bien que hoy _____ mi nombre en la lista para volver el próximo año. ¡No _____ resistirme!

Abrazos de su hijo,

Enrique

Nombre _____ **Fecha** _____

¡Adelante!

Crítica de una película

Trabaja con un(a) compañero(a).

1. Pregúntale qué película ha visto recientemente.

2. Pregúntale cuándo la vio y si la alquiló en vídeo o si fue al cine.

3. Pídele que te describa lo que pasó en la película. ¿Quiénes fueron los personajes principales? ¿Qué hizo cada quién? Usen tantos de los verbos que estudiaron en este capítulo como sea posible, conjugándolos en el pretérito.

4. Pregúntale qué pensó sobre la película, y pídele que dé las razones por las que pensó eso. Si tú viste esta película, dile si estás de acuerdo o no.

5. Luego, tu compañero(a) te hará estas mismas preguntas a ti.

6. Presenten sus opiniones sobre las películas al resto de la clase. Si muchos(as) de ustedes vieron la misma película, comenten si tuvieron reacciones parecidas o diferentes.

Un recuerdo imborrable

Escribe una composición de cuatro o cinco párrafos sobre un día inolvidable de tu vida.

1. Piensa en uno de los días más impresionantes de tu vida.

2. Cuenta lo que pasó en ese día. Cuando sea posible, usa los verbos que estudiaste en este capítulo en el tiempo pretérito.

3. Menciona qué hiciste o adónde fuiste, y si estuviste solo(a) o compartiste la experiencia con alguien.

4. Describe lo qué más te gustó y lo que menos disfrutaste.

5. Indica cuánto tiempo hace que pasó esto.

SEGUNDA ETAPA

¡Leamos!

Vas a leer un artículo de un periódico escolar ficticio. Este artículo está escrito en forma de entrevista, es decir, aparecen las preguntas que hizo la reportera y las respuestas de la persona entrevistada. La entrevista conserva la naturalidad del lenguaje hablado, y permite que la personalidad del entrevistado sea aparente.

▶ Antes de leer

1. Lee el título de la entrevista. ¿Quién es Julio Castaña?

2. ¿Quiénes dijeron las palabras que aparecen en esta lectura? ¿Cómo lo sabes?

Un artículo de un periódico escolar ficticio

EL DIARIO

Julio Castaña, ciclista chileno, visitó nuestra escuela

El atleta estudiantil chileno visitó nuestra ciudad para participar en una competencia. Maribel Torres, reportera de nuestro periódico, lo entrevistó.

Maribel: ¿En qué deportes participaste el año pasado?

Julio: Bueno, como sabes, mi deporte principal es el ciclismo. Hace dos años que comencé a practicar el ciclismo seriamente. Para mantenerme en buena condición física sigo un entrenamiento mixto, es decir, practico otros deportes además del ciclismo. Descubrí que, al igual que con el ciclismo, practiqué los otros deportes con más entusiasmo cuando me inscribí[6] en competencias. La competencia me empuja a esforzarme[7] más. Así que participé en una competencia de levantamiento de pesas. Saqué el galardón[8] amarillo del tercer puesto. Luego, jugué al baloncesto con unos amigos en una competencia del pueblo. Todo esto me sirvió para mejorar mi resistencia[9]; además, pude entrenarme en el gimnasio durante el invierno.

Maribel: ¿Cuál es tu régimen[10] de ejercicio ahora? ¿Cuánto tiempo pasaste haciendo ejercicio la semana pasada, por ejemplo?

Julio: Pues, hago ejercicio regularmente todas las semanas. Creo que jugué al baloncesto, practiqué el ciclismo e hice ejercicio aeróbico por un total de unas quince horas la semana pasada. A veces hago más, a veces menos, pero siempre hago algo. También necesito tiempo para el estudio... y también descanso un poquito.

Maribel: ¿Qué deportes al aire libre[11] practicaste durante el año pasado?

Julio: Bueno, vivo cerca del mar en la costa de Chile. Por eso practiqué muchos deportes acuáticos, como el esquí acuático y la natación. Mis amigos y yo fuimos varias veces a hacer windsurfing y tomé algunas lecciones de buceo. Este último no me gustó mucho porque no pude aprender a respirar bien con el aparato. Pero quizá el año próximo me animo a intentarlo de nuevo. También hicimos alpinismo, un deporte muy popular aquí porque tenemos muchas montañas muy altas en Chile.

Fuimos toda la familia de camping varias veces, si a eso llamas deporte. Mis padres y mis hermanos durmieron en tiendas de campaña[12]. Yo dormí al aire libre. En realidad, el único ejercicio que hice fue bajar y subir la tonelada[13] de equipo y comida que trajimos.

Maribel: ¿Practicaste más deportes individuales que deportes de equipo? ¿Cuál prefieres?

Julio: Bueno, en Chile los colegios generalmente no tienen equipos oficiales como en los Estados Unidos. Es fácil encontrar a un amigo para jugar al tenis; en cambio, es difícil encontrar a nueve personas para jugar al baloncesto. Seguramente practiqué más los deportes individuales como la natación y el atletismo[14]. Pero el año pasado organicé un equipo de fútbol para jugar contra otros equipos locales. Tuvimos seis partidos y ganamos cinco. También quise formar un equipo de vólibol pero fue imposible encontrar una cancha[15] libre. Me gustan los dos tipos de deportes por razones distintas.

Maribel: Muchas gracias, Julio, y buena suerte en la carrera.

Julio: De nada. Gracias. Y les mando un saludo muy fuerte a todos los atletas de tu colegio.

---

[6]**me inscribí** anoté mi nombre para participar
[7]**esforzarme** realizar un esfuerzo
[8]**galardón** premio
[9]**resistencia** capacidad, aguante
[10]**régimen** rutina
[11]**al aire libre** en el exterior
[12]**tiendas de campaña** casas portátiles de tela
[13]**tonelada** mil kilogramos, usado de manera figurada
[14]**atletismo** deportes de pista como la caminata, el salto y el correr
[15]**cancha** campo de juego

▶ *Después de leer*

1. ¿Cuál es el deporte que Julio practica principalmente?
2. ¿Por qué participó en competencias de otros deportes?
3. ¿En qué otros deportes participó?
4. ¿Cuánto tiempo pasó haciendo ejercicio la semana pasada?
5. ¿Qué deportes practicó en el mar?
6. ¿Por qué practican muchos el alpinismo en Chile?
7. ¿Qué "deporte" practicó con la familia? ¿Qué ejercicio hicieron?
8. ¿Por qué practica Julio más deportes individuales?
9. ¿Practicas tú algún deporte? ¿Dónde y con quiénes?
10. ¿Prefieres deportes individuales o de equipo? ¿Por qué?

Puntuación

Las comillas

1. Las comillas se usan para identificar las palabras citadas.

   El reportero preguntó: "¿Qué deportes practicaste el año pasado?"

2. A diferencia del inglés, la puntuación que no se aplica a las palabras citadas va fuera de las comillas.

   ¿Qué significa para ti "mente sana en cuerpo sano"?

F. Unas preguntas más. Escribe las comillas que sean necesarias.

1. Quiero saber por qué dijiste, ¡Fue imposible encontrar una cancha libre!
2. ¿Qué quieres decir con eso de a veces hago más, a veces menos?
3. ¿Sabes quién dijo, Lo importante no es ganar sino competir?

Sonidos y palabras

La acentuación de palabras similares

Muchas palabras que se escriben de manera casi idéntica tienen diferentes significados. Es importante pronunciar estas palabras correctamente y usar el acento escrito cuando sea necesario.

público	la gente que ve un espectáculo
pu**bli**co	publicar (yo), tiempo presente
publi**có**	publicar (él / ella / usted), tiempo pretérito
ánimo	humor, espíritu
a**ni**mo	animar (yo), tiempo presente
ani**mó**	animar (él / ella / usted) tiempo pretérito
cálculo	operación matemática
cal**cu**lo	calcular (yo), tiempo presente
calcu**ló**	calcular (él / ella / usted), tiempo pretérito
diálogo	conversación
dia**lo**go	dialogar (yo), tiempo presente
dialo**gó**	dialogar (él / ella / usted), tiempo pretérito
es**tu**dio	cuarto donde se estudia
es**tu**dio	estudiar (yo), tiempo presente
estu**dió**	estudiar (él / ella / usted), tiempo pretérito
gozo	gusto, placer
gozo	gozar (yo), tiempo presente
go**zó**	gozar (él / ella / usted), tiempo pretérito
gusto	gustar (yo)
gus**tó**	gustar (él / ella / usted), tiempo pretérito
jugo	zumo de fruta o verdura
ju**gó**	jugar (él / ella / usted), tiempo pretérito
paso	al caminar, movimiento de cada pie
paso	pasar (yo), tiempo presente
pa**só**	pasar (él / ella / usted), tiempo pretérito
práctica	entrenamiento
prac**ti**ca	practicar (él / ella / usted)

G. Informe sobre los deportes. Elvia escribió un informe sobre los deportes en la escuela, pero no supo qué palabras acentuar. Añade los acentos que sean necesarios.

1. Carlos practica la natación.
2. El año pasado Andrés jugo al fútbol.
3. Elvira gozo mucho jugando al tenis.

4. Eduardo calculo que jugo veinte horas por semana al tenis.

5. Lidia dialogo con el entrenador y luego comenzó a practicar el buceo.

6. Guillermo estudio mucho para practicar el alpinismo.

7. Su hermano animo a Consuelo a aprender el esquí acuático.

8. María juega al tenis por puro gusto.

9. Elisa practica el ciclismo pero no en publico.

10. Yo paso todo mi tiempo libre mirando los deportes en la tele.

H. El artículo. Lee la descripción que hace Julio sobre un artículo que escribió. Algunas palabras están mal escritas. Escríbelas correctamente en los espacios en blanco.

El sábado escribí un artículo sobre el gusto por los deportes. Mi padre jugo al fútbol de joven y él me animo a practicar diferentes deportes. En un dialogo que tuve con un amigo que también practica deportes, los dos notamos el gozo que nos produce la actividad física. Yo calculó que paso seis horas a la semana haciendo ejercicio, o un poco menos cuando estudió para un examen. Mi amigo calculo diez horas por semana. A mi amigo le gusto tanto mi artículo que lo envío al director del periódico de la escuela, pero ya paso una semana y él no lo publico. Sin embargo, yo sigo de buen animó: estoy seguro de que al publicó le encantará.

1. _____
2. _____
3. _____
4. _____
5. _____
6. _____
7. _____
8. _____
9. _____
10. _____
11. _____
12. _____

Nuestro idioma

Familias de palabras

Las palabras que pertenecen a la misma familia de palabras se escriben de forma muy parecida. Si no estás seguro(a) de cómo escribir una palabra, piensa en cómo se escriben otras palabras de la misma familia. Esto te ayudará a escribir correctamente palabras que oyes o escribes por primera vez.

abrazar, abrazo, abrazamos

empezar, empezando, empieza

bucear, buceo

pescar, pescado, pescadería

bailar, baile, bailarín

viajar, viajero

I. Una visita. Completa las siguientes oraciones que describen la visita de Germán a sus tíos que viven en la costa. Usa palabras relacionadas a las palabras del recuadro.

abrazando   cambiante   pescado   viajante
anunciamos   descansito   saludamos visitante
bucear   jugar

1. Mi familia me acompañó a la estación al comienzo de mi _____.

2. Recibí un _____ de cada uno antes de abordar.

3. No tuve que _____ de tren, así que llegué muy pronto.

4. Mis tíos me llevaron inmediatamente a la playa, donde recibí lecciones de _____.

5. Luego fuimos de _____.

6. El próximo día seguimos _____.

7. Mi tío leyó un _____ en el periódico sobre una competencia de golf.

8. Me explicó las reglas del _____ de golf y asistimos a todo el torneo.

9. Pero después de una semana terminó mi _____.

10. Me despedí de mis tíos, y ellos les enviaron _____ a mis padres.

J. Encuesta sobre tus gustos deportivos. Responde a las siguientes preguntas. Usa un sustantivo relacionado con el verbo de la pregunta. Sigue el modelo.

■ **Modelo**   ¿Te gusta bucear?
               Sí, me encanta el buceo.

1. ¿Te gusta pescar?

2. ¿Te gusta visitar otros colegios?

3. ¿Te gusta jugar al tenis?

4. ¿Te gusta trabajar durante los veranos?

5. ¿Te gusta bailar después del partido?

6. ¿Te gusta viajar con el equipo?

7. ¿Abrazas a los miembros de tu equipo al final del partido?

___

8. ¿Cenan todos juntos después del partido?

___

Nuestro idioma

> ### *Más verbos irregulares en el pretérito*
>
> 1. Los verbos que terminan en **-zar**, como **organizar, cruzar, abrazar, analizar** y **gozar**, tienen un cambio de **z** a **c** en la primera persona singular del pretérito.
>
> | empe**zar** | empe**cé** |
> |---|---|
> | almor**zar** | almor**cé** |
>
> 2. Los verbos que terminan en **-ucir**, como **conducir, reducir, introducir, producir, traducir** y **deducir**, son irregulares en el pretérito.
>
> | condu**je** | tradu**je** |
> |---|---|
> | condu**jiste** | tradu**jiste** |
> | condu**jo** | tradu**jo** |
> | condu**jimos** | tradu**jimos** |
> | condu**jisteis** | tradu**jisteis** |
> | condu**jeron** | tradu**jeron** |
>
> 3. Algunos verbos que terminan en **-ir**, como **dormir, pedir, servir, seguir, preferir, repetir, vestir** y **sentir**, tienen cambios radicales en el pretérito en las formas correspondientes a **él/ella/usted** y **ellos/ellas/ustedes**.
>
> | dormí | pedí |
> |---|---|
> | dormiste | pediste |
> | d**u**rmió | p**i**dió |
> | dormimos | pedimos |
> | dormisteis | pedisteis |
> | d**u**rmieron | p**i**dieron |

K. Diez pasos a un campeonato. Mario organizó un equipo de fútbol nuevo. Elige la forma apropiada del paréntesis.

1. (Analizé / Analicé) la experiencia de nuestros jugadores.

2. (Introduje / Introducí) unas ideas nuevas al entrenamiento.

3. Los jugadores (preferieron / prefirieron) mi técnica a la técnica anterior.

4. (Comencé / Comensé) a estudiar las técnicas de unos entrenadores famosos.

5. (Conduge / Conduje) una clínica sobre las técnicas más notables de los jugadores internacionales.

6. Los jugadores (repitieron / repetieron) los movimientos fundamentales constantemente.

7. (Traduje / Traducí) un texto sobre el fútbol del portugués.

8. (Reducieron / Redujeron) mucho el número de errores en el juego.

9. Los jugadores (dormieron / durmieron) ocho horas cada noche.

10. Todos (vistieron / vestieron) uniformes nuevos y atractivos.

L. La clase de educación física. Completa la siguiente descripción de un incidente que ocurrió en la clase de Mariana. Escribe la forma apropiada del pretérito del verbo entre paréntesis.

1. Ayer yo _____ a ir a una clase de ejercicio aeróbico. (empezar)

2. La maestra que _____ la clase se llama Blanquita. (conducir)

3. La clase _____ como cualquier otra. (comenzar)

4. Pero cuando nos acostamos para hacer ejercicio con las piernas mi amiga Julia se _____. (dormir)

5. Ella _____ el movimiento como dos veces y luego dejó de moverse. (repetir)

6. Yo me _____, como el resto de la clase. (paralizar)

7. Pero enseguida Blanquita _____ el gimnasio y la desperté. (cruzar)

8. ¡Julia _____ una gran reacción! (producir)

9. Todos los alumnos casi nos _____ de la risa. (morir)

10. Julia primero se _____ avergonzada, pero luego comenzó a reírse. (sentir)

11. La maestra _____ con la clase como si no hubiera pasado nada. (seguir)

12. Pero el episodio _____ una nota de humor muy simpática a la clase. (introducir)

¡Adelante!

Atletas famosos

Trabaja con un(a) compañero(a) de clase.

1. Primero, escoge tres atletas conocidos(as) de tres deportes diferentes.

2. Luego, describe el deporte del (de la) primer(a) atleta sin mencionar el nombre del (de la) atleta ni del deporte.

3. Luego, describe lo que hizo de importancia la persona, por ejemplo los campeonatos en los que participó, los premios que ganó, etc. En tu descripción, usa el mayor número posible de los verbos que estudiaste en este capítulo, en el tiempo pretérito.

4. Dale a tu compañero(a) la oportunidad de hacerte preguntas que lo(a) ayuden a adivinar el deporte y el (la) deportista. No puede preguntar el nombre.

5. Cuando tu compañero(a) adivine, intercambien papeles. Ahora tú debes intentar adivinar de quién está hablando él (ella).

6. Repitan el ejercicio hasta que cada uno(a) de ustedes haya descrito a los (las) tres atletas en quienes pensó.

Entrevista a un(a) atleta

Escribe una entrevista imaginaria a un(a) deportista famoso(a).

1. Imagina que eres un reportero(a) para el periódico de tu escuela, y que entrevistaste a alguien que fue un(a) deportista muy famoso(a) pero que ya se ha retirado.

2. Escribe una introducción a tu entrevista usando la primera persona. Puedes contar cómo te sentiste cuando fuiste a entrevistarlo(a), como viajaste al sitio de la entrevista, cómo comenzaste la entrevista, etc. Usa el tiempo pretérito.

3. Luego, escribe las preguntas que le hiciste al (a la) deportista. Tus preguntas deben cubrir el trayecto de su carrera atlética: sus mayores triunfos, sus momentos más difíciles, su entrenamiento a lo largo de su carrera.

4. Escribe las respuestas del (de la) deportista a tus preguntas.

5. Finalmente, escribe una conclusión a tu entrevista resumiendo tu impresión del (de la) deportista. Usa la mayor cantidad posible de los verbos que estudiaste en este capítulo, en el tiempo pretérito.

6. Revisa tu composición antes de entregársela a tu maestro(a). Asegúrate de que todos los verbos están conjugados correctamente y de que todas las palabras están acentuadas correctamente.

TERCERA ETAPA

¡Leamos!

La siguiente lectura es un artículo de un periódico estudiantil. En él, el autor describe los deportes más populares en el mundo hispano.

▶ *Antes de leer*

1. ¿Qué te dice el título sobre el tema de la lectura?

2. ¿Qué más revelan los subtítulos?

3. ¿Eres muy aficionado(a) a los deportes? ¿Qué aspecto te interesa más?

Los deportes organizados y profesionales

A la gente hispana le gustan todos los deportes organizados y profesionales. En el Caribe el béisbol es popular. En México el fútbol americano está gozando de mucha popularidad. La ciudad española de Barcelona tiene un equipo profesional de fútbol norteamericano. Hay muchos mexicanos entre los más conocidos corredores de fondo[16] del mundo. Miguel Induráin, un español, fue el primero en ganar La Vuelta a Francia, una importantísima competencia de ciclismo, cinco veces seguidas. Varios boxeadores hispanos están entre los campeones mundiales. Marcelo Río, de Chile, ocupa uno de los primeros lugares en la clasificación mundial del tenis.

---

[16] **corredores de fondo** los que corren largas distancias

El fútbol

Pero a pesar de todo esto hay un deporte rey en el mundo hispano: el fútbol, conocido en inglés como *soccer*. Hace muchos años que ocupa el primer lugar de preferencia en todos los países hispanos. En muchos estadios del continente asisten más de cien mil aficionados a los partidos semanales[17] de sus equipos favoritos, y otros cientos de miles los miran por la tele. Además, hay equipos de aficionados[18] en todas partes: las fábricas[19] y los clubes sociales tienen su equipo de fútbol. En muchos barrios se organizan ligas de fútbol. Aunque las escuelas públicas no tienen equipos oficiales, frecuentemente los alumnos organizan sus propios equipos.

Un deporte internacional

Por ser un deporte internacional, el desempeño de la selección nacional[20] de fútbol es motivo de orgullo o de vergüenza para la población. Los grandes jugadores profesionales, siguiendo el dinero ofrecido, se trasladan de un país a otro con mucha frecuencia.

El juego se inventó en Inglaterra en el año 217. En el siglo XIX comenzó a jugarse en Europa y luego en América Latina. El origen inglés del juego influyó en los nombres de muchos equipos; en la Argentina, por ejemplo, existen el *River Plate* de Buenos Aires, el *Racing* de Avellaneda y el *Newell's Old Boys* de Rosario.

El fútbol nunca se hizo así de popular en los Estados Unidos, donde no sustituyó al fútbol americano ni al béisbol como favoritos. El Mundial[21] de 1994 tuvo lugar en los Estados Unidos, lo que contribuyó a la popularidad del deporte en este país. Sin embargo, aunque asistieron muchos espectadores a los partidos, no les gustó la falta de goles. En el partido para el campeonato entre el Brasil e Italia no marcaron ni un punto durante el tiempo regular.

El fútsal

Otro juego que está ganando popularidad en los países de habla hispana es el fútbol de salón o de sala, conocido en algunos países como "fútsal", en otros como "futbolito" y en otros como "microfútbol". Se juega en una cancha[22] cubierta con cinco jugadores por equipo. Tuvieron su Copa Mundial de 1996 en España, donde hay más jugadores de fútsal que de fútbol tradicional.

▶ Después de leer

1. ¿Cuáles son algunos deportes populares en el mundo hispano?
2. ¿Qué deporte domina la atención de los hispanos?
3. Además de los equipos profesionales, ¿quiénes juegan al fútbol? ¿Dónde juegan?
4. ¿Dónde y cuándo se inventó el juego?
5. ¿Dónde tuvo lugar la Copa Mundial de 1994?
6. ¿Qué es el fútsal?
7. ¿Prefieres tú el fútbol o el fútbol norteamericano? ¿Por qué?
8. ¿Qué deportes son los favoritos en tu comunidad? ¿Quiénes juegan a esos deportes, y dónde juegan?

---

[17]**semanales** que ocurren una vez por semana
[18]**aficionados** los apasionados por un deporte
[19]**fábricas** lugar donde se crean productos de cualquier tipo
[20]**selección nacional** el equipo formado por los mejores jugadores de la nación
[21]**Mundial** el campeonato mundial de fútbol
[22]**cancha** campo de juego

Sonidos y palabras

La r y la rr

1. En algunos dialectos del español la gente a veces pronuncia **l** en lugar de **r**. Ten cuidado de escribir la **r** al final de los infinitivos y en palabras como las siguientes.

cuerpo	perder
deporte	por nada
martes	puerto
miércoles	verdad
ejercicio	viernes

2. Hay algunas palabras que se escriben y pronuncian casi igual, únicamente variando de **r** a **rr**. Sin embargo, tienen significados diferentes. Ten cuidado al escribir palabras como las siguientes.

caro: costoso	**carro:** automóvil
pero: sin embargo	**perro:** animal
para: preposición	**parra:** planta que produce la uva
coro: grupo que canta	**corro:** del verbo **correr**

M. ¿Cómo se escribe? Máximo le va a mandar una carta por fax a una amiga boliviana. Encuentra las palabras que están mal escritas, subráyalas y escríbelas correctamente en los espacios en blanco.

Estimada Renata,

Te escribo parra responder a tus preguntas sobre nuestros depoltes. Es veldad que aquí se juega al fútbol americano, pero es un juego distinto al fútbol. Por ejemplo, los jugadores tienen que lleval un equipo acolchado para protegerse el cuelpo. Creo que estos uniformes son muy carros.

En cuanto a los otros depoltes creo que son más o menos iguales a los tuyos... la natación, las carreras y el resto. Perro aquí en Chicago no practicamos tanto el alpinismo como ustedes allá en Bolivia.

Para los espectadores hay béisbol y baloncesto y muchos otros como las carreras de caros. Hay canales de televisión que muestran sólo deportes veinticuatro horas al día.

También es muy común que la gente haga ejercicio. Yo, por ejemplo, coro dos millas los maltes, los miélcoles y los vielnes. Algunos hacen ejelcicios aeróbicos. Otros no saben pol qué hay que hacel nada, no quieren pelder la oportunidad de descansal. Y a ti, ¿te gusta hacer ejercicio?

Tu amigo,

Máximo

1. _____   7. _____   13. _____
2. _____   8. _____   14. _____
3. _____   9. _____   15. _____
4. _____   10. _____   16. _____
5. _____   11. _____   17. _____
6. _____   12. _____   18. _____

Nuestro idioma

Cognados falsos y anglicismos

1. Hay palabras que se parecen en el español y el inglés, pero que tienen significados diferentes. Éstas se llaman cognados falsos. Ten cuidado al escribir palabras como las siguientes.

Palabra en inglés	Cognado falso	Palabra correcta en español
parents	parientes (*relatives*)	padres
success	suceso (*event*)	éxito
library	librería (*bookstore*)	biblioteca
colleges	colegio (*school, high school*)	universidad

2. El verbo **asistir** significa "ir" o "estar presente". Significa lo mismo que el verbo *to attend*. No significa lo mismo que el verbo *to assist*. El verbo **atender** significa "prestar ayuda" o "satisfacer las necesidades". Significa lo mismo que el verbo *to assist*. No significa lo mismo que el verbo *to attend*.

   Octavio **asistió** al partido de béisbol.

   La enfermera **atiende** a los pacientes.

3. Hay palabras derivadas del inglés que se usan mucho al hablar, pero que no están aceptadas oficialmente en el español. Debes evitarlas al escribir. Se llaman anglicismos, o "spanglish". Ten cuidado al escribir palabras como las siguientes.

Palabra en inglés	Anglicismo	Palabra correcta en español
mail	meil	correo
coach	coche (*car*)	entrenador

N. A jugar al baloncesto. Mateo quiere aprender a jugar al baloncesto. Decide hacer todo lo posible para aprender. Encierra en un círculo la palabra apropiada para completar cada oración.

1. (El colegio / La universidad) adonde voy a (asistir / atender) tiene un excelente equipo de baloncesto, y me gustaría participar en él.

2. Primero (asistí / atendí) cinco veces a los partidos de baloncesto del equipo de mi secundaria.

3. Luego, fui a la (librería / biblioteca) para sacar unos libros sobre el juego.

4. Pedí por (correo / meil) otros libros sobre el juego.

5. Finalmente fui a hablar con el (entrenador / coche) del equipo.

Ñ. Una entrevista. Completa la entrevista que Gabriela le hizo a un futbolista famoso para el periódico escolar. Usa la forma apropiada de los verbos **asistir** y **atender.**

Gabriela: ¿A cuántos entrenamientos _____ Ud. por semana?

Deportista: Pues, yo ya casi no _____ a los entrenamientos. Únicamente voy al centro de práctica porque ahí me _____ los enfermeros.

Gabriela: Y los otros jugadores, ¿no tienen resentimiento? Tienen que _____ al entrenamiento, ¿no?

Deportista: Sí, pero ellos necesitan practicar. Yo _____ a mis negocios y eso me ocupa mucho tiempo. Tú sabes, los anuncios de televisión y todo eso.

Gabriela: Así que ya es más hombre de negocios que jugador de fútbol.

Deportista: Bueno, sí. Tengo a mucha gente que me _____ todos los días.

Gabriela: Sí, veo que lo están _____ ahora mismo. ¿Los lleva siempre cuando _____ a una entrevista?

Deportista: Claro.

Gabriela: ¡Pero es imposible _____ al entrenamiento si tiene que llevar a toda esta gente para que lo _____ !

Deportista: ¡Eso mismo le digo yo al entrenador!

Nuestro idioma

> *Más verbos irregulares en el pretérito*
>
> Ciertos verbos toman una **y** en las formas él/ella/usted y ellos/ellas/ustedes del pretérito. Algunos de estos verbos son **caer, construir, contribuir, creer, destruir, huir, incluir, influir, leer, oír, poseer** y **sustituir.**
>
> | caer | creer | leer | oír |
> |---|---|---|---|
> | caí | creí | leí | oí |
> | caíste | creíste | leíste | oíste |
> | ca**y**ó | cre**y**ó | le**y**ó | o**y**ó |
> | caímos | creímos | leímos | oímos |
> | caísteis | creísteis | leísteis | oísteis |
> | ca**y**eron | cre**y**eron | le**y**eron | o**y**eron |

O. La vida activa. Completa las siguientes oraciones con la forma apropiada del pretérito de los verbos entre paréntesis.

1. Ayer _____ un artículo que decía que el ejercicio y la dieta saludable son muy importantes para tener una vida larga. (leer)

2. Traté de convencer a mis amigos pero ellos no me _____. (creer)

3. Pablo sonrió y dijo que _____ otro artículo que decía lo opuesto. (leer)

4. Pero mi abuelo dice que el ejercicio _____ mucho a su excelente salud. (contribuir)

5. Cuando Pablo _____ esto, estuvo de acuerdo conmigo en que quizá nos conviene hacer más ejercicio. (oír)

6. Por suerte, los autores del artículo _____ sugerencias para ponerse en forma. (incluir)

P. ¿Cómo pudo ser? Gilberto y Guillermo están tristes porque su equipo perdió. Completa el diálogo con la forma apropiada del pretérito del verbo entre paréntesis.

Gilberto: ¿_____ tú lo que pasó ayer? (Oír)

Guillermo: No. ¿Qué pasó?

Gilberto: Nuestro equipo de baloncesto _____ frente a los Calamari de Nápoles. (caer)

Guillermo: Ah, no _____ el periódico hoy. ¿Cómo pasó? (leer)

Gilberto: Pues los jugadores no _____ lo que dijo el entrenador. Dos o tres jugadores no _____ nada. (creer, contribuir)

Guillermo: Sí, _____ anteayer que todos los jugadores se rieron del otro equipo. (leer)

Gilberto: Pues el entrenador de los Calamari es el que se rió ayer.

Guillermo: Pues, parece que los jugadores no _____ ni _____ las instrucciones de su entrenador. Él no _____ lo suficiente. (oír, creer, influir)

¡Adelante!

Mis hábitos deportivos

Trabaja en un equipo con dos compañeros(as). Tengan cuidado de no usar cognados falsos ni anglicismos en su conversación. Traten de usar la mayor cantidad posible de los verbos irregulares en el pretérito que estudiaron en este capítulo.

1. Pregúntales sobre los deportes que practicaron en la escuela primaria, el año pasado y el mes pasado, y sobre los que practican actualmente. Responde tú a sus preguntas.

2. Hablen sobre los deportes a los que han asistido como espectadores en los mismos períodos. ¿Oyeron transmisiones de partidos por la radio? ¿Leyeron artículos sobre sus equipos favoritos?

3. Comenten cómo construyeron sus rutinas personales en estas épocas. ¿Qué deportes dejaron de practicar y por cuáles los sustituyeron?

4. Hablen sobre el porqué de estos cambios. ¿Qué influyó en ustedes para que incluyeran los nuevos deportes en sus rutinas?

5. Pídeles que te cuenten cómo piensan cambiar su rutina en el futuro. ¿Qué deportes piensan hacer? ¿Qué deportes quisieran aprender? ¿Qué tienen ganas de dejar de hacer? Responde tú a sus preguntas.

6. Hablen sobre sus hábitos deportivos. ¿Creen que los deportes contribuyeron mucho a sus vidas? ¿Por qué?

Biografía de un(a) deportista famoso(a)

Escribe la biografía de un(a) deportista famoso(a) que admires, real o inventado(a). Asegúrate de no usar cognados falsos ni anglicismos. Usa la mayor cantidad posible de los verbos irregulares en el pretérito que estudiaste en este capítulo.

1. Escribe primero sus datos biográficos: dónde nació, dónde vivió, dónde vive actualmente, etc.

2. Menciona los deportes que practicó y describe cómo el ejercicio contribuyó a que su vida fuera mejor.

3. Describe sus gustos y su personalidad. ¿Qué libros leyó para prepararse? ¿Qué música oyó mientras entrenaba? ¿Qué le gusta hacer además del ejercicio?

4. Describe cómo su ejemplo influyó en ti. ¿Por qué lo (la) admiras?

INTEGRACIÓN

¡Sigamos adelante!

Conversemos un rato

Q. Antes y ahora. Hazles preguntas a dos compañeros(as) sobre los pasatiempos que tuvieron y los deportes que practicaron a los cinco, diez y quince años. Responde a las preguntas que te hacen ellos(as). En su conversación, asegúrense de no usar **j** en lugar de **f,** ni **l** en lugar de **r.** También tengan cuidado de evitar el uso de anglicismos y de conjugar correctamente los verbos en el tiempo pretérito. Usen las siguientes preguntas, u otras preguntas similares.

1. ¿Qué te produjo mayor placer a cada edad? ¿Con qué actividades gozaste menos?

2. ¿Qué quisieron tus padres que hicieras? ¿Sentiste deseos de hacer esto, o preferiste hacer otras cosas?

3. ¿Qué experiencas influyeron más en ti? ¿Qué actividades contribuyeron más a tu forma de ser?

4. ¿Qué momentos difíciles hubo en cada actividad? ¿Te sirvieron para aprender más? ¿Cómo?

5. A medida que creciste, ¿qué actividades sustituiste por otras?

R. ¿Por qué no puedo escoger yo? Trabaja con un(a) compañero(a) de clase. Imagínate que quieres practicar algún deporte u otra actividad seriamente pero tus padres piensan que dedicas demasiado tiempo a esto y no suficiente a tus estudios. Si prefieres, inventa la situación contraria: quieres dejar de practicar algún deporte u otra actividad y tus padres creen que debes seguir.

1. Uno(a) de ustedes hace el papel de uno de los padres y el (la) otro(a) hace el papel del (de la) hijo(a).

2. Hablen de las experiencias pasadas con esta actividad, y de experiencias similares con otras actividades, cada uno(a) tratando de convencer al (a la) otro(a) de su punto de vista. Usen el tiempo pretérito.

3. Comenten los diferentes puntos a favor y en contra de participar en la actividad o abandonarla.

4. Después de conversar un rato, cambien de papeles.

5. Usen la mayor cantidad posible de los verbos que estudiaron en este capítulo, en el tiempo pretérito.

Taller de escritores

Trabaja en un equipo de tres o cuatro estudiantes para escribir una historia breve de algún deporte para tus compañeros de clase. Busca información en la biblioteca o en el Internet. Si es posible incluye información sobre cuando introdujeron el deporte en el mundo hispano y la importancia que tiene allí ahora.

S. Reflexión. Escriban todos notas sobre la información que consiguen. Después pónganse de acuerdo sobre los mejores puntos para describir la historia del deporte. Creen un bosquejo de los puntos más importantes. Agreguen detalles útiles bajo cada punto principal.

T. Primer borrador. Escriban una versión de su historia. Cada punto mayor debe constituir un párrafo. Recuerden que escriben para un público general.

U. Revisión con otro grupo. Intercambien su lista con la de otro grupo. Lean y comenten el borrador del otro grupo. Utilicen estas preguntas como guía.

1. ¿Cuáles de los puntos principales son los más interesantes e importantes?

2. ¿Cuáles de los detalles contribuyen más información?

3. ¿Es adecuado el nivel para un público general?

4. ¿Qué otros puntos deben incluir sus compañeros(as) para mejorar la historia?

V. Versión final. Revisen su primer borrador. Hagan los cambios sugeridos por el otro grupo y cualquier otro cambio que quieran. Revisen el contenido y luego la ortografía, la puntuación y los acentos escritos. Revisen los verbos en el pretérito para verificar que estén escritos correctamente. Tengan cuidado de no usar anglicismos. Traigan esta versión a la clase con una copia para cada miembro del grupo.

W. Carpeta. Después de entregar su historia, su maestro(a) puede colocarla en sus carpetas, ponerla en en tablón de anuncios o la puede usar para la evaluación de su progreso.

Capítulo 6 Vamos de compras

PRIMERA ETAPA

¡Leamos!

En este capítulo vas a leer un diálogo entre una madre y su hija en el que conversan sobre los planes que tiene la joven para un día de compras.

▶ *Antes de leer*

1. Lee el título. ¿Cuál es el tema de la lectura? ¿Cuál es su estructura?

2. Cuando vas de compras, ¿pides consejo a amigos(as) o familiares para decidir adónde ir, cuándo ir y qué comprar?

3. ¿Prefieres las tiendas por departamentos o las pequeñas tiendas especializadas? ¿Por qué?

Un diálogo entre una madre y su hija

Un día de compras

Hilda: ¡Mamá! Necesito ir al centro comercial. ¿Puedo usar el coche?

Mamá: No hace falta que uses el coche. Camina hasta la calle Veinte y haz tus compras ahí.

Hilda: Pero es que quiero ir a los Grandes Almacenes. Tienen una selección mayor y sus precios son más bajos.

Mamá: Sí, pero el servicio es muy malo. Hace tiempo que dejé de ir allí y empecé a ir a las tiendas de la calle Veinte, donde conozco a todo el personal[1] y ellos me conocen a mí.

Hilda: Pues, eso es precisamente lo que a mí no me gusta de la calle Veinte. Las señoras de la tienda de modas siempre insisten en decirme lo que debo comprar. Me recomiendan cosas que no me convienen, y lo que a mí me parece hermoso, a ellas les horroriza. Esa actitud me irrita sobremanera[2].

Mamá: Sí, ya sé. Ellas piensan que están ayudando, cuando en realidad lo que hacen es ahuyentar[3] a muchos clientes de esa manera. Pues mira, compra lo que quieras. Insiste en comprar lo que te gusta.

Hilda: Lo mismo me pasa en las otras tiendas. En la de música, por ejemplo, me quieren vender discos compactos de norteñas[4]. ¡Dicen que la música rock es horripilante[5]! Las norteñas son bonitas, pero a mí me gusta más la música rock.

Mamá: A mí, por el contrario, me parece que el sistema tan impersonal de las tiendas por departamentos no funciona para nada. Cuando voy a uno de esos lugares, casi siempre me atiende una chica con pocos deseos de trabajar, y como no conoce mis gustos, me recomienda cualquier cosa para salir del paso[6].

---

[1] **personal** los empleados
[2] **sobremanera** en extremo, muchísimo
[3] **ahuyentar** hacer huir, asustar
[4] **norteñas** canciones regionales del norte de México
[5] **horripilante** horrible, espantoso
[6] **salir del paso** terminar el asunto rápidamente, pero quizás no de la mejor manera

Hilda: Pero, mamá, en la calle Veinte no tienen suficiente selección. Necesito unos zapatos de tenis y allí sólo tienen tres o cuatro estilos. En la papelería tienen muy pocas tarjetas, y en la tienda de música no tienen los discos más nuevos. ¿Para qué voy a ir allá? Además, a mí me encanta comprar todo en el mismo lugar, sin tener que caminar demasiado entre una tienda y la otra.

Mamá: Pues, caminar es un excelente ejercicio...

Hilda: ¡Déjate de bromas, mamá! Fíjate, ahora que falta poco tiempo para mi graduación, tengo que empezar a ahorrar porque sólo quedan unos meses antes de que empiece la universidad, y me va a tocar compartir los gastos con mis compañeras de cuarto. Comprando en los Almacenes, puedo ahorrar más de un cincuenta por ciento.

Mamá: Bueno, nada de lo que digas me va a convencer de que los Almacenes funcionan mejor que mis tiendas de costumbre, pero aquí tienes las llaves del coche. Conduce con cuidado y no te demores[7].

Hilda: Está bien, mamá. Gracias. Vuelvo pronto.

▶ *Después de leer*

1. ¿Por qué quiere ir Hilda al centro comercial?
2. Según su mamá, ¿qué es mejor en las tiendas de la calle Veinte?
3. ¿Por qué a Hilda no le gustan las señoras de la tienda de modas?
4. ¿Qué le tratan de vender en la tienda de música?
5. ¿Qué opina la mamá de las tiendas por departamentos?
6. ¿Qué argumentos usa Hilda para demostrar que la calle Veinte tiene poca selección?
7. ¿De qué otra manera justifica Hilda su necesidad de comprar en los Grandes Almacenes?
8. ¿Qué te indica que la mamá no va a cambiar sus hábitos de compras?
9. Cuando vas de compras, ¿qué es más importante para ti: el servicio, la selección, los precios o la distancia de las tiendas a tu casa?
10. ¿Cuáles son las ventajas y desventajas de las tiendas grandes? ¿Y de las pequeñas?
11. Crees que las tiendas pequeñas van a desaparecer por completo algún día?

---

[7]**no te demores** no te tardes

Sonidos y palabras

La h

1. Recuerda que la **h** siempre es muda. Es importante que escribas la **h**, aun cuando no la pronuncies.

   hambre   **h**ospital   an**h**elar   in**h**ibido

2. Sin embargo, la **h** te ayuda a distinguir en varios casos entre dos o más palabras, que de otro modo resultarían idénticas. Las palabras de cada uno de los grupos siguientes se pronuncian exactamente igual.

a	preposición	**hay**	del verbo **haber**
¡ah!	interjección	**¡ay!**	interjección
ha	del verbo **haber**		
		hierro	metal
e	forma de **y**	**yerro**	falta o delito; del verbo **errar**
¡eh!	interjección		
he	del verbo **haber**	**hecho**	del verbo **hacer**
		echo	del verbo **echar**
as	persona que sobresale en lo que hace	**hojear**	pasar ligeramente las hojas de un libro o cuaderno
haz	del verbo **hacer**		
has	del verbo **haber**	**ojear**	mirar con atención
haré	del verbo **hacer**	**¡hola!**	saludo
aré	del verbo **arar**	**ola**	onda en la superficie del agua
hasta	preposición	**honda**	tira de cuero o goma para lanzar piedras con violencia
asta	palo de la bandera		
		onda	forma curva
		huso	instrumento manual para hilar
		uso	del verbo **usar**; modo de utilizar algo

A. El regalo de cumpleaños. Elena no sabe qué regalarle a su hermanito por su cumpleaños. Éstas son algunas de las ideas que intercambia con su mejor amiga camino del gimnasio. Indica con un círculo la palabra correcta entre paréntesis.

Elena: ¡(Ay / Hay)! Carmen, no sé qué voy a hacer. No tengo un regalo para mi hermanito y su cumpleaños es mañana.

Carmen: ¿Por qué no (hojeas / ojeas) rápidamente este catálogo para ver si se te ocurre algo?

Elena: (Ay / Hay) un disco nuevo llamado "(Has / Haz) lo correcto" que él quiere, pero me rehuso a comprarlo (hasta / asta) que esté en oferta.

Carmen: Sí, yo también (e / he) estado buscando ese disco en todas las tiendas, pero está demasiado caro. ¿Tu hermanito no es un radioaficionado?

Elena: Sí, pero mis padres le acaban de regalar una radio de (onda / honda) corta.

Carmen: Yo pensaba que tus padres le iban (ha / a) regalar un coche nuevo, porque él no (ha / a) ganado suficiente dinero aún para comprarse uno.

Elena: Pues, fíjate que creo que le van a dar a él el coche que yo (uso / huso) ahora, y me van a comprar uno nuevo a mí.

Carmen: ¡Qué suerte tienes! Yo no sé qué (aré / haré) para llegar temprano a mis clases de español, ahora que nos hemos mudado tan lejos de la ciudad.

Puntuación

Más usos de la coma

1. La coma se usa para separar del resto de la oración el nombre o el título de la persona a quien se dirige el interlocutor (señor, señorita, doctor, etcétera).

   Hola, Carmen, ¿vas de compras?
   Pase por aquí, doctor, y póngase cómodo.

2. Se usa para separar las palabras **sí** y **no** cuando éstas encabezan una oración.

   Sí, voy a la tienda de música.
   No, prefiero quedarme en casa.

B. En la tienda de discos. Escribe una coma donde corresponda.

Carlos: Buenos días señor García. ¿Quiere comprar un disco?

Sr. García: Sí Carlos. ¿Estás trabajando aquí?

Carlos: Sí señor García.

Sr. García: Eso está muy bien Carlos.

Carlos: Gracias señor García.

Nuestro idioma

> ### *Más verbos como* gustar
>
> 1. En el Capítulo 5 de este cuaderno de ejercicios estudiaste los verbos **encantar, faltar, fascinar, importar** e **interesar**, que son similares al verbo **gustar**.
>
>   A mi mamá **le encanta** esta música.
>
>   A mi hermano no **le interesa** ese conjunto.
>
> 2. He aquí otros verbos semejantes. Fíjate en las respectivas traducciones.
>
>   **convenir**
>   No **le conviene** ir de compras hoy.   *It doesn't suit him to go shopping today.*
>
>   **parecer**
>   ¿Qué **te parece** este vídeo?   *What do you think of this video?*
>
>   **pasar**
>   ¿Qué **le pasa** a Juan?   *What's wrong with Juan?*
>
>   **quedar**
>   **Nos quedan** sólo dos tiendas que visitar.   *We only have two stores left to visit.*
>
>   **tocar**
>   Ahora **le toca** hablar a Lidia.   *It's Lidia's turn to talk now.*
>
> 3. Al igual que **gustar**, estos verbos requieren generalmente un complemento indirecto personal. Los pronombres son **me, te, le, nos, os** y **les.** El verbo es singular o plural, de acuerdo con el sujeto —que generalmente es un objeto, no una persona.

C. Buscando trabajo. Elisa, Isabel y Paula han decidido buscar un trabajo para este verano. Las tres van a graduarse próximamente y necesitan ahorrar dinero para ir a la universidad. He aquí algunas de las ideas que intercambian cuando se encuentran al final de la semana. Escribe la forma correcta del verbo y del pronombre indicados entre paréntesis en los espacios correspondientes. Sigue el modelo.

■ **Modelo**   *Nos quedan*   solamente tres semanas de clases. (A nosotras / quedar)

1. _____ que no va a ser muy fácil encontrar un buen trabajo. (A mí / parecer)

2. En el supermercado _____ dos plazas por llenar. (a ellos / quedar)

3. ¿_____ trabajar como cajera? (A ti / interesar)

4. _____ leer. (A ella / encantar)

5. Por eso, _____ aceptar el trabajo en la librería, aun cuando el sueldo no sea muy alto. (a ella / convenir)

6. Yo sé que _____ conocer gente y lugares nuevos. (a ti / fascinar)

7. También creo que _____ no dejar tu casa por un tiempo. (a ti / importar)

8. ¿No crees que _____ solicitar el puesto de guía turística? (a ti / convenir)

9. ¿Qué _____ hoy que estás tan callada? No nos has dicho cómo va tu búsqueda. (a ti / pasar)

10. Lo que _____ es que soy muy tímida, y tengo horror a las entrevistas. (a mí / pasar)

11. No _____ otra solución que aceptar el primer trabajo que me ofrezcan. (a mí / quedar)

12. Lo que más _____ en la vida es ayudar a los demás. (a mí / gustar)

13. Así que no _____ nada más que ofrezcan un trabajo de voluntaria en el hospital. (a mí / importar)

14. A los hospitales _____ contar con la ayuda de gente joven y entusiasta como nosotras. (a ellos / interesar)

15. Creo que ahora _____ retribuir de alguna manera por todo lo que hemos recibido en la vida, y el trabajo voluntario nos brinda esa oportunidad. (a nosotros / tocar)

Nuestro idioma

Los verbos funcionar *y* trabajar

1. El verbo **trabajar** se usa para referirse al ejercicio de una profesión o al acto de hacer un esfuerzo o una actividad.

   Javier **trabaja** en una tienda de deportes.
   Si todos **trabajamos** juntos podemos construir una nueva sociedad.

2. El verbo **funcionar** se usa para describir la operación de una máquina, un sistema o un mecanismo de cualquier tipo.

   Esta grabadora **funciona** muy bien.
   El sistema de intercambio estudiantil **funciona** muy bien.

3. Fíjate que hay sustantivos relacionados con estos verbos.

   el trabajo   **la función**

   Hiciste un buen **trabajo**, Juanito.   No entiendo la **función** de esta máquina.

D. Problemas de transporte. Indica con un círculo el verbo o el sustantivo correcto entre paréntesis en este diálogo sobre ciertos medios de transporte que no funcionan como deberían.

Horacio: ¿Quieres ir a la tienda de deportes? Mi bicicleta no (funciona / trabaja) y necesito comprar algunas piezas para repararla.

Humberto: ¿A qué tienda quieres ir? ¿A Universo Deportivo, donde (funciona / trabaja) tu hermano?

Horacio: Sí, él está (funcionando / trabajando) esta mañana. Me puede presentar al señor que (funciona / trabaja) ensamblando las bicicletas. Así podré hacer un mejor (función / trabajo) con la mía.

Humberto: ¿Qué tiene la tuya? ¿Qué parte no le (funciona / trabaja)?

Horacio: Esto aquí, ¿ves? Ayer (funcioné / trabajé) toda la tarde y no pude arreglarla. No entiendo muy bien cómo (funciona / trabaja) este engranaje. Voy a poner la bicicleta en tu coche, ¿está bien?

Humberto: Lo siento, pero mi coche tampoco está (funcionando / trabajando) en este momento. Por eso estoy aquí afuera tan temprano, (funcionando / trabajando) en el motor.

Horacio: Pues, no te preocupes que yo estoy aquí para ayudarte. Soy un experto en (funciones / trabajos) catalíticas porque hago (funciones / trabajos) de mecánica en mis ratos libres.

Humberto: Bueno, entonces si logras arreglar mi coche podremos comprar lo que necesitas y (funcionar / trabajar) luego en tu bicicleta.

¡Adelante!

Una buena adquisición

Trabaja en un grupo con dos o tres compañeros(as). Piensa en algo que deseas comprar y discute con el grupo tus planes para adquirirlo. Al hablar, ten cuidado con la pronunciación y el uso de las palabras con **h.**

1. Describe con lujo de detalles lo que deseas comprar.

2. Revela al grupo por qué te interesa y dónde piensas comprarlo.

3. Indica qué precio estás dispuesto(a) a pagar.

4. Señala si prefieres ir de tiendas o comprar por catálogo, y por qué.

5. Evalúa la calidad y la función de este producto, si ya lo has comprado anteriormente, o expresa tus expectativas, si es la primera vez que vas a adquirirlo.

6. Cada miembro del grupo comenta tus planes y hace sus recomendaciones. Luego, a cada miembro del grupo le toca comentar estos puntos.

Un padrino muy generoso

Escribe un diálogo entre tú y un(a) amigo(a) que recibió un regalo de graduación de $1000 de parte de su padrino. Al escribir ten cuidado con las palabras con **h.**

1. Te encuentras con tu amigo(a) y lo (la) ves muy contento(a). Le preguntas qué le pasa.

2. Tu amigo(a) te cuenta que ha recibido $1000 de su padrino y te comenta en qué piensa gastar todo ese dinero.

3. Tú tienes formas más creativas de emplear esa suma y compartes tus ideas con él (ella). Dile varias cosas que le conviene hacer con el dinero.

4. Recomiéndale las cosas que te parece que debe comprar, las tiendas a las que le conviene ir y los precios que te parece que debe pagar.

5. Él (Ella) pregunta por qué recomiendas ciertas tiendas; tú expones tus razones.

6. En tu diálogo, usa al menos dos veces los verbos **convenir, parecer, pasar, quedar, tocar, funcionar** y **trabajar.** Termina la conversación de una manera original y creativa.

SEGUNDA ETAPA

¡Leamos!

La alimentación es un aspecto muy importante de la cultura. Los nombres de los productos y las comidas de un país o región reflejan con frecuencia una diversidad regional. He aquí varias ideas expresadas por medio del correo electrónico acerca de algunas diferencias regionales en los nombres de los alimentos, a través de América Latina.

▶ Antes de leer

1. Lee la introducción de este capítulo y el título de la lectura. ¿Qué tipo de información vas a encontrar a continuación?

2. ¿Crees que el lenguaje utilizado será formal o coloquial? ¿Por qué?

3. ¿Has probado algunas de las comidas típicas de los países de América Latina? ¿Cuáles?

Nuestras comidas

Carmen escribe desde Puerto Rico:

Nuestro dialecto refleja nuestra posición como una isla del Caribe. Al igual que Puerto Rico, las islas de Cuba y la República Dominicana, así como las costas caribeñas de Venezuela, Colombia, Centroamérica y México, tienen una pronunciación y un vocabulario muy semejantes.

Los españoles introdujeron la banana a esta región trayéndola de Guinea, en la costa occidental de África. Por eso, además de plátano y banana, el término "guineo" se usa para designar un tipo de banana pequeña y dulce. Por los países de Centroamérica también se cultiva el banano[8] y existe una gran variedad de nombres para designarlo. De la misma manera, a la fruta conocida mayormente como naranja, nosotros la denominamos "china".

Marcelo, desde Buenos Aires, dice lo siguiente:

Nuestra manera de hablar presenta muchas diferencias regionales. Argentina, Chile y Uruguay comparten un mismo dialecto, y en Argentina, especialmente en el habla de nosotros los porteños[9], se observa una fuerte influencia europea en los nombres de los comestibles. Por ser ese nuestro plato favorito, cada una de las muchas formas en que comemos el "bife"[10] tiene su propio nombre. En el caso de las frutas, creo que la influencia francesa e italiana está presente en nombres como "ananás" que designa a la fruta también conocida como "piña", y "pomelo", que usamos para referirnos a la "toronja"[11]. Además, nuestro "limón" es grande y amarillo mientras que el "limón" de los países tropicales es pequeño y verde. También tenemos nombres distintos para

---

[8]**banano** fruta, variedad de plátano, que se come cruda
[9]**porteños** naturales de Buenos Aires, la capital de Argentina
[10]**bife** bistec, lonja de carne cruda o cocida
[11]**toronja** fruta cítrica parecida a la naranja

algunas legumbres. Nuestro "maní" se llama "cacahuate" en los países del norte y "cacahuete" en España. Los llamados "guisantes" en España y "chícharos" en México, se conocen como "arvejas" por aquí. Nuestra "palta" se llama "aguacate" en los países del norte. Frecuentemente, esos países usan nombres que se derivan de algún idioma indígena, lo cual no ocurre mucho en esta región.

Susana, desde Lima, ofrece esta información:

Nuestro español —típico de la región andina que abarca[12] principalmente los territorios de Perú, Bolivia y Ecuador— ha sido mayormente influenciado por el quechua, el idioma de los incas[13]. Aquí se inició el cultivo de la papa, y por consiguiente, su nombre es propio de esta región. Los españoles adoptaron el tubérculo[14] y lo llamaron "patata", pero en toda América Latina se le conoce como papa, su nombre quechua. Otra palabra derivada del quechua es "choclo", el "maíz" del resto del mundo hispano. En realidad, el "choclo" corresponde al "elote" o a la "mazorca", es decir, es el fruto del maíz en forma de espiga densa cubierta de granos muy juntos. Pero se usa "choclo" también para designar al grano mismo.

Debo añadir también que aquí usamos la palabra "ají", vocablo[15] perteneciente a los indios del Caribe, los taínos, mientras que en México y Centroamérica usan "chile", derivado de la palabra azteca[16] "chilli". Tenemos también algunos alimentos exclusivos de esta región, como por ejemplo, la chirimoya, que es una fruta muy dulce y blanda.

Para las personas que se encuentran de visita en un país hispano es preferible ir a un supermercado de autoservicio cuando desean adquirir frutas y vegetales, ya que en los mercados al aire libre es necesario conocer los nombres locales para pedir lo que uno quiere.

▶ **Después de leer**

1. ¿Qué tienen en común las islas del Caribe y las costas de Venezuela, Colombia, Centroamérica y México?

2. ¿Cómo llegó la banana a tener el nombre "guineo" en el Caribe?

3. ¿Cuál es el plato favorito de los argentinos?

4. ¿Qué otros nombres tienen los guisantes y dónde se comen?

5. ¿Cómo son los dos tipos de limones del mundo hispano?

6. ¿Qué palabra usan los españoles para referirse a la papa?

7. ¿Qué nombre usan en la región andina para el maíz y qué origen tiene?

8. ¿Por qué es más fácil comprar comida en el supermercado para el que visita los países hispanos?

9. ¿En tu casa usan algunas otras palabras para designar a los alimentos?

10. ¿Cuáles son algunas razones que pueden explicar la diversidad en los nombres de los alimentos?

---

[12] **abarca** contiene
[13] **incas** habitantes de la parte oeste de América del Sur para la época de la conquista española. La capital del imperio inca se hallaba en Cuzco.
[14] **tubérculo** parte gruesa de una raíz que acumula grandes cantidades de sustancias de reserva, pudiendo servir como alimento
[15] **vocablo** palabra
[16] **azteca** habitante de Aztlán, hoy en día México, en la época de la conquista española

Sonidos y palabras

> ### *El sonido /k/*
>
> 1. La **c** tiene el sonido **/k/** cuando va seguida de las vocales **a, o, u**.
>
>   **Ca**rlos **co**rre para llegar a tiempo al **cu**rso de quí**mi**ca.
>
>   ¿**Cu**ál es el mejor regalo y **cu**ánto **cu**esta?
>
> 2. Cuando el sonido **/k/** va seguido de las vocales **e** o **i**, se escribe con **qu**.
>
>   ¿**Qui**eres comprar a**que**lla fruta **que** venden en el **qui**osco de la calle **qui**nce?
>
> 3. Recuerda que la **c** seguida de las vocales **e** o **i** tiene el sonido **/s/** en la mayor parte del mundo hispano, excepto en España donde tiene un sonido muy similar al de la *th* en inglés.
>
>   Pre**ci**so una do**ce**na de **ce**bollas para co**ci**nar esta re**ce**ta.
>
> 4. La letra **k** existe sólo en algunas palabras de origen extranjero.
>
>   Compra un **ki**lo de bananas y cinco litros de **ke**rosén.

E. Vamos al mercado. Escribe la(s) letra(s) necesaria(s) para el sonido /k/ en los espacios en blanco, para completar este diálogo entre dos muchachas que van de compras.

1. **Cecilia:** Oye, Raquel. ¿___ieres ir de ___ompras ___onmigo?

2. **Raquel:** ¿Adónde vas? ¿Al supermer___ado de la ___alle ___ince?

3. **Cecilia:** No, sólo ___iero ___omprar un ___ilo de papas. Son más baratas en el mer___ado de la plaza.

4. **Raquel:** Está bien, voy ___ontigo. Tengo ___e ___omprar un pa___ete de azú___ar.

5. **Cecilia:** Bueno, pues, vamos. Voy a bus___ar unos dis___os ___ompactos también.

6. **Raquel:** ¿___aminamos o vamos en tu ___oche? ___isiera al___ilar un vídeo en a___ella tienda ___e está en el ___amino.

7. **Cecilia:** Entonces vamos en el ___oche. Esa tienda está ___omo a cin___o ___ilómetros de a___í.

8. **Raquel:** ¿___é tal si luego ___omemos en ese restaurante ruso ___e tanto te gusta, el ___remlin?

F. La lista de compras. Enrique escribió una lista de algunas de las cosas que va a necesitar para acampar este verano. Indica con un círculo la forma correcta de cada palabra entre paréntesis.

1. Una tienda de (kampaña / campaña).

2. Un (saco / saquo) de dormir.

3. Una linterna con pilas (recargables / requargables).

4. (Quatro / Cuatro) litros de (kerosén / querosén).

5. Una (cocina / cosina) a gas.

6. Dos (kañas / cañas) de (pescar / pesquar).

7. Tres (quilos / kilos) de (cacahuetes / caquahuetes).

8. Seis tabletas de (chokolate / chocolate) y dos (paquetes / pacetes) de (kafé / café).

Nuestro idioma

Los regionalismos

1. Como has podido observar en la lectura al comienzo de este capítulo, existe una gran variedad de términos para designar a los diferentes alimentos, y en particular a las verduras y las frutas, en las distintas regiones del mundo hispano. Es por ello que a estas variaciones lingüísticas se les conoce como regionalismos. He aquí algunas comidas con variaciones regionales.

    naranja = china (Puerto Rico)
    papa = patata (España)
    elote = choclo (Perú, Argentina)
    batata = camote (México)
    papaya = lechoza (Venezuela)
    calabaza = zapallo (Argentina)
    puerco = chancho (Chile)
    bistec = bife (Argentina)
    chile = ají (Perú)

2. Los regionalismos no se limitan, por supuesto, al área de los alimentos, sino que abarcan aspectos tales como las prendas de vestir y los enseres domésticos. A continuación encontrarás algunos ejemplos.

    falda = pollera (Argentina)
    chaqueta = chamarra (México)
    calcetines = medias (Uruguay)
    suéter = chompa (Perú)
    arete = pantalla (Puerto Rico)
    manta = cobija (Venezuela)

G. Nuestras comidas favoritas. Un grupo de estudiantes de intercambio habla con nostalgia sobre algunas de las comidas típicas de sus respectivos países. Indica con un círculo la palabra apropiada para cada oración.

1. Ayer le escribí a mi mamá para que me mande un poco de dulce de (papaya / lechoza) desde Caracas.

2. Cuando vivía en México, mi dulce favorito era el de (camote / batata).

3. Yo, como buen porteño que soy, deseo comer (chinas / bife) todos los días.

4. Cuando vengas de visita por Madrid te darás cuenta de que no hay nada mejor que una buena tortilla de (zapayos / patatas).

5. En las montañas de mi isla crecen frondosas plantas de (guineo / choclo).

6. Los que venimos de Guatemala estamos acostumbrados a comer mucho (ají / chile).

H. A la hora de vestirnos. En la Feria Panamericana de la Moda, llama la atención la variedad de atuendos y colores, pero aún más interesante es comprobar que existe un sin fin de nombres para cada prenda de ropa. Asigna a cada palabra de la columna de la izquierda su palabra correspondiente en la columna de la derecha.

1. _____ pantallas   a. medias
2. _____ manta   b. aretes
3. _____ chamarra   c. cobija
4. _____ pollera   d. chaqueta
5. _____ chompa   e. suéter
6. _____ calcetines   f. falda

Nuestro idioma

Las preposiciones por y para

1. Algunos de los usos de la preposición **para** son:

   a. para indicar un propósito: Hay que comer muchas verduras **para** tener buena salud.

   b. para indicar un destinatario: Esto es **para** mi hermana.

   c. para indicar el uso de algo: Esta botella es **para** el aceite.

2. Algunos de los usos de la preposición **por** son:

   a. para indicar una ruta con un verbo de movimiento: Para llegar al mercado camina **por** el parque y luego **por** la calle Cochabamba.

   b. para indicar un motivo o razón: **Por** eso estudio mucho.

   c. para indicar "a cambio de": Pagué cincuenta dólares **por** un pescado.

   d. para indicar la razón de un desplazamiento: Fui al mercado **por** manzanas.

   e. para indicar el modo usado: Le escribí **por** correo electrónico.

   f. para indicar el momento del día: Siempre hago mis compras **por** la tarde.

   g. para indicar la causa de algo: **Por** ser puertorriqueña las llama chinas.

I. Un día largo. Indica qué frase de la columna de la derecha corresponde a cada frase de la columna de la izquierda. Debes usar cada frase una sola vez.

1. _____ Esta mañana fui al mercado
2. _____ Pero también compré mucha fruta
3. _____ Después compré lechuga y zanahorias
4. _____ De regreso a casa pagué diez dólares
5. _____ Compré un disco compacto
6. _____ Envié una carta a mis abuelos
7. _____ Tuve la oportunidad de pasar
8. _____ Pedí una pizza para la cena
9. _____ Mi hermano y yo fuimos al cine

a. por ser muy tarde cuando volví a casa.
b. para una ensalada de vegetales.
c. después de comernos la pizza.
d. por la casa de Elena para hablar con ella.
e. por dos kilos de pescado.
f. por hacer lavar mi coche.
g. para el cumpleaños de mi hermano.
h. para comer con el cereal en el desayuno.
i. por correo.

J. La comida para la clase de español. Mónica y Adriana recibieron la tarea de comprar los comestibles para la cena anual de la clase de español. Completa su conversación escribiendo **por** o **para**, según corresponda, en los espacios en blanco.

1. **Mónica:** Mira, tenemos que comprar los ingredientes _____ la cena del viernes.

2. **Adriana:** Sí, tienes razón. No sé por qué nos dieron esta tarea. Quizás _____ ser las menos ocupadas, ¿no crees?

3. **Mónica:** Me dijeron que _____ tener más experiencia en estas cosas.

4. **Adriana:** ¿Tienes idea de lo que debemos comprar _____ preparar la cena?

5. **Mónica:** No. ¿Pasamos _____ la tienda de música primero? Quiero mirar los discos nuevos.

6. **Adriana:** Pues, si no vamos ahora, tendremos que ir _____ la tarde. Creo que deberíamos llevar algunos discos _____ animar un poco la fiesta.

7. **Mónica:** ¿Tienes dinero suficiente _____ comprar todo lo que necesitamos? _____ ser tantos en la clase, vamos a necesitar mucha comida.

8. **Adriana:** Sí, tengo el dinero _____ la cena que me dio la profesora.

9. **Mónica:** _____ eso digo, pues, vamos _____ las hamburguesas y el pollo _____ la parrillada.

10. **Adriana:** Necesitamos alguna ensalada _____ acompañar las carnes, y algún postre por si María se olvida de llevar los helados que prometió.

¡Adelante!

¡Fiesta!

Trabaja en un grupo de tres o cuatro compañeros(as) de clase para planear una cena para algunos de sus profesores favoritos. Usen las palabras **por** y **para** al menos tres veces cada uno(a).

1. Decidan a quiénes van a invitar a la cena.

2. Repártanse entre ustedes las tareas: las compras, la cocina, la decoración, la música, la limpieza, etcétera.

3. Determinen cuánto dinero tienen que reunir y qué cosas deben adquirir.

4. Hagan un plan para cocinar. ¿Dónde y cuándo lo van a hacer?

5. Decidan cómo y dónde van a servir la cena. ¿Dónde van a conseguir los platos y otros utensilios?

6. Decidan qué van a hacer después de la cena: decir unas palabras de agradecimiento, proponer un brindis, invitar a los comensales a bailar, etcétera.

Una dieta saludable

Trabaja con un(a) compañero(a) para escribir una descripción de una dieta saludable y balanceada. Al escribir, ten cuidado con el sonido /k/ y con los usos de **por** y **para**.

1. ¿Cuáles son los alimentos más importantes? ¿Qué beneficios aportan a la salud?

2. ¿Cuáles son algunos alimentos que no debemos comer o que debemos comer en pequeñas cantidades? ¿Por qué no son recomendables?

3. ¿Cómo se deben preparar los alimentos?

4. ¿Qué otros factores, además de la dieta, pueden influir en nuestra condición física?

TERCERA ETAPA

¡Leamos!

La ropa y la manera de vestir son características importantes en las distintas sociedades. El ensayo siguiente explora las diferentes funciones de la ropa como fenómeno social y cultural.

▶ Antes de leer

1. En tu opinión, ¿qué funciones puede tener la ropa?

2. ¿Cuáles son las funciones descritas aquí según los subtítulos?

3. ¿Cómo defines tu estilo de vestir?

La ropa en nuestra sociedad

La ropa, en todas las sociedades, suele tener varias funciones. Además de una función práctica, determinada principalmente por la necesidad de protegernos de los elementos, nuestras prendas de vestir pueden tener una función ceremonial, y por lo tanto simbólica.

Nombre _____ **Fecha** _____

La función práctica

La ropa que usamos a diario suele tener un carácter práctico. Lo que usamos está determinado generalmente por factores tales como el clima, la hora del día, la edad, y por supuesto, la moda. La labor que realizamos a diario, bien sea de estudio o de trabajo, también ayuda a determinar lo que llevamos puesto. De esta manera, muchos niños visten uniforme para asistir a la escuela, al igual que ciertos adultos lo llevan en determinados trabajos. Del mismo modo, los deportistas llevan uniformes por razones prácticas, y por lo que algunas personas califican como razones igualatorias[17]. En muchos ambientes se exige el uniforme reglamentario[18], como una medida para eliminar las presiones que impone la moda como fenómeno social y económico.

Los uniformes contienen a veces una carga simbólica considerable, como en el caso de los uniformes del ejército, la policía o los bomberos. En estos casos, los uniformes no cumplen sólo una función práctica, la de facilitar el ejercicio de sus funciones a quienes los portan, sino que además sirven para identificar a sus usuarios[19] en la comunidad. El uniforme forma parte, en este caso, de una imagen de autoridad que induce diversas actitudes en quien lo porta y genera una variedad de reacciones en las personas a su alrededor.

La función ceremonial

La ropa puede tener una función ceremonial cuando es depositaria[20] de una gran carga de simbolismo. Tal es el caso de la toga[21] de los jueces en los tribunales de justicia, que los distingue de los abogados, secretarios, indiciados[22] y del público en general. Dicha prenda de vestir confiere además al usuario un carácter particular dentro de un cierto marco[23], al tiempo que despierta sentimientos tales como el respeto o la admiración en las personas que lo rodean. De igual modo, las togas que visten los estudiantes para la graduación no sólo sirven para distinguirlos de las demás personas presentes, sino que, unidas a la solemnidad del desfile, despiertan sentimientos de orgullo, éxito y esperanza.

La ropa, por consiguiente, tiene muchas funciones. Dichas funciones son producto del momento histórico de cada sociedad y son el resultado de una combinación de factores geográficos, económicos, sociales y culturales.

▶ *Después de leer*

1. ¿Cuáles son las dos funciones principales que distingue el autor para la ropa en las distintas sociedades?

2. ¿Qué determina la función práctica de la ropa?

3. ¿Qué función cumple el uso de uniformes en el ámbito estudiantil, deportivo o de trabajo?

4. ¿Por qué es importante el uso de uniformes por parte de las fuerzas del orden público?

5. ¿Para qué sirve la toga de los jueces?

6. ¿Qué tienen en común la toga del juez y la toga del graduando?

7. En tu opinión, ¿qué otros aspectos contribuyen al carácter solemne de una graduación?

8. ¿Cuál función de la ropa consideras más importante, la práctica o la ceremonial, y por qué?

9. ¿Qué sentimientos despiertan en tu comunidad los uniformes de los agentes del orden público?

10. ¿Qué mensaje deseas transmitir a tu alrededor con tu propia manera de vestir?

---

[17]**igualatorias** que tienden a establecer la igualdad
[18]**reglamentario** dictado por un reglamento, forzoso
[19]**usuarios** que usan ordinariamente una cosa
[20]**depositaria** que contiene o encierra una cosa

[21]**toga** traje de ceremonia que usan los magistrados y jueces encima de su ropa ordinaria y que los distingue de los demás letrados
[22]**indiciados** que tienen contra sí la sospecha de haber cometido algún delito
[23]**marco** ambiente o paisaje que rodea algo

Sonidos y palabras

> ### *Repaso de las reglas de acentuación*
>
> 1. Las palabras que tienen la sílaba tónica en la penúltima sílaba son palabras **llanas**. Éstas requieren el uso del acento escrito si terminan en consonante, excepto **-s** o **-n**.
>
>   ves**ti**do   **fá**cil   **sué**ter   **te**nis   **ha**blan
>
> 2. Las palabras que tienen la sílaba tónica en la última sílaba son palabras **agudas**. Éstas requieren el uso del acento escrito cuando terminan en **-n, -s** o en una vocal.
>
>   yo**gur**   ha**blar**   espe**cial**   ta**cón**   perfec**ción**   ana**nás**   ma**ní**
>
> 3. Las palabras que tienen la sílaba tónica en la antepenúltima sílaba son palabras **esdrújulas**. Éstas siempre requieren acento escrito.
>
>   **mú**sicos   **sué**teres   carac**te**rística   **tí**pico   **sí**laba
>
> 4. Recuerda que en algunos casos, el acento escrito se usa o no se usa, dependiendo de si la palabra es singular o plural. La palabra puede cambiar de una categoría de acentuación a otra.
>
>   a. de aguda a llana
>
>   calce**tín** → calce**ti**nes
>
>   fun**ción** → fun**cio**nes
>
>   b. de llana a esdrújula
>
>   **jo**ven → **jó**venes
>
>   **sué**ter → **sué**teres

K. Una cuestión de moda. Sofía y Patricia planean una visita al almacén. Escribe los acentos donde correspondan en este diálogo. (**Pista:** hacen falta treinta acentos.)

Sofía: Quiero comprar unos zapatos de tacon para la fiesta del sabado. ¿Quieres ir conmigo al almacen?

Patricia: Si. ¿Pero no son mas baratos en la zapateria?

Sofía: Quizas, pero la seleccion es mayor en el almacen.

Patricia: Esta bien. Yo necesito un cinturon y alla tienen cinturones de muchas tallas y colores.

Sofía: Tienes razon. Creo que tambien voy a comprar ese pantalon purpura que tanto me gusto.

Patricia: Yo no he podido olvidar el collar de madera de sandalo que tenian en la vidriera el miercoles pasado.

Sofía: Si, se veia esplendido sobre aquella blusa de seda.

Patricia: Ese tipo de accesorios ya no esta de moda, pero a mi me encanta adornarme con joyas.

Sofía: Tu sabes que yo prefiero las cosas mas sencillas. Las prendas de algodon son mis favoritas y ya sabes que no uso siquiera lapiz labial.

Patricia: Claro, no he olvidado que me regalaste tus lapices porque no los usabas. ¡No te imaginas la alegria que me diste!

L. Nuestra forma de vestir. Andrés le escribió una carta a Ramón por correo electrónico. Pero Andrés no sabe mucho de acentuación, así que Ramón decide corregir el texto de su amigo. Escribe los diez acentos que faltan. Encierra en un círculo cada una de las catorce palabras incorrectamente acentuadas, y luego escríbelas correctamente en el espacio en blanco.

Querido Ramón,

En tu ultima carta me preguntáste sobre la ropa que usamos aqui. Creo que debe ser muy semejante a la que llevas tu. Los jovenes aquí usamos pantalónes vaqueros, sueteres, camisas y cosas asi. Los hómbres llevan abrigos en el invierno y a las mujeres les encantan los zapatos de tacon. Yo creo que todos los adolescentes del mundo usan la mísma ropa, por lo menos en el médio urbano. Nos vestimos un poco mas formálmente cuando vamos a las fiestas los sabados. Usamos ropa deportiva para hacér ejercicios aerobicos o para jugar al futból. Llevamos zapatos de ténis frecuentemente y sandálias en el verano. En fin, creo que en general, nos vestimos iguál y espero haber respondido con esta carta a tu pregúnta.

Un abrazo de tú amígo,

Andrés

1. _____
2. _____
3. _____
4. _____
5. _____
6. _____
7. _____
8. _____
9. _____
10. _____
11. _____
12. _____
13. _____
14. _____

Nuestro idioma

La interferencia idiomática

1. Cuando dos idiomas se hallan en estrecho contacto, como es el caso del inglés y del español en los Estados Unidos, pueden ocurrir intercambios de palabras entre ambos idiomas. Algunas se adoptan universalmente y otras sólo se aceptan regionalmente o únicamente entre los miembros de un grupo en particular. Las palabras que son adoptadas universalmente suelen ser las que no tienen equivalente en el otro idioma. Las palabras **chocolate** y **tomate** fueron introducidas al inglés, provenientes del español, porque ambos productos se originaron en el mundo azteca.

2. Para el estudiante de español es conveniente evitar el uso de palabras aceptadas solamente por los miembros de un grupo reducido de personas. A continuación encontrarás una lista de algunas de estas palabras de escasa acepción y de origen inglés, comúnmente conocidas como anglicismos.

(continúa en la página 122)

Anglicismo	Inglés	Español
bil	*bill*	**factura, cuenta**
brecas	*brakes*	**frenos**
troca	*truck*	**camión**
chanza	*chance*	**oportunidad**
Crismas	*Christmas*	**Navidad**
chopear	*to shop*	**hacer compras**
lonchear	*to eat lunch*	**almorzar**
sainear	*to sign*	**firmar**
wachar	*to watch*	**mirar**
yarda	*front or back yard*	**patio**
greve	*gravy*	**salsa**

M. Vamos de compras al centro. Alicia y Leonor fueron de compras al centro. Subraya el (los) anglicismo(s) y escribe la(s) palabra(s) correcta(s) en el espacio en blanco.

1. Alicia y Leonor fueron de compras al centro en la troca del papá de Alicia.

   _____

2. Casi tuvieron un accidente porque al vehículo le fallaron las brecas.

   _____

3. Pasaron dos horas chopeando en el almacén, que estaba decorado con adornos de Crismas.

   _____

4. Después decidieron lonchear en el restaurante de la tienda.

   _____

5. Pidieron una mesa en la yarda del restaurante donde tuvieron la chanza de wachar un desfile de modas.

   _____

6. Alicia comió un plato con una greve deliciosa, pero cuando llegó el momento de pagar, las chicas descubrieron que ya no tenían dinero.

   _____

7. Fue entonces cuando Leonor sacó su tarjeta de crédito y saineó el bil.

   _____

Nuestro idioma

Más cognados falsos

Hay que tener cuidado con los cognados que pueden ser falsos como los siguientes.

caro	costoso	**pan**	comestible hecho de harina
coche	automóvil	**sartén, cazuela**	utensilio de cocina
dato	información	**una papa**	vegetal
fecha	el día y el mes	**un papá**	padre
éxito	buenos resultados	**parada**	donde se espera el autobús
salida	puerta para salir	**desfile**	procesión
fábrica	lugar donde manufacturan cosas	**parientes**	personas de la misma familia
tela	paño, género	**padres**	madre y padre
introducir	meter	**plano**	mapa
presentar	hacer conocer una persona a otra	**avión**	aeroplano
maleducado	que se porta mal	**plano**	mapa
ignorante	con pocos conocimientos	**plan**	proyecto para el futuro
mayor	de más edad	**ruta**	camino
alcalde	persona a cargo de una municipalidad	**raíz**	parte de la planta debajo de la tierra

N. Una entrevista de trabajo. Catalina va a un almacén para buscar un trabajo de verano como dependienta y tiene una entrevista con un gerente del departamento de recursos humanos. Indica con un círculo la palabra correcta entre paréntesis.

Catalina: Buenos días. Me quiero (introducir / presentar) a usted. Soy Catalina Muñoz, para servirle.

Gerente: Mucho gusto, Catalina. Veo que en tu solicitud de empleo no pusiste (la fecha / el dato) de tu (éxito / salida) de la escuela este verano.

Catalina: ¡Ah!, perdón. Mi (plano / plan) es estar disponible para trabajar el veinticinco de mayo.

Gerente: Muy bien. ¿Tus (padres / parientes) están de acuerdo en que trabajes en el verano?

Catalina: Sí. Mi (papa / papá) se preocupa un poco. Pero necesito comprar un (caro / coche) antes del próximo año.

Gerente: Pues, sí. Cuestan mucho, ¿no? ¿Qué experiencia tienes, Catalina?

Catalina: Pues, nunca he tenido un trabajo formal. Mi mamá es costurera y me ha enseñado mucho acerca de las (fábricas / telas) para ropa, cortinas y todo eso.

Gerente: También tenemos un puesto en el departamento de artículos de cocina.

Catalina: Bueno, yo lavo (los panes / las cazuelas) en casa todo el tiempo.

Gerente: Muy bien. Creo que podemos emplearte, pero primero tengo que entrevistar a dos candidatos más. Puedes irte y te llamo mañana. (El éxito / La salida) es por ahí. Hasta pronto.

Ñ. El campeonato. Clara y Dalia hacen planes para asistir a la celebración que se llevará a cabo en el centro al día siguiente. Identifica los cognados falsos y escribe las palabras correctas en los espacios en blanco.

Clara: Oye, Dalia, ¿qué vestido vas a usar mañana? Creo recordar que es el dato en que el mayor va a pasar en una parada por las calles.

Dalia: ¿Sí? ¿Cómo lo sabes?

Clara: Es que el equipo de fútbol ganó el campeonato. Hasta mi papa viene a mirar la parada. Tenemos que hacer planos.

Dalia: Bueno, entonces debemos llevar pantalones y zapatos de tenis para estar en la calle. Tengo unos pantalones de una fábrica muy liviana.

Clara: Me pregunto por qué la ciudad se prepara para celebrar de esta manera. Ninguno de los jugadores tiene sus rutas en la comunidad. Todos vienen de fuera.

Dalia: No sé. Pero mi padre y mi madre son muy aficionados.

Clara: Bueno, quizás tus parientes quieran venir con mi papa.

1. _____ 6. _____
2. _____ 7. _____
3. _____ 8. _____
4. _____ 9. _____
5. _____ 10. _____

¡Adelante!

Cómo visten los demás

Trabaja en un grupo de tres o cuatro compañeros(as) de clase y comenten la ropa que suele llevar alguna persona famosa. Cuidado con los anglicismos y los cognados falsos.

1. Cada miembro del grupo escoge una persona famoso del cine, la televisión o la música.
2. Comenten la ropa que usa generalmente la persona en cuestión.
3. Decidan si esa persona es un modelo del buen vestir y un ejemplo a seguir.
4. Discutan si la forma de vestir de esta persona tiene alguna influencia en la manera de vestir de los jóvenes de tu comunidad.
5. Si pudieran aconsejar a esta persona en cuanto a su vestuario, ¿qué consejos le darían?

Preparativos de viaje

Trabaja con un(a) compañero(a) de clase para enviar un correo electrónico a un(a) estudiante de Panamá que viene a pasar un año en tu escuela. Tengan cuidado con los acentos, y eviten los anglicismos y los cognados falsos.

1. Indiquen la ropa que debe traer, de acuerdo con las estaciones y el clima local.
2. Señalen cuál es el tipo de ropa apropiado para asistir a clases.
3. Digan qué ropa necesita para las actividades deportivas.
4. Aconsejen acerca del vestuario apropiado para las ocasiones formales.
5. Recomienden el uso de calzado apropiado para cada ocasión.

INTEGRACIÓN

¡Sigamos adelante!

Conversemos un rato

O. Un traje para cada ocasión. Trabaja en un grupo de tres o cuatro compañeros(as) de clase para comentar la ropa más apropiada para ciertas ocasiones. En cada caso decidan cuáles prendas son más apropiadas y cuáles lo son menos, de acuerdo a cada circunstancia. Al hablar, usen los verbos **convenir, quedar, parecer** y **funcionar** al menos una vez cada uno(a). Si alguien usa un regionalismo, comenten otras formas de decirle a la misma prenda. Si alguien usa un cognado falso o un anglicismo, identifiquen la palabra apropiada en español.

1. Una fiesta en casa de un(a) amigo(a)
2. Un baile formal de la escuela
3. Un evento deportivo
4. Una clase de pintura
5. Una graduación
6. Una entrevista de trabajo

P. El cliente siempre tiene la razón. Trabaja con un(a) compañero(a) de clase. Túrnense haciendo el papel de un(a) cliente(a) enojado(a) que quiere devolver algo en una tienda y el papel de un(a) dependiente(a) en la sección de devoluciones. Usen los verbos **convenir, parecer, pasar, tocar, funcionar** y **trabajar** al menos una vez cada uno(a). Eviten el uso de anglicismos y cognados falsos.

1. El (La) cliente(a) explica en qué consiste la devolución.
2. El (La) empleado(a) pregunta cuál es el motivo de la devolución.
3. El (La) cliente(a) expone al menos tres razones por las que quiere hacer la devolución.
4. El (La) empleado(a) decide si va a aceptar o a rechazar la mercancía y por qué motivos.

Taller de escritores

Escribe una descripción detallada de dos imágenes. Busca dos fotos o dibujos que utilizarás en tu descripción. Uno debe mostrar ropa y el otro alimentos. El trabajo consiste en escribir una descripción que sirva para aprender vocabulario en relación a estos dos temas.

Q. Reflexión. Escribe todas las palabras que se te ocurran sobre cada imagen. Luego comienza a agrupar las palabras útiles y procede a desechar las que no quieres incluir en tu descripción. Identifica los regionalismos y sustitúyelos por palabras que todos(as) puedan comprender fácilmente. Después elabora un esquema con las palabras que hayas seleccionado. Agrega detalles adicionales a cada idea principal.

R. Primer borrador. Escribe una primera versión de tus descripciones. Cada idea principal debe constituir un párrafo. Recuerda que escribes para enseñar vocabulario a tus compañeros(as) de la clase de español. Asegúrate de evitar el uso de anglicismos y cognados falsos.

S. Revisión con un(a) compañero(a). Intercambia tus descripciones con las de otro(a) compañero(a). Lean y comenten sus respectivos borradores. Utilicen estas preguntas como guía.

1. ¿Cuáles aspectos de las imágenes son los más interesantes y cuáles son los más importantes?

2. ¿Cuáles de los detalles aportan más vocabulario?

3. ¿Es adecuado el nivel para los compañeros de clase?

4. ¿Qué otras palabras quisieran conocer para hacer una descripción más completa?

T. Versión final. Revisa tu primer borrador. Haz los cambios sugeridos por tu compañero(a) y cualquier otro cambio que consideres necesario. Revisa el contenido y luego la gramática, la ortografía y la puntuación. Presta atención especial al uso de los acentos. Ten cuidado con las palabras con **h** y las palabras con **k, c** y **qu.** Trae esta versión final a la clase.

U. Carpeta. Tu profesor(a) puede incluir la versión final en tu carpeta, colocarla en el tablón de anuncios o usarla para la evaluación de tu progreso.

Capítulo 7 Descripciones

PRIMERA ETAPA

¡Leamos!

Los pronósticos del tiempo o reportes meteorológicos[1] se publican en los periódicos y se transmiten por la radio y la televisión. Podemos saber sobre las condiciones climáticas[2] de cualquier parte del mundo, de forma casi instantánea y con fotos tomadas desde el espacio, las 24 horas del día.

▶ *Antes de leer*

1. ¿Por qué crees que es importante prestarle atención al pronóstico del tiempo?

2. ¿Por qué puede resultarnos útil el pronóstico del tiempo de otros países?

3. ¿Qué tipo de información esperas encontrar en un reporte meteorológico?

Reportes meteorológicos

PANAMÁ (27 de mayo). Reporte preparado por el Servicio Nacional de Meteorología, válido desde las doce horas del día de hoy hasta las doce horas del día de mañana.

Los cielos despejados y soleados de la mañana van a ceder[3] paso a nubes durante las primeras horas de la tarde, como es común durante la estación lluviosa. Lluvia fuerte, acompañada de truenos y vientos huracanados[4]. Conforme a las típicas tormentas de la estación, esta tormenta, proveniente del Caribe en dirección al Océano Pacífico, va a pasar muy rápidamente. Para mañana se esperan cielos despejados por la mañana con niebla en la zona central. La temperatura media será de 28 grados centígrados durante el día, y sólo bajará a 20 grados centígrados durante la noche.

CHILE (3 de agosto). Condiciones atmosféricas[5] generales para las próximas 48 horas en la República de Chile.

En la región norte continúa la sequía[6], cumpliéndose ya 15 meses sin lluvia. Despejado, seco y con mucho calor en la frontera con Perú y Bolivia. Temperaturas diurnas[7] entre los 33 y los 38 grados centígrados, y nocturnas entre los 15 y los 18 grados centígrados.

La zona central continúa gozando de un invierno bastante benigno[8], con temperaturas templadas y cielos despejados en la costa.

Nieve y frío en en la región andina. La estación de esquí de El Portillo tiene más de 75 centímetros de nieve, pero se recomienda mucha precaución en las montañas, donde los caminos van a estar resbalosos debido a la nieve y el hielo.

La temperatura en Santiago va a ser de 22 grados centígrados durante el día y 10 grados centígrados durante la noche.

Al sur del país, en la Araucanía y la Región de los Lagos hasta el Estrecho de Magallanes, continúan los fríos antárticos provenientes del polo sur. Nieve durante la mayor parte del día y la noche. Temperaturas desde 0 grados centígrados hasta −15 grados centígrados.

---

[1] **meteorológicos** relacionados con las condiciones del clima
[2] **climáticas** del clima
[3] **ceder** permitir
[4] **huracanados** con fuerza de huracán
[5] **atmosféricas** relacionadas con el aire que rodea la Tierra
[6] **sequía** período en el que no llueve
[7] **diurnas** durante el día
[8] **benigno** que no causa daño, benéfico

▶ *Después de leer*

1. ¿Durante qué parte del día va a hacer buen tiempo en Panamá?

2. ¿Dónde se origina la tormenta que va a pasar por Panamá?

3. ¿Qué dos regiones chilenas tienen grandes variaciones en la temperatura?

4. En Chile, ¿qué peligro pueden tener los motoristas en la montaña?

5. Entre los lugares mencionados en el reporte de Chile, ¿en cuál preferirías pasar las próximas 48 horas?

6. El reporte del tiempo de Chile es de agosto, y habla de condiciones de invierno. ¿Por qué?

7. ¿Por qué crees que el reporte de Panamá presenta un solo dato de temperatura, mientras que el reporte de Chile presenta tantos datos diferentes?

8. ¿Crees que algún día la tecnología nos va a permitir controlar el clima? ¿Te parece buena o mala esta posibilidad? ¿Por qué?

Sonidos y palabras

La sílaba tónica y las palabras agudas

1. Ya aprendiste que en español cada palabra tiene una sílaba que se pronuncia más fuerte que las demás. Es la sílaba tónica, y puede llevar acento escrito o no.

2. Las palabras de una sola sílaba generalmente no llevan acento.

tres	yo	mar	su
son	ni	sal	me

3. Las palabras que tienen la sílaba tónica en la última sílaba (la primera contando desde el final) se llaman **palabras agudas.** Llevan acento escrito cuando terminan en **n, s** o en cualquier **vocal**.

an-**dar**	pa-**red**	a-**rroz**	a-**diós**	Bo-go-**tá**
po-**der**	pa-**pel**	ca-**mión**	Pe-**rú**	ca-**fé**

4. Muchas palabras que son agudas y llevan acento escrito en su forma masculina singular se vuelven palabras llanas sin acento escrito en su forma plural o femenina singular.

ca-mión	ca-mio-nes	co-mún	co-mu-nes
in-glés	in-gle-sa	ca-ñón	ca-ño-nes
au-to-bús	au-to-bu-ses		

A. Las condiciones del tiempo. Las siguientes oraciones tienen errores de acentuación en las palabras agudas. Algunas palabras que necesitan acento escrito no lo llevan, pero otras que no deberían de llevarlo lo tienen. Encuentra los errores y escribe las palabras correctamente.

1. En El Salvadór caerá mucha lluvia.

2. En Bogota, Colombia, esta haciendo sol.

3. En Panama siguen los vientos del Már Caribe.

4. En Paraguáy sigue el tiempo húmedo y con mucho calór.

5. En Buenos Aires, va a llovér y hará mucho frío.

6. En Lima, Peru, continuara el tiempo despejado.

7. En Ecuadór tambien va a hacer buen tiempo.

8. En la region del súr de los países andinos hara buen tiempo.

Nuestro idioma

Los verbos poder *y* saber

1. El verbo **poder** significa "tener la capacidad física" o "tener permiso". Recuerda que **poder** tiene un cambio radical en las formas **puedo, puedes, puede** y **pueden**.

   No **puedo** ir al centro a pie; está muy lejos.

   Mis amigos no **pueden** salir hoy porque tienen que estudiar.

2. El verbo **saber** significa "estar informado de una cosa" o "tener los conocimientos necesarios para hacer una cosa". Recuerda que **saber** tiene una forma irregular: **sé**.

   Elisa **sabe** mucho sobre el clima de Honduras.

   Yo no **sé** dónde vive.

   ¿**Sabes** jugar al tenis?

B. Siempre hay un obstáculo. Completa las siguientes oraciones con el verbo **saber** o **poder**, según corresponda.

1. Mi papá _____ pronosticar las condiciones del tiempo, pero hoy no _____ porque el satélite espacial que transmite las fotos no está funcionando.

2. Mi mamá y mi tía no _____ ir a la playa hoy porque está muy nublado.

3. Yo _____ esquiar muy bien, pero este fin de semana no _____ hacerlo porque no hay nieve en las montañas.

4. Nosotras no _____ sacar al perro a pasear porque está lloviendo.

5. Te invito a mi casa. ¿_____ venir mañana? ¿_____ mi dirección?

C. Planes. Escribe oraciones con las siguientes palabras. Sigue el modelo.

■ **Modelo**   puedo / lloviendo a cántaros
    Hoy no puedo ir a jugar al tenis porque está lloviendo a cántaros.

1. sabemos / hace mucho calor

   _____

2. puedes / nevando fuertísimo

   _____

3. podemos / granizando

   _____

4. sé / parece que va a llover

   _____

5. saben / hay mucha humedad

   _____

Nuestro idioma

Las mayúsculas y las minúsculas

1. Ya aprendiste que las oraciones siempre comienzan con mayúscula; que los nombres de personas, negocios, países, estados y ciudades siempre comienzan con mayúscula; y que los idiomas, las nacionalidades y las palabras derivadas, los días de la semana y los meses del año *no* comienzan con mayúscula.

Camila González	alemán
Librería El Parnaso	africano
San Antonio, Texas	miércoles
Lima, Perú	marzo

2. Algunos títulos de cortesía tienen abreviaturas que comienzan con mayúscula. Sin embargo, la palabra completa *no* comienza con mayúscula. Los títulos oficiales *no* comienzan con mayúscula.

   el Sr. Pérez, el señor Pérez

   la Srta. Martínez, la señorita Martínez

   la Dra. Hernández, la doctora Hernández

   el presidente de Bolivia

3. En los títulos de libros, artículos, obras de teatro, canciones o películas, únicamente la primera palabra y los nombres propios comienzan con mayúscula.

   Cien años de soledad   *La noche de las narices frías*

   La casa de Bernarda Alba   *Esta tarde vi llover*

4. Las estaciones del año *no* comienzan con mayúscula.

invierno	primavera
verano	otoño

5. Las palabras relacionadas con la religión *no* comienzan con mayúscula.

cristianos	budismo
musulmán	hinduísmo

D. Las últimas noticias. Encuentra los errores en el uso de mayúsculas y minúsculas en las siguientes oraciones. Luego escribe las palabras correctamente.

1. Varias personas estuvieron hospitalizadas el Jueves pasado, debido al intenso calor de Verano en sonora, México.

2. El Presidente de Chile visitó nicaragua y asistió al estreno de la película "La Historia del Señor Mengual".

3. Se pospone una convención Budista en Japón debido al frío intenso.

4. La nueva película de Jaime castillo, "El Abominable Hombre de las Nieves", se filmará en Agosto en Chile para aprovechar las grandes nevadas de Invierno.

5. En su nuevo libro *Naturaleza y Religión,* el dr. pedraza, famoso científico Peruano, describe la importancia de las tormentas en las tradiciones Cristianas y Musulmanas.

1. _____   6. _____   11. _____   16. _____
2. _____   7. _____   12. _____   17. _____
3. _____   8. _____   13. _____   18. _____
4. _____   9. _____   14. _____   19. _____
5. _____   10. _____   15. _____   20. _____

Puntuación

> ### *La coma*
>
> Ya aprendiste que se usa la coma para separar los elementos de una serie, y que no se usa la coma antes de la **y** u **o** al final de la serie.
>
> Este invierno vamos a tener lluvia, nieve, viento, noches frías y días cortos.

E. Un mensaje corto para mis padres. El siguiente mensaje fue enviado por correo electrónico, pero desaparecieron todas las comas. Agrega las comas que sean necesarias.

Queridos mamá y papá:

Estoy pasándola muy bien durante estas vacaciones de verano con mis tíos. Pero la próxima semana vamos a hacer un viaje a la playa y no vine preparado. Necesito que me manden mi traje de baño una toalla playera crema protectora gafas oscuras sandalias y dos camisetas. Les cuento que mi primo el que va a la universidad el proximo año me invitó a una fiesta anoche. La pasé muy divertido aunque no bailé mucho. Me despido con mucho cariño y mándenle un beso a mi abuelita quién seguro me extraña muchísimo.

Su hijo,
Carlos

¡Adelante!

Mi informe meteorológico

Prepara un informe meteorológico para presentarlo al resto de la clase.

1. Lee en el periódico los reportes del tiempo de otros estados u otros países. Si no encuentras muchos reportes en el periódico, los puedes buscar en el Internet. Trata de encontrar información sobre el tiempo en un país hispano.

2. Toma apuntes sobre la información que vas a presentar. Incluye información sobre las causas de las condiciones climatológicas.

3. Repasa tus notas varias veces hasta que puedas presentar un informe oral sin tener que fijarte demasiado en ellas.

4. Presenta tu informe delante de la clase. Haz el papel de un presentador de la radio o la televisión.

Las estaciones del año

Escribe una descripción de cómo son las cuatro estaciones del año en el lugar donde tú vives. Los siguientes son algunos de los elementos que puedes incluir en tu descripción.

1. Indica cuándo comienza y cuándo termina cada estación.

2. Describe el tiempo y los fenómenos atmosféricos que predominan durante cada estación.

3. Menciona lo que hace la mayoría de la gente durante cada estación.

4. Di qué fiestas se celebran durante cada estación.

5. Menciona qué deportes y actividades se practican en cada estación.

6. Describe qué es lo bueno y lo malo de cada estación.

7. Finalmente, indica cuál es tu estación favorita y explica por qué.

SEGUNDA ETAPA

¡Leamos!

Uno de los atributos del buen escritor es su manera de describir y dar detalles. Por medio de la descripción, el autor nos transporta a los lugares y nos muestra retratos de las personas que describe. Los dos fragmentos que vas a leer son ejemplos de descripciones. El primero es una narrativa autobiográfica, y el segundo es un fragmento de la novela titulada *La gaviota* (1849), escrita por Fernán Caballero (España).

▶ Antes de leer

1. Si quisieras hablar de tu niñez, ¿por dónde comenzarías? ¿Hablarías de tu casa? ¿De tu barrio? ¿De tu ciudad?

2. Cuando has escrito sobre alguna experiencia, además de describir lo que pasó, ¿qué otra información has incluido?

3. ¿Por qué crees que es necesario dar un fondo descriptivo a las historias que contamos?

Mi pueblo

Siempre que pienso en mi niñez, vuelven a mi mente los recuerdos del pueblo donde nací. Recuerdo que era un pueblo muy pequeño situado en un valle rodeado de cerros altos, siempre verdes. Mi casa estaba al pie de un cerro que era muy pequeño y casi no tenía árboles. Los otros cerros, que en realidad forman parte de una cadena de montañas muy grandes, son todos muy altos y la vegetación predominante es de selva tropical.

Cerca de mi casa pasaba el río donde yo aprendí a nadar. Recuerdo que había un pequeño puente de madera donde los muchachos se sentaban a pescar todas las tardes. He oído que han construido un puente moderno y grande por donde sólo los carros y los camiones suelen pasar.

Las casas más grandes, las de los ricos, las hacían de piedra. Eran casas muy sólidas con paredes de hasta un metro de ancho. Pero la mayoría de las casas se hacían de adobe con techos de tejas de un barro⁹ rojizo que por allí abundaba. Para cuando yo me fui de mi pueblo, ya se construían casas más modernas con ladrillo y madera y techos de cinc. Sin embargo, las viejas casas de piedra continúan siguen siendo las favoritas de la gente porque son más frescas durante los calurosos días del verano tropical.

El autor

Fernán Caballero es el seudónimo de Cecilia Böhl de Faber (1796–1877). Se la considera la iniciadora de la novela costumbrista, en la cual se ilustran las observaciones de la vida diaria. "La novela no se inventa: se observa", dijo una vez la autora. Mediante un lenguaje sencillo y directo, su obra presenta una verdadera pintura de Andalucía.

La gaviota (fragmento)

El fin de octubre había sido lluvioso, y noviembre vestía su verde y abrigado manto de invierno.

Stain se paseaba un día por delante del convento, desde donde se descubría una perspectiva inmensa y uniforme: a la derecha, el mar sin límites; a la izquierda, la dehesa[10] sin término. En medio, se dibujaba, a la claridad del horizonte, el perfil oscuro de las ruinas del fuerte de San Cristóbal, como la imagen de la nada en medio de la inmensidad. La mar que no agitaba el soplo más ligero, se mecía blandamente[11], levantando sin esfuerzo sus oleadas que los reflejos del sol doraban, como una reina que deja ondear su manto de oro. El convento, con sus grandes, severos y angustiosos lineamentos[12], estaba en armonía con el grave y monótono paisaje: su mole ocultaba el único punto del horizonte interceptado en aquel uniforme panorama.

En aquel punto se hallaba el pueblo de Villamar, situado junto a un río tan caudaloso y turbulento en el invierno, como pobre y estadizo en el verano. Los alrededores, bien cultivados, presentaban de lejos el aspecto de un tablero de damas[13], en cuyos cuadros variaba de mil modos el ceniciento de un olivar, o el verde esmeralado[14] del trigo, que había hecho brotar las lluvias de otoño, el verde sombrío de las higueras; y todo esto dividido por el verde azulado de las pitas de los vallados[15]. Por la boca del río cruzaban algunas lanchas pescadoras.

▶ Después de leer

1. ¿Qué es lo que más recuerda sobre su pueblo el narrador del primer fragmento?

2. ¿Qué hacían los muchachos en el río?

3. ¿Qué actitud tiene el narrador del primer fragmento hacia los cambios que el progreso ha traído a su pueblo?

4. ¿En qué estación del año transcurre el pasaje que has leído de *La gaviota*?

5. ¿Con qué compara la autora el movimiento tranquilo de las olas del mar?

6. ¿Con qué compara los campos cultivados?

7. ¿Cómo está el río en el verano? ¿Cómo está en el invierno?

8. En tu opinión, ¿es atractivo el lugar que describe?

9. Si en el futuro escribieras un texto autobiográfico sobre tu juventud, ¿qué sitios describirías como más importantes? ¿Por qué?

---

[9]**barro** lodo, arcilla, mezcla de tierra y agua
[10]**dehesa** el campo, el llano
[11]**blandamente** suave y lentamente
[12]**lineamentos** formas
[13]**tablero de damas** superficie cuadrada dividida en ochenta y cuatro casillas blancas y negras intercaladas, usado para jugar a las damas o al ajedrez
[14]**esmeralado** verde esmeralda
[15]**pitas de los vallados** plantas que se usan para formar cercas

Sonidos y palabras

Las palabras llanas

1. Ya aprendiste que las palabras que tienen la sílaba tónica en la penúltima sílaba (la segunda contando desde el final) se llaman **palabras llanas.** Las palabras llanas que terminan en **-n, -s** o **vocal** no llevan acento escrito.

can-tan	**á**-gil
an-tes	**fá**-cil
per-**so**-nas	Gon-**zá**-lez
ma-sa	**dé**-bil
tes-ta-**men**-to	**lá**-piz

2. Muchas palabras llanas que terminan en **-ia, -ie** e **-io** llevan acento escrito sobre la **i** para separar las dos vocales. Separa la palabra en sílabas oralmente: si las dos vocales se pronuncian juntas la palabra no lleva acento escrito. Si se pronuncian separadas la palabra sí lleva acento escrito.

María	feria
ríe	serie
tío	Mario

F. Te voy a describir mi ciudad. Julio escribió la siguiente descripción de su pueblo, pero cometió catorce errores de acentuación. Encuentra los errores y vuelve a escribir las palabras correctamente en los espacios en blanco.

En mi pueblo abunda un tipo de arbol que da flores rojas en la primavéra. En junío se celebra una fería muy alegre. En el verano se puede nadar en el rio, pero en el invierno no porque hace demasiado frio. En el pueblo es muy facil ir de un lugar a otro porque es muy pequeño. El banco es un edificío de marmol muy elegante sobre la Avenida Lopez Fernandez. En el centro está el parque Bolivar y frente al parque está el teatro Central. No es dificil llegar, pues estámos a solamente 30 kilómetros de la capital.

1. _____
2. _____
3. _____
4. _____
5. _____
6. _____
7. _____
8. _____
9. _____
10. _____
11. _____
12. _____
13. _____
14. _____

Nuestro idioma

Los diptongos y los acentos

1. Cuando dos vocales están juntas y se pronuncian como una sola sílaba, la combinación de las dos vocales se llama un **diptongo**. Los diptongos no llevan acento escrito.

    se-r**ie**   fe-r**ia**   re-si-d**uo**

2. Las combinaciones de vocales **aí, eí** y **oí** en los participios de los verbos no se pronuncian como una sola sílaba. Estas combinaciones llevan acento escrito.

    tra-**í**-do   cre-**í**-do   o-**í**-do
    ca-**í**-do   le-**í**-do   ro-**í**-do

3. La combinación **ui** en los participios de los verbos sí es un diptongo. No lleva acento escrito.

    con-str**ui**-do   sus-ti-t**ui**-do   in-cl**ui**-do

4. Las combinaciones **ua, uo** y **ue** pueden ser un diptongo o pueden formar parte de la misma sílaba, dependiendo del significado y la pronunciación de la palabra.

    con-ti-n**ú**-**a** (verbo)   con-ti-n**ú**-**o** (verbo)   con-ti-n**ú**-**e** (verbo)
    con-ti-n**ua** (adjetivo)   con-ti-n**uo** (adjetivo)   con-ti-n**ué** (verbo)

5. Muchas veces al hablar las personas usan una sola vocal en lugar del diptongo correcto. No olvides el diptongo al escribir palabras como las siguientes.

No uses	**Usa**
p**o**s	p**ue**s
exper**e**ncia	exper**ie**ncia
conc**e**ncia	conc**ie**ncia

6. Otras veces ocurre lo opuesto: la gente usa diptongos cuando corresponde una sola vocal. No añadas diptongos al escribir palabras como las siguientes.

No uses	**Usa**
as**ie**ntarse	as**e**ntarse
d**ie**ntista	d**e**ntista
apr**ie**nder	apr**e**nder

G. En mi escuela. En el siguiente diálogo, dos amigos hablan sobre sus clases. Las palabras en cursiva tienen errores de ortografía. Vuelve a escribirlas correctamente en los espacios en blanco.

Aldo: He *oído* decir que se *apriende* mucho en tu clase de *biologia*.

Mónica: Por supuesto. Yo siempre había *creído* que la biología era difícil, pero *tienemos* un profesor con mucha *pacencia* y todos *entiendemos* lo que explica.

Aldo: Sí, claro. Mi *tio* estudió en nuestra escuela y tiene muy buenos *recordos* de ese profesor. Dice que ha *contribuído* mucho a su educación.

Mónica: No me *sorpriende*. Tengo nueve profesores y todos tienen mucha *experencia*. Pero la biología *continua* siendo mi clase preferida.

Aldo: Qué bien. *Pos,* mira. Ya es tarde y *puedemos almuerzar* y luego ir al cine.

Mónica: Gracias, Aldo, pero yo *prefero* esperar, porque más tarde voy a la tienda con mi tía, y ella *sempre* me lleva a un restaurante después.

1. _____
2. _____
3. _____
4. _____
5. _____
6. _____
7. _____
8. _____
9. _____
10. _____
11. _____
12. _____
13. _____
14. _____
15. _____
16. _____
17. _____
18. _____

Nuestro idioma

> ### *Los adjetivos con* ser *y* estar
>
> 1. Ya aprendiste que algunos adjetivos tienen diferente significado si se usan con **ser** o con **estar**.
>
> | | | | |
> |---|---|---|---|
> | ser aburrido(a) | *to be boring* | estar aburrido(a) | *to be bored* |
> | ser atento(a) | *to be courteous* | estar atento(a) | *to be paying attention* |
> | ser distraído(a) | *to be absentminded* | estar distraído(a) | *to be distracted* |
> | ser divertido(a) | *to be fun* | estar divertido(a) | *to be having fun* |
> | ser listo(a) | *to be clever* | estar listo(a) | *to be ready* |
> | ser orgulloso(a) | *to be proud, haughty* | estar orgulloso(a) | *to be proud* |
> | ser seguro(a) | *to be safe* | estar seguro(a) | *to be certain* |
>
> 2. El verbo **estar** se usa con adjetivos para expresar la opinión de una persona o para indicar un cambio.
>
> | | |
> |---|---|
> | Rafael **es** muy guapo. | *Rafael is very handsome.* |
> | Rafael **está** muy guapo. | *Rafael is looking very handsome these days.* |
> | Ana **es** muy bonita. | *Ana is very pretty.* |
> | ¡Qué bonita **estás**, Ana! | *How pretty you are today, Ana!* |
> | El Sr. Vargas **es** muy joven. | *Mr. Vargas is very young.* |
> | El Sr. Vargas **está** muy joven. | *Mr. Vargas is looking very young.* |

H. Unas descripciones. Estas oraciones describe a los personajes de una historia. Completa cada oración con los verbos apropiados.

1. Panchito Rodríguez (es / está) un chico muy divertido, pero hoy (es / está) un poco distraído.

2. Carmen del Castillo dice: "Yo (soy / estoy) una joven muy lista, pero no (soy / estoy) segura de cuál será mi profesión."

3. Las hermanas Rodríguez dicen: "(Somos / Estamos) las hermanas Rodríguez, Juanita y Teresita. (Somos / Estamos) gemelas idénticas y nuestros amigos no saben quién (es / está) quién."

4. Ester del Castillo (es / está) interesada en mudarse a una ciudad grande. A ella le gusta la vida activa y dice que la vida en su pueblo (es / está) muy aburrida.

5. Julián del Castillo (es / está) un muchacho muy atento. Sus padres (son / están) muy orgullosos de él.

6. Josefina Rodríguez dice: "Hola, (soy / estoy) la hermana de Juanita y Teresita, y (soy / estoy) muy contenta porque ya llegan las vacaciones."

I. ¿Son o están? Traduce las siguientes oraciones al español.

1. Mrs. Fernández is looking very young, isn't she?

2. Juan and Emilio are very handsome.

3. How strong you're looking, Rebeca!

4. Our books are looking very old.

5. Mónica is very pretty and intelligent.

6. How pretty Pilar and Luisa look today!

J. No comprendo. Ayúdame, por favor. Un(a) compañero(a) de clase no sabe qué significa cada uno de los siguientes adjetivos cuando se usa con **ser** o **estar**. Explícale lo que significan. Sigue el modelo.

- **Modelo**   ¿Cuál es la diferencia entre **es aburrido(a)** y **está aburrido(a)**?
  Es aburrido(a) quiere decir que la persona no es divertida, que tú te aburres si estás con ella.
  Está aburrido(a) quiere decir que la persona no se está divirtiendo en este momento, que ella está aburrida.

1. ¿Cuál es la diferencia entre **es orgulloso(a)** y **está orgulloso(a)**?

2. ¿Cuál es la diferencia entre **es despierto(a)** y **está despierto(a)**?

3. ¿Cuál es la diferencia entre **es divertido(a)** y **está divertido(a)**?

4. ¿Cuál es la diferencia entre **es atento(a)** y **está atento(a)**?

¡Adelante!

Adivina qué es

Trabaja con un(a) compañero(a) de clase. Tomen turnos para describir un objeto y para identificar qué es.

1. Piensa bien en uno o varios objetos que no sean muy fáciles de adivinar (un violín, una sierra para cortar madera, un aparato para juegos de vídeo, etc.).

2. Piensa en la descripción y en los detalles que vas a dar, como tamaño, color, partes y componentes, para qué sirve, etc.

3. Describe el objeto en el que pensaste. Tu compañero(a) puede hacerte hasta cinco preguntas para tratar de adivinar qué objeto es.

4. Cuando tu compañero(a) adivine el objeto que tú estás describiendo, debe mencionarlo. Si no adivina correctamente, pierde un punto. Si adivina correctamente, gana un punto.

5. Túrnense para describir y adivinar objetos, al menos tres cada uno.

6. La persona que acumule más puntos al final del ejercicio gana.

Mi objeto favorito

Escribe una descripción sobre tu lugar favorito, por ejemplo, la casa de algún familiar, un parque, una playa, un lugar adonde has ido de vacaciones o un lugar en tu ciudad. Cubre los siguientes puntos en tu descripción.

1. Primero, describe cómo es el lugar físicamente. Menciona dónde está, cómo es, qué hay allí, cuándo fuiste por primera vez, en qué ocasiones vas si es un lugar que visitas regularmente y por qué te gusta tanto.

2. Compara el lugar con otros lugares de su misma categoría, por ejemplo, un río con otros ríos. Explica por qué el lugar que elegiste es sobresaliente y por qué lo prefieres en comparación con otros lugares semejantes.

3. Describe al menos una cosa que no te guste mucho o que necesite mejorarse del lugar, por ejemplo, si hay demasiada contaminación o si hay que renovar algún edificio. Indica por qué a pesar de este defecto el lugar sigue siendo sobresaliente y gustándote tanto.

4. Explica cómo se podría arreglar o mejorar el problema que mencionaste.

TERCERA ETAPA

¡Leamos!

Describir a una persona puede resultar complicadísimo. No sólo se puede describir su aspecto físico, sino que también se puede describir su personalidad y sus gustos. Es necesario conocer bien a la persona y saber expresarse claramente. Hay descripciones muy interesantes en los dos fragmentos que aparecen abajo. El primer fragmento es un cuestionario de una revista juvenil. El segundo fragmento fue tomado de una novela del siglo XIX.

▶ Antes de leer

1. Cuando describes a un miembro de tu familia o a un(a) amigo(a), ¿qué información incluyes en tu descripción?

2. ¿Por qué hablamos de las actividades de una persona cuando queremos describirla?

3. Si tus amigos te describieran a ti, ¿qué cinco adjetivos mencionarían? ¿qué cinco verbos?

Dime con quién andas, y te diré quién eres

Este conocidísimo refrán[16] es muy cierto: si sabes cómo son los amigos y las amigas de alguien, seguramente sabrás mucho sobre él o ella. De la misma manera, tus amistades revelan mucho sobre tu propia personalidad. Responde a las siguientes preguntas sobre tus amigos, y verás que revelan muchísimo sobre ti.

Preguntas

1. Tu mejor amigo(a) es:

    a. atlético(a), deportista, sabe jugar a todos los deportes

    b. intelectual, lector(a) avidísimo(a)[17], sabe muchísimos idiomas

    c. muy artístico(a), conoce la obra de famosísimos artistas

    d. multifacético(a)[18] y popular: excelente bailarín(ina), organizador de fiestas, conocido(a) por todos

2. Lo que más le gusta a tu amigo(a) es:

    a. los deportes

    b. los libros

    c. el arte

    d. la gente

3. El sábado por la tarde, tus amigos(as):

    a. están entretenidísimos jugando al tenis

    b. visitan a otros amigos para hablar de temas filosóficos

    c. trabajan como voluntarios enseñando arte a niños

    d. es dificilísimo precisar dónde están, pero sabes que está divertidísimo(a)

Resultados

Si respondiste mayormente **a:** sabemos que eres atlético(a) y deportista.

Si respondiste mayormente **b:** sabemos que eres muy intelectual.

Si respondiste mayormente **c:** sabemos que eres muy creativo(a) y artístico(a).

Si respondiste mayormente **d:** sabemos que eres divertido(a) y fiestero(a)[19].

---

[16]**refrán** dicho popular
[17]**avidísimo(a)** muy ávido, muy entusiasta
[18]**multifacético(a)** versátil
[19]**fiestero(a)** que le gustan las fiestas

El autor

Benito Pérez Galdós nació en las islas Canarias en 1843, pero desde muy joven se trasladó a Madrid, donde vivió hasta su muerte en 1920. Su obra como escritor es enorme y se le considera el principal exponente de la novela realista española del siglo XIX. También fue autor de muchas obras de teatro. El fragmento que vas a leer fue tomado de *Doña Perfecta,* una de sus primeras novelas. Aquí el autor describe por primera vez a Pepe Rey, un personaje importantísimo de la novela.

Descripción de Pepe Rey

Frisaba[20] la edad de este excelente joven en los treinta y cuatro años. Era de complexión fuerte y un tanto hercúlea[21], con rara perfección formado, y tan arrogante que si llevara uniforme militar ofrecería el más guerrero aspecto que puede imaginarse. Rubios el cabello y la barba, y una viveza tal que sus ojos parecían negros sin serlo. Su persona bien podía pasar por un hermoso y acabado símbolo, y si fuera estatua, el escultor habría grabado en el pedestal estas palabras: *inteligencia, fuerza.* Si no en caracteres visibles, llevábalas él expresadas vagamente en la luz de su mirar, en el poderoso atractivo que era don[22] propio de su persona y en las simpatías a que su trato cariñosamente convidaba.

No era de los más habladores. El profundo sentido moral de aquel insigne[23] joven le hacía sobrio de palabra en las disputas, pero en la conversación urbana sabía mostrar una elocuencia picante y discreta, emanada[24] siempre del buen sentido y de la apreciación mesurada y justa de las cosas del mundo.

▶ *Después de leer*

1. ¿Qué información buscan revelar las preguntas del cuestionario?

2. ¿Qué método usa el cuestionario para hallar esta información?

3. ¿En cuántas categorías clasifica el cuestionario a las personas? ¿Cuáles son?

4. ¿Cómo describe físicamente a Pepe Rey el autor del segundo fragmento? ¿Y en cuanto a personalidad?

5. ¿Por qué lo compara con Hércules?

6. ¿Por qué parecen negros los ojos de Pepe Rey, a pesar de no serlo?

7. ¿Qué nos dice el autor de los modales y comportamiento de Pepe Rey?

8. ¿Por qué crees que el autor escogió el apellido "Rey" para este personaje?

9. ¿Estás de acuerdo con las categorías de personalidad que identifica el cuestionario? ¿Por qué? ¿Qué categorías sugerirías tú?

10. ¿Crees que la apariencia física de una persona puede transmitir información sobre su personalidad? ¿De qué manera?

11. ¿Cómo describirías tú a tu mejor amigo(a)?

12. ¿Crees que tus amigos transmiten información sobre tu personalidad? ¿Por qué? ¿Qué información?

---

[20]**frisaba** alcanzaba, era alrededor de
[21]**hercúlea** musculosa como la de Hércules
[22]**don** característica, atributo
[23]**insigne** ilustre, distinguido
[24]**emanada** nacida

Sonidos y palabras

> ### Las palabras esdrújulas y sobresdrújulas
>
> 1. Las palabras que tienen la sílaba tónica en la antepenúltima sílaba (la tercera contando desde el final) se llaman **esdrújulas**. Las palabras que tienen la sílaba tónica en la cuarta sílaba contando desde el final se llaman palabras **sobresdrújulas**. Las palabras esdrújulas y sobresdrújulas siempre llevan el acento escrito.
>
> | Esdrújulas | Sobresdrújulas |
> |---|---|
> | ca-tas-**tró**-fi-co | des-**crí**-be-nos-lo |
> | **úl**-ti-mo | **cuén**-te-se-lo |
> | es-pec-**tá**-cu-lo | pro-**hí**-ba-se-lo |
>
> 2. Muchas palabras llanas se convierten en palabras esdrújulas cuando cambian de número singular a plural.
>
> | | |
> |---|---|
> | **ár**-bol | **ár**-bo-les |
> | **fá**-cil | **fá**-ci-les |
> | **ú**-til | **ú**-ti-les |
>
> 3. Muchos verbos se convierten en palabras esdrújulas o sobresdrújulas cuando cambia la terminacion al conjugarlos o cuando se les agregan pronombres.
>
> | | |
> |---|---|
> | es-**ta**-mos | es-**tá**-ba-mos |
> | **di**-ga | **dí**-ga-me-lo |
> | **com**-pre | **cóm**-pre-se-lo |
>
> 4. Si un adjetivo es una palabra esdrújula, conserva el acento escrito al convertirse en adverbio añadiendo **-mente**.
>
> | | |
> |---|---|
> | **rá**-pi-do | **rá**-pi-da-men-te |
> | **há**-bil | **há**-bil-men-te |
> | at-**lé**-ti-co | at-**lé**-ti-ca-men-te |

K. Cuando el abuelo era joven. En el siguiente diálogo, una abuela habla con sus nietos de cuando el abuelo era joven. Faltan acentos escritos sobre algunas palabras esdrújulas y sobresdrújulas. Escribe las palabras correctamente en los espacios en blanco.

Nieta: Abuela, digame cómo era nuestro abuelo de joven.

Abuela: Ah, sí. Tengo un buen numero de historias que contar de cuando eramos jovenes, pero ahora estoy muy ocupada. Mejor preguntaselas a tu abuelo.

Nieta: Por favor, abuela, cuentemelas. Aunque sea una o dos de ellas.

Abuela: Bueno, está bien. Pues, de joven, José Manuel era fuerte y atletico como el mismo Hercules.

Nieta: ¿En qué trabajaba el abuelo de joven?

Abuela: Cuando lo conocí trabajaba como profesor de educación fisica, pero también daba clases de matematicas y quimica.

Nieta: ¿Dónde se conocieron?

Abuela: En la universidad. Al principio unicamente saliamos los sabados y los domingos, pero muy pronto nos enamoramos y siempre andabamos juntos. Como carne y uña, figurate. Después de casarnos, todos los años ibamos a la peninsula de San Jorge, en la costa del Atlantico. Allí teniamos una casita para pasar nuestras vacaciones. Nos gustaba el pueblito con su personalidad tan unica y su ambiente tan pacifico que nos hacía olvidar el trajín y el ruido de la metropolis. A José le encantaba sentarse frente al mar y pintar con acuarelas las puestas de sol más fantasticas. José pintaba muy bien y tenía un profundo sentido artistico. ¡Qué buenos recuerdos tengo de esos días!

1. _____
2. _____
3. _____
4. _____
5. _____
6. _____
7. _____
8. _____
9. _____
10. _____
11. _____
12. _____
13. _____
14. _____
15. _____
16. _____
17. _____
18. _____
19. _____
20. _____
21. _____
22. _____
23. _____
24. _____

Nuestro idioma

Los verbos conocer *y* saber

1. Los verbos **conocer** y **saber** pueden ser confusos para los hispanohablantes bilingües porque los dos equivalen a *to know* en inglés. Pero en español estos verbos tienen usos específicos y no se deben intercambiar.

2. Usa el verbo **conocer** con personas y lugares.

    Conozco a muchas personas en esa ciudad.

    Conocemos muchos países de América del Sur.

    ¿**Conoces** el nuevo museo de arte?

3. Usa el verbo **saber** seguido de un infinitivo para referirte a la habilidad o talento de hacer algo.

    Juanita **sabe** patinar sobre hielo.

    Francisco **sabe** hablar español e inglés.

4. Usa el verbo **saber** para referirte a información, ideas y conceptos con los que estás familiarizado.

    Joaquin se **sabe** de memoria las capitales de Europa.

    Andres **sabe** que hay que estudiar mucho para sacar buenas notas.

    Marina **sabe** cómo ocurrió el accidente.

L. Entre amigas. Completa el siguiente diálogo. Escribe la forma apropiada del verbo **saber** o **conocer**, según corresponda, en cada espacio en blanco.

Julia: ¿_____ si hay en tu escuela alguien a quien le guste viajar?

Alejandra: Sí, _____ a un muchacho que ha viajado mucho.

Julia: ¿Cómo _____ que le gusta viajar?

Alejandra: Porque siempre habla de los países que _____. Se llama Miguel y es muy popular.

Julia: ¿Cómo _____ que es muy popular?

Alejandra: Yo _____ que es popular porque en la escuela todo el mundo lo _____.

Julia: ¿Qué otras cosas _____ de Miguel? Estoy interesada en _____ a ese chico.

Alejandra: Pues, Miguel _____ tocar el piano y también _____ esquiar.

Julia: Oye, ¿cómo _____ tanto de Miguel?

Alejandra: Porque lo _____ desde que éramos chicos. Íbamos juntos a la escuela primaria.

Nuestro idioma

La a personal

1. Cuando la acción del verbo recae sobre una o varias personas, debes usar la preposición **a**.
   Carlos escuchó **a** su amigo.
   Yo conozco **a** tu hermana menor.

2. Se usa la **a** personal delante de **alguien, alguno, ninguno, nadie** y **todos**.
   Los veo **a** todos.
   No veo **a** nadie.

3. No se usa la **a** personal después del verbo **tener**.
   Mis vecinos tienen tres hijos.
   Yo no tengo amigos en otros países.

4. Recuerda que la preposición **a** se combina con el artículo **el** para formar la contracción **al**, pero que no se combina con el pronombre personal **él**.
   Veo **al** profesor.
   Lo veo **a él**.

5. No se usa la **a** personal con personas anónimas o no específicas.
   Necesitos voluntarios.
   El centro comercial necesita empleados.

6. Nunca se usa la preposición **a** cuando la acción del verbo recae sobre un objeto inanimado.
   Carlos escuchó la radio.
   Vi los libros de los que hablábamos el otro día.

M. Una persona admirable. En la siguiente conversación, escribe la **a** personal en el espacio en blanco cuando sea necesario. Si no se necesita la **a** personal, deja el espacio en blanco.

Celia: ¿Conoces _____ alguien _____ quien tú admiras?

Beto: Sí, conozco _____ una persona muy amable.

Celia: Descríbeme _____ la historia de esta persona.

Beto: Ella visita _____ los hospitales locales y presta sus servicios como voluntaria.

Celia: ¿Por qué hace eso?

Beto: Porque quiere ayudar _____ los necesitados y _____ los enfermos.

Celia: ¿Tiene _____ ayudantes? ¿Crees que necesita _____ voluntarios que la ayuden?

Beto: No, porque tiene _____ parientes que la ayudan.

Celia: ¿Cómo sabe dónde están _____ los necesitados?

Beto: Ella escucha _____ la radio o mira _____ la televisión.

Celia: ¿Hace otras cosas además de darles medicina _____ los enfermos?

Beto: Sí. Algunas veces llama _____ alguno por teléfono y le brinda su compañía y amistad.

Celia: ¡Qué bien! Me gustaría conocer _____ alguien así.

¡Adelante!

¿Cómo es?

Trabaja con un(a) compañero(a) de clase para describir a otra persona.

1. Piensa en un(a) profesor de la escuela o un(a) compañero(a) de clase. Describe su aspecto físico, sin mencionar su personalidad. Tu compañero(a) debe tratar de adivinar quién es la persona.

2. Cuando tu compañero(a) adivine a quién estabas describiendo, él (ella) debe describir a otra persona y tú debes adivinar quién es.

3. Cuando cada uno(a) haya descrito a una persona, repitan el ejercicio describiendo a otras personas de la escuela, pero sin mencionar su aspecto físico.

4. Comenta con tu compañero(a) si les resultó más fácil adivinar quién era la persona descrita a partir de los datos físicos o los datos de personalidad.

Descripciones de personas

Escribe la descripción de una persona famosa, real o ficticia, histórica o de la vida actual.

1. Comienza describiendo su aspecto físico.

2. Luego, describe su personalidad.

3. Menciona qué sabe hacer y por qué es famosa.

4. Finalmente, da detalles tan específicos que casi revelen quién es. Cuida de no revelar quién es tu personaje secreto.

5. Lee tu descripción al resto de la clase. Tus compañeros deben tratar de adivinar quién es la persona sobre la que escribiste. Entre más cuidadosa sea tu descripción, más difícil e interesante va a ser la tarea para los que te escuchen. ¡Tal vez seas la única persona en la clase cuyo personaje secreto no sea identificado!

INTEGRACIÓN

¡Sigamos adelante!

Conversemos un rato

N. ¿Cómo es el clima en ese país? Entrevista en español a una persona que haya visitado o vivido en un país hispano. Puede ser un(a) compañero(a) de clase, un(a) persona de tu familia o un(a) persona de tu comunidad. Toma apuntes durante tu entrevista.

1. Pregúntale sobre las estaciones que hay, cuándo son y cómo es cada una. Por ejemplo, ¿hay una estación de lluvias y una de sequía? ¿Hay grandes diferencias entre el verano y el otoño, o es el clima más o menos el mismo durante todo el año?

2. Pídele que te describa situaciones climáticas extremas o únicas a la región. Pregúntale si alguna vez el clima cambió drásticamente.

3. Investiga la influencia del clima en el modo de vivir de la gente en diferentes regiones del país. Pregúntale sobre las maneras de vestir, las ocupaciones, los productos agrícolas, cuándo hay más o menos trabajo, cuándo la gente se toma vacaciones y qué hace durante las vacaciones.

4. Pídele que mencione y describa eventos climatológicos que causaron desastres en su país, como huracanes, tornados o avalanchas.

5. Pídele que compare el clima de la región donde viven ustedes ahora con el clima del país del que te ha contado. Pregúntale qué aspectos de cada clima le gustan más. Despídete de la persona y dale las gracias por su tiempo e información.

6. Prepara un informe oral sobre tu entrevista y preséntalo a la clase.

Ñ. Preguntas para una encuesta. Habla con un(a) compañero(a) de clase sobre las preguntas que incluirían ustedes en un cuestionario sobre la personalidad.

1. Hablen sobre los razgos que tomarían en cuenta: el físico, la personalidad, las actividades, el trabajo, los pasatiempos y demás.

2. Comenten qué tipo de preguntas sobre cada uno de estos temas revelarían la personalidad.

3. Formulen preguntas cuyas respuestas revelen si un individuo tiene o no tiene cierto razgo (generoso o egoísta, pacífico o violento, etc.)

4. Ahora reúnanse con otro equipo. Háganles a sus compañeros(as) las preguntas que pensaron, y respondan a las preguntas que les hacen ellos(as).

5. Luego, díganle a sus compañeros(as) lo que sus respuestas revelaron sobre sus personalidades. Ellos(as) le dirán lo mismo a ustedes.

6. Comenten entre todos(as) si las preguntas fueron acertadas y si los cuestionarios les revelaron mucho acerca de la personalidad de cada uno(a).

Taller de escritores

O. Uno de mis lugares favoritos. Elige un lugar favorito, preferiblemente en un país hispano, y descríbelo en un ensayo de más o menos una página. Por ejemplo, puedes escoger tu país de origen o la ciudad o el lugar donde naciste. Imagina que estás escribiendo para una revista y deseas publicar un artículo para que los lectores conozcan este lugar.

P. Reflexión. Trata de realizar tanto la belleza del lugar como la de su gente. Trata de pensar en los aspectos especiales del lugar. Piensa en atributos que darán al lector una vista panorámica. ¿Dónde está el lugar? ¿Cómo es el lugar? ¿Cómo es su clima? ¿Cómo es la gente? Después crea un bosquejo con las ideas principales que se te ocurrieron. Agrega detalles a cada idea principal.

Q. Primer borrador. Escribe una versión de tu descripción. Cada idea principal debe presentarse en un párrafo. Recuerda que escribes para comunicar una visión de tu lugar favorito a los lectores de la revista.

R. Revisión con un(a) compañero(a) de clase. Intercambia tu descripción con la de un(a) compañero(a) de clase. Lee y comenta el borrador de tu compañero(a). Utiliza estas preguntas como guía.

1. ¿Qué imágenes son más interesantes e importantes?

2. ¿Cuáles de los detalles contribuyen más a tu impresión del lugar?

3. ¿Es adecuado el nivel para los lectores de una revista?

4. ¿Qué otros detalles quisieras saber para mejor visualizar el lugar?

S. Versión final. Revisa en casa tu primer borrador. Haz los cambios sugeridos por tu compañero(a) y cualquier otro cambio que consideres necesario. Revisa el contenido y luego la gramática, la ortografía, el uso de los acentos y la puntuación. Revisa la concordancia entre los adjetivos y los sustantivos. Trae esta versión final a la clase.

T. Carpeta. Tu profesor(a) puede incluir la versión final en tu carpeta, colocarla en el tablón de anuncios o usarla para la evaluación de tu progreso.

Nombre _____ Fecha _____

Capítulo 8 La salud

PRIMERA ETAPA

¡Leamos!

La necesidad de estar en forma casi siempre tiene un precio, especialmente si tratamos de alcanzar nuestra meta en un solo día. Los llamados "atletas de fin de semana" tratan de recuperar en dos días el tiempo perdido durante los otros cinco días de la semana. En este capítulo vas a leer una historia sobre dos amigos que tuvieron que pagar un precio muy alto para estar en forma.

▶ *Antes de leer*

1. ¿Cuál consideras que es la actividad ideal para estar en forma?

2. ¿A quiénes crees que se refiere el término "atletas de fin de semana"?

3. ¿De qué manera crees que es posible evitar los accidentes cuando uno practica algún deporte?

4. ¿Cuáles son los deportes más populares en tu escuela y en tu comunidad?

Para estar en forma

Hace algunos días, Ramiro Jiménez y su amiga, Carmen Silva, decidieron que iban a jugar al tenis con frecuencia para mantenerse en forma y hacer algo divertido en sus ratos libres. Hoy, los encontramos camino de[1] la escuela, luego de[2] haber jugado muy temprano esta mañana. Ramiro va cojeando y Carmen va sosteniéndose la muñeca[3] derecha con la mano izquierda, y su cara refleja cierto dolor. Mientras caminan, comentan los incidentes de la mañana.

—Me parece que debes ir al médico para que te examine la muñeca, Carmen.

—Sí. Parece que se me está hinchando[4] un poco, pero ¿cómo te sientes tú de la pierna, Ramiro?

—Un poco adolorido. Creo que me lastimé un músculo. No debí tratar de alcanzar esa pelota que lanzaste hacia la esquina de la cancha. Ni siquiera venía hacia mí y tuve que extenderme mucho.

—Bueno, pero al menos alcanzaste a golpearla, ¿no?

—Sí, Carmen, pero la envié a la otra cancha y rayé mi raqueta. Esos chicos pasaron un buen rato riéndose de mí, de lo mal que juego y sobre todo del espectáculo que les di con mi caída. ¡Qué exhibición!

—No, no creo que se estaban riendo de ti. Hasta vinieron inmediatamente a ayudarte.

—¡Qué vergüenza!

—Eso no es vergonzoso, Ramiro. Vergüenza fue lo que sentí yo cuando me lastimé la muñeca.

—Pero tampoco pudiste haberlo evitado, Carmen. El piso de la cancha estaba alagado[5] en ese lugar porque el bebedero[6] está muy cerca de allí. Cualquier persona se hubiera resbalado en un lugar así.

—Tal vez, pero yo dudo que otra persona hubiera caído encima de otra como me pasó a mí con esa pobre señora que estaba cerca, tomando agua. Pobre mujer, ni siquiera se quejó, y parecía estar tan cohibida.[7]

---

[1] **camino de** en rumbo a, con dirección de
[2] **luego de** después de
[3] **muñeca** articulación de la mano con el antebrazo
[4] **hinchando** inflamando
[5] **alagado** lleno de charcos
[6] **bebedero** fuente para beber agua potable
[7] **cohibida** tímida, temerosa

—Yo creo que ella temía deshidratarse[8], y por eso tomaba agua constantemente.

—Sea lo que fuere[9], Ramiro, te aseguro que me alegro de que la señora no resultara herida.

—¿Sabes? A mí me parece que no deberíamos practicar un deporte tan agotador[10]. Para estar en forma no necesitamos hacer tanto ejercicio, ni correr hasta quedar totalmente exhaustos.

—Entonces, Ramiro, ¿qué se te ocurre que hagamos en nuestros ratos libres?

—Pues, a decir verdad[12], a mí lo que me atrae realmente es la música. De niño, siempre quise aprender a tocar la guitarra, pero nunca se lo dije a mis padres, así que ahora estoy decidido a recuperar el tiempo perdido. ¿No te gustaría aprender a tocar algún instrumento también?

—Pues si me animo, te aviso.

▶ Después de leer

1. ¿Por qué juegan al tenis Ramiro y Carmen?

2. Describe cómo quedaron los dos amigos después de haber jugado.

3. ¿De qué manera se lastimó Ramiro?

4. ¿De qué otra cosa se queja Ramiro, además de haberse caído?

5. ¿Qué causó la caída de Carmen?

6. ¿Qué propone Ramiro como alternativa a la práctica de un deporte como el tenis? ¿Te parece que a Carmen le entusiasma la idea?

7. ¿Te resulta difícil, como a los amigos de esta lectura, seguir un programa de ejercicios o practicar algún deporte para estar en forma?

8. Si tienes que escoger entre asistir a un encuentro deportivo o visitar una exhibición de arte, ¿qué decides? Explica.

---

[8]**deshidratarse** perder su contenido de agua
[9]**Sea lo que fuere** en todo caso
[10]**agotador** que cansa mucho
[11]**a decir verdad** en realidad

Sonidos y palabras

Más sobre la letra **h**

1. Ya aprendiste que aunque la **h** es muda, algunas palabras se distinguen sólo por la presencia de esta letra. A continuación encontrarás algunas palabras de este tipo.

a	preposición	**h**a	del verbo **haber**
ora	del verbo **orar**	**h**ora	medida de tiempo
alagar	llenar de charcos de agua	**h**alagar	alabar, adular
alón	un ala grande	**h**alón	acción y efecto de halar
atajo	lugar por donde se acorta el camino	**h**atajo	pequeño grupo de ganado
errar	cometer un error	**h**errar	marcar con hierro candente

2. En otros casos es importante evitar la interferencia del inglés.

Español	**Inglés**
armonía	*harmony*
arpa	*harp*
arpista	*harpist*
ermitaño	*hermit*
alto	*halt*
arnés	*harness*
habilidad	*ability*

3. Puesto que la **h** es muda, debes aprender qué palabras llevan una **h** y qué palabras no la llevan.

a**h**ogar	**h**ablar
a**h**orro	**h**ermano
bú**h**o	**h**erida
co**h**ibida	**h**ervir
en**h**orabuena	**h**ijo
pro**h**ibir	**h**orno
almo**h**ada	**h**ombre

A. En la sala de urgencias. La sala de urgencias de un hospital está en actividad constante. Completa las oraciones siguientes con la palabra correcta entre paréntesis.

1. La señora Heredia ingresó a la sala con fuertes dolores, pues su (ijo / hijo) va a nacer en cualquier momento.

2. Un médico (halaga / alaga) a una enfermera por su (abilidad / habilidad) para (hablar / ablar) con las familias de los pacientes..

3. La ambulancia llega con un (hombre / ombre) que estuvo a punto de (haogarse / ahogarse) mientras nadaba con sus (ermanos / hermanos).

4. Una niña (a / ha) resultado (herida / erida) cuando jugaba con su perro, y espera (coibida / cohibida) hasta ser examinada.

5. Un anciano sufrió quemaduras cuando trataba de (ervir / hervir) agua en el (horno / orno).

6. El señor Heredia recibe la (enorabuena / enhorabuena) por el nacimiento de los mellizos Héctor y Azahar.

Nuestro idioma

Anglicismos

Existen ciertas palabras que se forman directamente del inglés, y por eso son conocidas como anglicismos o, en el lenguaje popular, como "Spanglish". Evita el uso de estas palabras; usa las palabras apropiadas en español.

Anglicismo	Inglés	Español
bildin	building	**edificio**
cloche	clutch	**embrague**
corna	corner	**esquina**
craqueado	cracked	**roto**
escrachado	scratched	**rayado**
gasetería	gas station	**gasolinera**
jamberga	hamburger	**hamburguesa**
llamar para atrás	call back	**devolver la llamada**
trabajar partaim	to work part-time	**trabajar a medio tiempo**

B. Testigo de un accidente. El siguiente diálogo telefónico está lleno de anglicismos. Encuentra las palabras en "Spanglish" y escríbelas en español.

Horacio: ¡Hola, Hugo! Te llamé para atrás pero no te encontré.

Hugo: Es que me retrasé porque hubo un accidente frente al bildin donde trabajo.

Horacio: ¿Tú estás trabajando?

Hugo: Sí, trabajo partaim vendiendo jambergas.

Horacio: ¡Ah! No sabía. ¿Pero, cómo fue el accidente?

Hugo: Dos carros chocaron al salir de la gasetería que está en la corna de enfrente.

Horacio: ¿Hubo algún herido?

Hugo: Parece que no. Al principio uno de los conductores pensó que se había craqueado una pierna, pero luego le dejó de doler y vimos que estaba bien.

Horacio: ¿Y a los coches les pasó algo?

Hugo: Uno como si nada, pero el otro quedó un poco escrachado.

1. _____
2. _____
3. _____
4. _____
5. _____
6. _____
7. _____
8. _____

Nuestro idioma

> ### Jugar, tocar *y* hacer el papel de
>
> En español se puede expresar la idea de *to play* con **jugar**, **tocar** y **hacer el papel de**, dependiendo del contexto.
>
> Voy a **jugar** al tenis con un amigo.
>
> Voy a **tocar** el piano en un concierto.
>
> Voy a **hacer el papel de** un famoso héroe en esta película.

C. Una familia con mucho talento. Un joven habla con un compañero sobre lo talentosos que son los miembros de su familia. Completa la conversación con las formas correctas de **jugar**, **tocar** o **hacer el papel de**, según el contexto.

1. —¿Tú papá está en buena forma física?

   —Sí, claro. Mi padre _____ en el equipo nacional de futbol cuando era joven.

2. —Y tu mamá, ¿también es deportista?

   —No, mi madre es violinista pero también _____ el piano y el clarinete.

3. —¿A qué se dedica tu hermana mayor?

   —Ella es actriz, y ahora mismo se está entrenando para _____ una gimnasta famosa en su próxima película.

4. —Tu hermanito dice que él también es artista.

   —Él dice que _____ el acordeón, pero creo que lo único que sabe hacer es

   _____ con sus amigos de la escuela.

5. —¿Y tú qué haces?

   —Yo no heredé ningún talento de mis padres, de modo que no _____ ningún

   instrumento musical ni _____ en ningún equipo.

Puntuación

> ### *El guión largo en los diálogos*
> En los diálogos escritos se usa el guión largo para indicar que otra persona habla.
> —Tengo un fuerte dolor de cabeza.
> —¿Quieres unas aspirinas?

D. ¿Qué haces en tu tiempo libre? Escribe un diálogo breve entre dos amigos, usando el guión largo donde corresponda. Usa al menos una vez alguna forma de los verbos **jugar, tocar** y **hacer el papel de.**

1. _____
2. _____
3. _____
4. _____
5. _____
6. _____
7. _____
8. _____

¡Adelante!

¿Qué haces para estar en forma?

Trabaja con un(a) compañero(a) de clase. Conversen sobre la manera en que cada uno de ustedes se mantiene en forma. Puede ser mediante la práctica de deportes en la escuela o independientemente en la comunidad. No te olvides de evitar el uso de anglicismos.

1. Cada uno escoge un deporte o una actividad física de su preferencia y le describe a su compañero(a) los beneficios que proporciona la práctica de dicha actividad física.

2. Cada uno explica por qué prefiere esta actividad más que cualquier otra.

3. Digan si practican esta actividad todos los días o sólo los fines de semana.

4. Digan si esta actividad requiere el uso de algún equipo especial.

5. Describan cualquier destreza o talento que sean necesarios para la práctica de esta actividad.

6. Describan los riesgos que implica la práctica de esta actividad.

7. Finalmente, comparen esta actividad física con otras de tipo cultural, tales como conciertos y obras teatrales. Hablen de sus preferencias y citen ejemplos. Traten de usar los verbos **jugar**, **tocar** y **hacer el papel de**.

Precaución ante todo

Imagínate que eres el (la) entrenador(a) de un equipo deportivo en tu escuela o en tu comunidad. Antes de comenzar las prácticas para la próxima temporada, tienes que explicarles a los miembros de tu equipo la necesidad de evitar accidentes y lesiones, que ocurren a menudo por inexperiencia o por descuido. Escribe un párrafo en base a las siguientes sugerencias. Evita los anglicismos y ten cuidado con el uso de la **h**.

1. Describe las lesiones que pueden ocurrir y sus causas posibles, como la falta de calentamiento y estiramiento antes de ejercitarse, la falta de equipo apropiado o el que los terrenos o las canchas de juego estén en malas condiciones.

2. Prescribe algunas medidas que los jugadores deben tomar para evitar lesiones (ejercicios iniciales de calentamiento, uso de equipo adecuado, disponibilidad de canchas y terrenos de juego en condiciones óptimas).

3. Instruye a los jugadores en la práctica de algunos ejercicios de calentamiento.

4. Concluye con una reiteración de la importancia de tomar medidas para evitar accidentes y lesiones en el campo de juego.

SEGUNDA ETAPA

¡Leamos!

El cuento que vas a leer en este capítulo narra lo que le ocurre a una chica cuando un suceso totalmente inesperado altera sus planes para el fin de semana. La autora insertó pequeñas pistas sobre el final a lo largo del relato. Esta técnica hace que el final sea doblemente efectivo: no sólo es sorprendente, sino que también provoca una sensación de reconocimiento en el lector.

▶ *Antes de leer*

1. ¿Qué palabras de esta introducción crean un sentimiento de anticipación y expectativa en el lector?

2. Cuando contraes una gripe o un resfriado, ¿cambias tu rutina diaria o sigues adelante con tus actividades?

3. ¿Cuáles son los consejos más comunes que recibimos de amigos y familiares para contrarrestar estas enfermedades?

Un resfriado en común

Tina se había sentido bastante cansada y con dolor de cabeza casi todo el día. Para la hora en que volvió a casa de la escuela, ya había empezado a sentir ese conocido malestar[12] en la garganta que por lo general le anunciaba el comienzo de un resfriado. Esto era lo último que necesitaba, especialmente esta semana, cuando le había prometido a su amiga Rita que iría con ella a patinar[13] el sábado. Pero tan sólo era jueves y pensó que quizás podría burlar[14] la enfermedad si tomaba las medidas necesarias.

---

[12]**malestar** incomodidad, dolor

[13]**patinar** deslizarse con patines

[14]**burlar** esquivar, frustrar

Recordó que su tía le había hablado recientemente acerca de un medicamento[15] muy eficaz[16] contra el resfriado.

—Hay que tomar una dosis[17] en cuanto aparecen los síntomas —le había dicho su tía. —Eso basta para detener el desarrollo de la enfermedad y evitar el contagio[18].

A Tina le parecía que su tía exageraba al hablar de este extraordinario medicamento, pero en vista de que a ella le convenía recuperar la salud cuanto antes, decidió probarlo en el acto[19]. Sin embargo, recordó que su madre, siempre a favor de los remedios tradicionales, recomendaba en estos casos un descanso prolongado y grandes cantidades de té caliente.

Antes de llegar a casa se detuvo en la farmacia y compró la medicina de la que le había hablado su tía y se fue a casa. Una vez allí, se tomó la primera dosis y se fue a la cama con una taza de té caliente. Su mamá le preparó también un poco de caldo de pollo para la cena. Luego se durmió con la esperanza de que había hecho todo lo necesario, y de que en la mañana se sentiría mucho mejor.

Y así fue, al día siguiente, no sólo se sentía mejor, sino que hasta le hacía mucha ilusión[20] la idea de ir a patinar con su amiga. Tomó otro comprimido[21] y una taza de té, y se fue de lo más[22] contenta a la escuela pensando que para el sábado ya estaría completamente recuperada.

Al empezar la clase, notó sorprendida la ausencia de Rita. ¡Qué extraño! Ella nunca falta a clase—pensó. A mediodía, cuando se dirigía hacia la cafetería, el hermanito de Rita apareció corriendo para darle las malas noticias: —Rita está enferma. Tiene un resfriado y me pidió que te lo dijera. Te pide que la disculpes, pues no va a poder ir a patinar el sábado. Dice que si a ti no te importa, a ella le gustaría que vayas a casa a jugar una partida[23] de ajedrez con ella porque se aburre mucho de estar en cama.

▶ *Después de leer*

1. ¿Qué síntomas le indicaron a Tina que estaba por contraer un resfriado?

2. ¿Cuál fue su preocupación principal cuando comprendió que se estaba enfermando?

3. ¿Qué le recomienda a Tina su tía?

4. ¿En qué consiste el remedio que recomienda su mamá?

5. ¿Qué decidió hacer Tina para contrarrestar su resfriado?

6. ¿Cuál es el primer indicio de que algo le ha sucedido a Rita?

7. ¿Cuál es la ironía de esta historia?

8. Si tú fueras Tina, ¿cuál habría sido tu reacción ante la noticia de la enfermedad de Rita?

9. Ante esta situación, ¿cómo cambiarías tus planes para el fin de semana?

10. ¿Cómo combates tú los síntomas del resfriado común?

---

[15]**medicamento** medicina
[16]**eficaz** que consigue buenos resultados
[17]**dosis** cantidad de medicina que se da al enfermo cada vez
[18]**contagio** transmisión de una enfermedad
[19]**en el acto** en seguida
[20]**le hacía mucha ilusión** la entusiasmaba
[21]**comprimido** pastilla pequeña y compacta
[22]**de lo más** muy, sumamente
[23]**partida** juego

Sonidos y palabras

> ### Homófonos
>
> Los homófonos son palabras que se pronuncian de la misma manera, pero que tienen significados diferentes. En español estas palabras pueden diferenciarse por medio de un acento escrito.
>
> Tengo un fuerto dolor **de** garganta.
>
> Me duele **el** estómago.
>
> Antes me dolía la cabeza, pero ya no me duele **mas**.
>
> Ése es **mi** termómetro.
>
> ¿**Te** sientes mejor hoy?
>
> ¿Cómo se llama **tu** médico?
>
> **Si** mañana sigues enferma, ve al médico.
>
> Señora, ¿**se** siente bien?
>
> No me gusta quedarme **solo** cuando estoy enfermo.
>
> ¿**Aún** estás enfermo?
>
> Quizás el médico me **dé** antibióticos.
>
> A **él** también le duele el estómago.
>
> Para no resfriarte, tienes que abrigarte **más**.
>
> A **mí** esa medicina me curó rápidamente.
>
> Si te duele el estómago, toma un **té** de manzanilla.
>
> **Tú** eres una persona muy sana.
>
> **Sí**, ya me curé.
>
> Yo **sé** que no es bueno pasar frío.
>
> **Sólo** a ti se te ocurre salir a la nieve sin abrigo.
>
> **Aun** si me siento mal, no quiero faltar a la escuela.

E. Un chico muy consentido. Mi amigo Álvaro no se siente muy bien hoy. A continuación encontrarás dos fragmentos de las conversaciones que tuvo, respectivamente, con su madre y con su médico. Encierra en un círculo las palabras que estén mal escritas, y escríbelas correctamente en los espacios en blanco.

—Mamá, estoy muy enfermo. Será mejor que no vaya a la escuela hoy.

—Si, creo que tienes fiebre. Té voy a dar un te caliente y una aspirina.

—Mas tarde tengo que ir al consultorio del doctor Martínez. El es muy bueno.

—Sí vas, pídele que té de un antibiótico.

—Pero mamá, yo no quiero ir sólo.

—Está bien. Iré contigo.

—Doctor, quiero saber sí usted puede darme un antibiótico. ¿Qué cree usted que tengo?

—No lo se, pero té voy a examinar... ¡Ajá! Estás resfriado, eso es todo. Solo té voy a dar un jarabe para la tos, más no te preocupes demasiado. Lo que tienes no es grave, pero debes descansar y tomar mucho líquido.

—¿Jarabe para la tos? A mi no me gusta él jarabe, doctor. ¿Puede darme otro remedio?

—Tu eres él primer paciente a quien no le gusta el jarabe, más no importa, le diré a tú mamá que té compre unas inyecciones en vez del jarabe.

1. _____   6. _____   11. _____   16. _____
2. _____   7. _____   12. _____   17. _____
3. _____   8. _____   13. _____   18. _____
4. _____   9. _____   14. _____   19. _____
5. _____   10. _____   15. _____   20. _____

Nuestro idioma

Los pronombres de complemento indirecto

1. Para indicar **de quién, a quién** o **para quién** de algo, se usa el complemento indirecto. A veces el complemento indirecto es un sustantivo y otras veces es un pronombre, pero cuando es sustantivo es necesario usar un pronombre también.

    ¿**A quién le** pediste ayuda?

    Le pedí ayuda **a Jorge**.

    Juan **me** pidió ayuda **a mí**.

    En la primera oración, tanto **A quién** como **le** son complementos indirectos. En la segunda oración **Le** y **a Jorge** son los complementos indirectos. En la tercera, **me** y **a mí** son los complementos.

2. A veces la oración tiene dos complementos, uno directo y uno indirecto. En esos casos, el indirecto siempre va primero y el directo va después.

    ¿Quién **te** dio **el dinero**?

    No **me lo** dio mi papá.

    Iba a dár**melo**, pero no lo hizo. **Me lo** iba a dar pero no lo hizo.

3. Cuando el complemento indirecto es **le** o **les**, y el directo es **lo, la, los** o **las**, la forma del primero se cambia a **se**.

    ¿**A quién le** contaste la historia primero?

    Se la conté primero a Mariluz y a su mamá.

4. En España se usa **le** y **les** para las personas y **lo(s)** y **la(s)** para cosas y objetos. En América Latina se usa **lo(s)** y **la(s)** en los dos casos. Fíjate que en los dos lugares se usa **lo(s)** y **la(s)** para cosas y objetos.

    España: ¿Juan? **Le** vi ayer en la clase.

    América Latina: ¿Juan? **Lo** vi ayer en la clase.

    General: ¿Las aspirinas? **Las** tomé hace una hora.

F. La gripe y sus remedios. Julio contrajo una gripe y tuvo que regresar a casa. Completa su descripción del episodio encerrando en un círculo la respuesta correcta.

1. Ayer tuve una gripe horrible. Fui a la farmacia y (le / me) pedí al farmacéutico alguna medicina.

2. Él (me / le) recomendó un jarabe, (me lo / lo me) vendió y volví a casa a acostarme.

3. Al llegar a casa abrí la botella de jarabe y (me la / se lo) tomé todo, como me había dicho el farmacéutico.

4. Cuando llegó mi madre, hizo una taza de té y (la me / me la) trajo.

5. Tomé toda la taza y (se la / me la) devolví. Casi inmediatamente después, me quedé dormido.

6. Le pedí a mi mamá un caldo de pollo, y ella (me lo / se lo) preparó.

7. Ella (se la / me lo) sirvió en la cama con un par de tortillas, y luego de comerlo, me dormí de nuevo.

8. Hoy me siento mucho mejor y (se lo / lo se) debo todo al caldo de pollo de mi madre.

G. Remedios para el resfriado. Usa cada grupo de palabras para escribir dos oraciones. Primero escribe una oración donde la primera palabra sea el objeto directo y la segunda el objeto indirecto, y luego escribe una oración usando los pronombres apropiados. Sigue el modelo.

■ **Modelo:** jarabe / Julio
El médico le dio un jarabe a Julio.
El médico se lo dio.

1. pastillas / mi tía

2. remedio / Francisco

3. comprimidos / Carolina

4. medicinas / mis hermanitas

H. ¿A quién? Responde a cada pregunta usando **le** o **les**, o **lo(s)** o **la(s)**, según corresponda. Sigue el modelo.

■ **Modelo:** ¿Llamaste a Mauricio? Está enfermo. (España)
Sí, le llamé ayer por la tarde. Ya se siente mejor.

1. ¿Visitaste a Patricia? Tiene una gripe muy fuerte. (América Latina)

2. ¿Conoces a Paquita y Marisa? Tienen varicela. (España)

3. ¿Viste a Juan Pedro? Se veía algo cansado. (América Latina)

4. ¿Llamaste a Ramón y Marcelo? No se sienten bien. (América Latina)

5. ¿Invitaste a Cristina a tu fiesta? Creo que ya se siente mejor. (España)

¡Adelante!

Un resfriado memorable

Trabaja con un(a) compañero(a) y hablen acerca de una ocasión en que hayan tenido que quedarse en casa debido a un fuerte resfriado o alguna otra enfermedad. Usen los pronombres que estudiaron en este capítulo.

1. Digan en qué época del año se enfermaron (durante las vacaciones o durante el año escolar).
2. Cuenten qué les dolía o qué les pasó.
3. Comenten si es algo que les sucede a menudo o muy poco.
4. Describan los síntomas y señalen si éstos comenzaron de un modo repentino o si fueron manifestándose poco a poco.
5. Digan si tuvieron que faltar a la escuela y por cuántos días.
6. Digan si tuvieron que ir al médico y qué medicinas les dio tomar.
7. Cuenten si un familiar o amigo(a) les sugirió algún remedio casero. Descríbanlo, y digan si les hizo efecto o no.
8. Comenten si creen que las medicinas prescritas por el doctor fueron más eficaces que los remedios caseros de su familia.

En el consultorio del doctor

Escribe un diálogo entre un doctor y su paciente. Ten cuidado de usar correctamente los pronombres que estudiaste en este capítulo.

1. El paciente se presenta y describe sus síntomas (dolor de cabeza o de estómago, mareos, vómitos, etc.).
2. El doctor le hace preguntas para diagnosticar la enfermedad.
3. El doctor trata de averiguar las posibles causas de la enfermedad (lo que comió el paciente, si ha estado en otro país, si ha estado en contacto con personas enfermas o si se cayó o tuvo algún otro tipo de accidente).
4. A todas las preguntas, el paciente debe contestar algo que le ayude al doctor a llegar a una conclusión.
5. Luego de que diagnostique la enfermedad, el doctor debe darle una receta al paciente y hacerle algunas recomendaciones pertinentes.
6. Al finalizar la consulta, el paciente da las gracias y se despide.

Nombre _____ Fecha _____

TERCERA ETAPA

¡Leamos!

En este capítulo vas a leer un artículo que podría aparecer en una revista especializada en temas relacionados con la salud y el deporte. Es un artículo persuasivo, es decir, el autor trata de convencer al lector de un punto de vista específico. Cada oración está planeada para ser convincente y de este modo ayudar al autor a alcanzar su objetivo.

▶ Antes de leer

1. ¿Consideras que tienes buenos hábitos alimenticios? ¿Tienes cuidado de ingerir alimentos variados y nutritivos, o comes principalmente golosinas?

2. ¿Conoces a alguien que sea vegetariano?

3. ¿Hasta qué punto crees que están relacionadas la alimentación y la salud?

4. ¿Qué otros factores crees que pueden influir en la condición física de una persona?

Los buenos hábitos alimenticios

Los médicos y los expertos en el campo de la salud están de acuerdo en que el comer debidamente es la llave que nos abre la puerta a una vida saludable. Hay quienes consideran que todas las enfermedades se pueden prevenir y hasta curar siguiendo un buen régimen de nutrición. Hoy día, se nos enseña que debemos comer de acuerdo con la "pirámide de los alimentos". Según este modelo, nuestra dieta debe consistir principalmente de granos y cereales o carbohidratos, complementados con frutas y vegetales. Las carnes y los productos lácteos[24] deben consumirse en menor cantidad, y sólo como acompañamientos[25], no como platos principales. Finalmente, debemos consumir solamente pequeñas cantidades de aceite y grasa. En cantidades adecuadas, los alimentos deben proporcionarnos[26] todo lo que nuestro cuerpo necesita: carbohidratos, vitaminas, minerales, fibra, proteínas y grasas.

Comer debidamente no siempre es fácil y probablemente la mayoría de nosotros no come de la manera apropiada. Si bien la típica dieta hispana es bastante saludable por ser rica en verduras y carbohidratos como el arroz, el maíz y los frijoles, los efectos benéficos[27] de estos alimentos son contrarrestados por la tendencia a usar gran cantidad de grasas. Para la mayoría de nosotros, nuestra comida favorita es muy pobre en fibra, minerales y vitaminas. Y es que no es fácil dejar a un lado nuestros hábitos, especialmente cuando la alternativa implica[28] el consumo de vegetales frescos y cereales que no siempre son económicos ni fáciles de conseguir. Las ensaladas, por ejemplo, se han hecho más populares últimamente, pero por lo general son más caras que una hamburguesa o unos tacos. En casa, por otro lado, es más fácil y más rápido hacerse un sándwich de jamón que prepararse una comida bien balanceada, y ¿quién le dice que no a una buena parrillada en una soleada[29] tarde de verano?

Si aceptamos el hecho de que la nutrición es algo que nos puede acortar o prolongar la vida, debemos entonces dedicar más atención a lo que consumimos. Las personas que viven hasta los noventa y los cien años de edad casi siempre aseguran que su longevidad[30] se debe a sus buenos hábitos alimenticios. Estas personas no han hecho un esfuerzo consciente ni se han sometido a un régimen dietético, como lo hacemos nosotros hoy en día. Sus hábitos alimenticios se han desarrollado y mantenido a lo largo de toda su vida. Por el contrario, muchas de las dolencias[31] que acortan la vida tales como los paros cardíacos, la diábetes y el cáncer tienen su origen muchas veces en una vida carente[32] de buenos hábitos alimenticios.

Es cierto que pedir una ración[33] de papas fritas o un postre de crema batida no puede causar la muerte en un instante, pero sí puede influir en lo que será nuestra calidad de vida en los años venideros[34].

---

[24]**lácteos** derivados de la leche
[25]**acompañamientos** alimentos presentados como complemento de un plato principal
[26]**proporcionarnos** darnos
[27]**benéficos** que hacen bien
[28]**implica** significa

[29]**soleada** llena de sol
[30]**longevidad** largo vivir
[31]**dolencias** indisposiciones, enfermedades
[32]**carente** que no posee o dispone de alguna cosa
[33]**ración** parte o porción de un alimento
[34]**venideros** que están por suceder

▶ *Después de leer*

1. ¿En qué están de acuerdo los médicos y los expertos en temas de la salud?
2. Describe en qué consiste la pirámide de los alimentos.
3. ¿Cuál de los componentes de la pirámide debemos consumir en menores cantidades?
4. ¿Qué productos de la dieta hispana se mencionan como saludables?
5. ¿Por qué dice el autor que es muy difícil romper con nuestros hábitos alimenticios?
6. ¿A qué se atribuye la longevidad en la mayor parte de los casos?
7. ¿Qué enfermedades pueden estar relacionadas con nuestros hábitos alimenticios?
8. ¿Qué recomienda el autor que hagamos para prolongar nuestras vidas y mejorar su calidad?
9. ¿Existe algún aspecto sobre el cual te encuentres en desacuerdo con el autor de esta lectura? Explica.
10. Si tuvieras que modificar drásticamente tus hábitos alimenticios por motivos de salud, ¿qué es lo que más te costaría cambiar y por qué?
11. ¿Sigues una dieta balanceada? ¿Qué podrías hacer para mejorar tu dieta?

Sonidos y palabras

Más homófonos

1. Como ya aprendiste en el capítulo anterior, los homófonos son palabras que se pronuncian de la misma manera, pero que tienen significados diferentes. En español, estas palabras pueden diferenciarse mediante el acento escrito. Además de los homófonos que ya conoces, otros que se usan con mucha frecuencia son las palabras interrogativas y exclamativas, las cuales también funcionan como pronombres relativos.

qué	que	dónde	donde
cuál	cual	por qué	porque
quién(es)	quien(es)	cómo	como
cuánto(s)	cuanto(s)		

2. Estas palabras llevan acento escrito cuando cumplen una función interrogativa o exclamativa.

   ¿**Cuándo** compraste tu coche?
   ¿**Dónde** pusiste tus libros?
   ¡**Qué** buenas están estas naranjas!
   No sé **cómo** voy a resolver este problema.

3. Estas palabras no llevan acento escrito cuando actúan como pronombres relativos.

   Me alegré **cuando** compraste tu coche.
   Tus libros están **donde** los pusiste.
   Les hago favores a **quienes** los necesitan.

4. Presta atención especial a la forma interrogativa **por qué** (*why*), que se escribe con dos palabras y se acentúa, y a la palabra **porque** (*because*), que es una sóla palabra y no lleva acento.

Nombre _____ Fecha _____

I. Entre doctor y paciente. Completa las siguientes oraciones con la forma correcta de las palabras entre paréntesis.

1. ¿(Como / Cómo) me encuentra de salud, doctor?

2. Muy bien, pero creo (que / qué) necesitas bajar unas pocas libras y ponerte en forma.

3. ¿(Por qué / Porque) dice usted que debo bajar unas libras? Yo creía que mi peso era ideal.

4. No es que peses demasiado, pero (cuándo / cuando) una persona es atlética (como / cómo) tú, es mejor ser más liviano. Un peso menor proporciona una velocidad mayor.

5. ¿(Cómo / Como) quiere que baje de peso? ¿Debo seguir una dieta?

6. No, no. (Cuándo / Cuando) recomiendo a mis pacientes que bajen de peso, lo único que espero es que reduzcan su consumo de grasa y azúcar, y aumenten el de vegetales y frutas.

7. ¿(Cuándo / Cuando) debo comenzar? ¿Por (cuanto / cuánto) tiempo debo seguir ese régimen?

8. Puedes empezar hoy mismo (por qué / porque) los buenos hábitos nunca hacen daño. Además, no es un régimen sino un estilo de vida.

9. Doctor, no quiero que usted piense que soy muy preguntón, pero dígame, ¿(donde / dónde) puedo conseguir más información sobre este estilo de vida?

10. En cualquier biblioteca, pero fíjate muy bien a (quién / quien) consultas.

Nuestro idioma

> ### *Los verbos* preguntar *y* pedir
>
> 1. El verbo *to ask* puede expresarse con dos verbos en español, **preguntar** y **pedir,** según el contexto.
>
> 2. Se usa **preguntar** para solicitar información. Fíjate que para decir *to ask questions* se usa la expresión **hacer preguntas.**
>
>   Le **pregunté** cómo se llamaba.
>
>   **Pregúntale** qué hora es.
>
> 3. Se usa **pedir** cuando queremos que alguien haga algo, nos dé algo o nos haga un favor.
>
>   **Te pido** que vayas a la tienda conmigo.
>
>   **Me pidieron** que les diera dinero.
>
>   El profesor **les pide** a los estudiantes que hagan la tarea.
>
> 4. Fíjate que existen varias expresiones en las cuales se usa **pedir:**
>
>   **pedir la mano** = proponer matrimonio
>
>   Mi hermano mayor **pidió la mano** de la hija del señor González.
>
>   **pedir permiso** = pedir autorización
>
>   Tengo que **pedir permiso** para salir cuando tengo que ir a la escuela al día siguiente.
>
>   **pedir prestado** = pedir algo a alguien *(to ask someone to loan you something)*
>
>   Falté a la clase de español el jueves. Voy a tener que **pedirle prestado** el cuaderno a Carlos.
>
>   (continúa en la página 164)

> **pedir disculpas / pedir perdón** = pedir que a uno lo excusen por alguna falta cometida.
> **Pedí disculpas** por mi manera de comportarme en la fiesta; estaba de mal humor.
> **pedir demasiado** = poner un precio excesivo, tener grandes exigencias.
> Me gusta ese televisor pero creo que **piden demasiado** por él.

J. Entre amigas. En el siguiente diálogo, una amiga le pide un favor a otra. Escribe en el espacio en blanco la forma correcta de **preguntar** o **pedir,** según corresponda.

Lola: ¿Por qué me _____ a qué hora voy a salir de la escuela hoy?

Pilar: Porque quiero _____ un favor.

Lola: A mí me puedes _____ lo que quieras, con tal de que no me _____ prestado mi dinero.

Pilar: No tienes de qué preocuparte; el favor que necesito es que me acompañes al gimnasio. Mi doctor me _____ que hiciera mucho ejercicio.

Lola: Pero yo no creo estar en condiciones de hacer ejercicio. Antes de ir al gimnasio tengo que _____ permiso a mi doctor.

Pilar: ¡Ah!... Si hablas con él, _____ si hay otra manera de ponerse en forma.

Lola: No hay necesidad de _____ eso. Yo sé bien que además de hacer ejercicio es importante comer alimentos saludables.

Pilar: ¡Muy buena idea! Voy a dejar de _____ hamburguesas y papas fritas en la cafetería.

Lola: Sí claro, pero aunque tú _____ ensalada, siempre le debes _____ al mesero si el aderezo *(dressing)* lleva aceite.

Pilar: Pero, vemos, ¡eso es _____ demasiado! Me _____ si también debes _____ permiso a tus padres para acompañarme.

Lola: No lo creo necesario. Sus mejores amigos vienen a casa esta noche a _____ la mano de mi hermana para su hijo, Pedro. Todos van a estar tan ocupados, que ni siquiera notarán mi ausencia.

Pilar: Por cierto, no dejes de _____ a tu hermana que me invite a su boda, ¿de acuerdo?

Nombre _____ **Fecha** _____

Nuestro idioma

> ### *Variaciones regionales en los nombres de los alimentos*
>
> 1. Como ya aprendiste, debido a la enorme extensión geográfica del mundo hispano muchas comidas, frutas y vegetales se conocen con nombres diferentes en los distintos países y regiones.
>
> | | |
> |---|---|
> | maní = cacahuete, cacahuate | frijoles = habichuelas, caraotas, porotos |
> | aguacate = palta | frijoles verdes = judías verdes, vainitas, ejotes, chauchas |
> | banana = plátano, guineo | |
> | calabaza = zapallo, pipián | guisante = chícharo, arveja |
> | camarones = gambas | maíz = choclo, elote |
> | chile = ají | naranja = china |
> | durazno = melocotón | papa = patata |
> | fresas = frutillas | piña = ananá |
> | | tomate = jitomate |
>
> 2. En algunos casos, una misma palabra puede significar cosas distintas, dependiendo del país o de la región en donde uno se encuentre. Así, una **torta** es un pastel en Argentina y un sándwich en México. Un **bizcocho** puede ser un pastel o una galleta y una **tortilla** mexicana, usada en los tacos, no es lo mismo que una tortilla española, una especie de omelette de papa.

K. En mi país, a eso le llaman diferente. Un grupo de estudiantes provenientes de varios países del mundo hispano conversan acerca de los diferentes alimentos que comen para mantenerse sanos. Escribe en los espacios en blanco otra palabra que corresponda al regionalismo que ellos han empleado.

1. En Puerto Rico tomamos mucho jugo de china. _____

2. En Argentina comemos poco maní, porque tiene mucha grasa. _____

3. Los venezolanos comen muchas caraotas. _____

4. En América Central nos gusta mucho el chile, pero a veces tenemos que evitarlo para cuidar el estómago. _____

5. Cuando como una torta en México, la pido sin mayonesa para que sea más saludable. _____

6. En Venezuela nos encantan las ensaladas, pero tratamos de comer poco aguacate, porque tiene mucha grasa. _____

7. Es saludable tomar jugo de fruta fresca, por ejemplo, jugo de piña. _____

8. Es cierto, pero yo prefiero el jugo de fresas. _____

L. Y tú, ¿cómo le dices? ¿Conoces tú diferentes nombres para la misma cosa? Escríbelos en los espacios en blanco. Si no conoces ninguno, pídeles a familiares o amigos(as) que te sugieran posibles variaciones regionales.

1. _____   _____   _____
2. _____   _____   _____
3. _____   _____   _____
4. _____   _____   _____
5. _____   _____   _____

¡Adelante!

Buenos y malos hábitos

Trabaja con un(a) compañero(a) de clase para hablar sobre sus respectivos hábitos alimenticios. Sigue las instrucciones para entrevistar a tu compañero(a). Luego, él (ella) te entrevista a ti.

1. Comienza por preguntarle cuántas comidas hace al día, y aproximadamente a qué horas.

2. Pregúntale si come solo(a) o en compañía de su familia.

3. Pídele que te describa detalladamente lo que come en cada comida, desde el desayuno hasta la cena.

4. Si come en un restaurante, ¿qué platos pide?

5. Si tienes preguntas sobre tu dieta, ¿a quién se las haces? ¿Qué tipos de preguntas le haces?

6. Pregúntale qué le causa alguna reacción adversa, como por ejemplo, alergias, malestares, etc.

Lo que debemos comer

Escribe una lista de alimentos que tú recomiendas para una nutrición ideal. Ten en cuenta los componentes de la pirámide de alimentos y distribúyelos entre tres comidas diarias. Sigue las siguientes instrucciones:

1. Divide la hoja de papel en tres columnas que correspondan a las tres comidas tradicionales: desayuno, almuerzo y cena.

2. Subdivide cada columna de acuerdo con los grupos que forman la pirámide alimenticia (carbohidratos, vitaminas y minerales, proteínas y grasas).

3. Dentro de cada subdivisión escribe los nombres de los alimentos que recomiendas, y si es posible, las porciones ideales. Si escribes alimentos que se nombran de manera diferente en distintas regiones del mundo hispano, escribe sus diferentes nombres.

4. Para cada subdivisión, escribe las razones por las que recomiendas estos alimentos, haciendo énfasis en sus beneficios para la salud.

5. Finalmente, escribe cuatro recomendaciones alimenticias, dos usando el verbo **pedir** y dos usando el verbo **preguntar.**

INTEGRACIÓN

¡Sigamos adelante!

Conversemos un rato

M. La actividad física en el mundo hispano. Entrevista a alguien que haya visitado algún país del mundo hispano o que haya vivido allí acerca de la manera en que sus habitantes se ponen y se mantienen en forma.

1. Pregunta si los jóvenes practican deportes en la escuela o en la comunidad, o si tienen que ir a gimnasios privados.

2. Pregunta qué actividades o deportes son más populares, los deportes de equipo o las actividades que se practican individualmente.

3. Pregunta si allí se considera tan importante estar en forma como es el caso en los Estados Unidos.

4. Pregunta si hay tantos gimnasios privados como los hay en los Estados Unidos.

5. Pregunta si es común que la gente tenga en sus casas un gimnasio o alguna clase de equipo para hacer ejercicio o levantar pesas.

6. Pregunta si la gente tiene la costumbre de comprar vídeos para mantenerse en forma.

7. Toma apuntes durante tu entrevista y prepara un informe para ser presentado ante la clase.

8. En tu informe, asegúrate de usar correctamente los verbos **pedir** y **preguntar,** así como los verbos **jugar, tocar** y **hacer el papel de.** Ten cuidado de evitar usar anglicismos y, si usas algún regionalismo, asegúrate de mencionar otros nombres regionales.

N. La cafetería de la escuela. Conversa con un(a) compañero(a) de clase sobre la comida que sirven en la cafetería de tu escuela. Hagan una comparación entre lo que sirven allí y lo que prescribe la pirámide de los alimentos. Sigan estas instrucciones:

1. Pregúntale a tu compañero(a) si cree que las comidas de la escuela son balanceadas.

2. Comenten lo que sirvieron de almuerzo esta semana. ¿Qué pidió cada uno(a) de ustedes?

3. Determinen si fueron servidos carbohidratos, proteínas, vegetales, frutas, grasas y azúcares, y en qué cantidades.

4. Decidan si las proporciones para cada grupo fueron balanceadas, de acuerdo con la pirámide alimenticia.

5. Si ustedes concluyen que las comidas no son balanceadas, elaboren una lista de recomendaciones que debe seguir la administración de la cafetería para solucionar este problema y preséntenla oralmente al resto de la clase. En sus sugerencias, den tantos nombres regionales de frutas y verduras como conozcan.

Taller de escritores

Escribe un artículo para el periódico de tu escuela sobre la persona de más edad que puedas encontrar. Si es posible, entrevista para ello a una persona hispana. Si no conoces ninguna, puedes usar una persona imaginaria. El tema de tu entrevista será la longevidad de la persona en cuestión.

O. Reflexión. Usa las siguientes preguntas para organizar tus ideas: **¿Quién? ¿Qué? ¿Por qué? ¿Cuándo? ¿Dónde?** Decide en qué orden vas a usar la información. Escribe un párrafo con la información que obtengas con cada pregunta. Es fundamental que preguntes sobre las razones a las que esta persona atribuye su longevidad. ¿Qué come y qué hace para vivir una vida tan larga?

P. Primer borrador. Escribe una primera versión del artículo. Recuerda que escribes para los lectores del periódico de la escuela.

Q. Revisión con un(a) compañero(a). Intercambia tu artículo con un(a) compañero(a) de clase. Lee y comenta el artículo de tu compañero(a), usando estas preguntas como guía.

1. ¿Qué es lo que más te gusta del artículo?

2. ¿Qué sección despierta un mayor interés?

3. ¿Es apropiado el enfoque para un artículo de periódico?

4. ¿Incluye la información necesaria para saber cómo uno debe vivir para disfrutar de una vida larga?

5. ¿Qué otros detalles te gustaría conocer?

R. Versión final. Revisa en casa tu primer borrador. Haz los cambios sugeridos por tu compañero(a) y haz cualquier otro cambio que consideres necesario. Revisa el contenido y luego la gramática, la ortografía, la puntuación y los acentos ortográficos. Ten cuidado con los homófonos y con las palabras que se escriben con **h.** No te olvides de eliminar los anglicismos. Trae esta versión final a la clase.

S. Carpeta. Tu profesor(a) puede incluir la versión final en tu carpeta, colocarla en el tablón de anuncios o usarla para la evaluación de tu progreso.

Capítulo 9 Los estudios en el extranjero

PRIMERA ETAPA

¡Leamos!

El pasaje que vas a leer es un artículo semejante a los que aparecen en revistas o guías turísticas. Nota cómo el autor presenta ideas o argumentos y luego las apoya o ilustra con ejemplos y detalles.

▶ *Antes de leer*

1. ¿Te has hospedado en un hotel en algún viaje? ¿Qué te pareció la experiencia?

2. ¿Qué prefieres, un hotel moderno o un hotel antiguo? ¿Un hotel de lujo o uno modesto? ¿Por qué?

3. Si lo pudieras diseñar, ¿cómo sería tu hotel ideal?

En cuanto a hoteles, variedad es la palabra clave

Por lo general, todos sabemos que un hotel es un lugar donde nos alojamos cuando estamos fuera de casa. Sin embargo, la palabra "hotel", aun siendo tan simple y popular, encierra una enorme variedad de posibilidades y conceptos. Cuando visualizamos un hotel, siempre pensamos en uno que conocemos o, en una forma generalizada, en un edificio más o menos grande, de varios pisos, con un vestíbulo[1] de recepción y muchos cuartos. Puede tener uno o varios restaurantes, tiendas de ropa y de regalos y tal vez una piscina. Pero, para decir verdad, las variantes son casi interminables.

Hay hoteles en Europa, por ejemplo, que en tiempos antiguos fueron castillos señoriales y que hoy han sido restaurados y provistos de las comodidades del mundo moderno. Otros hoteles son ultramodernos y sumamente grandes. Algunos de ellos llegan a tener hasta 5.000 habitaciones. Estos lugares, por lo general, lo tienen todo y no es necesario salir de ellos. Tienen teatros, restaurantes elegantes y de comida rápida, galerías de arte, centros de entretenimiento para niños y adolescentes, gimnasios, salones de baile, centros de convenciones, y a veces jardines mantenidos en una atmósfera artificial.

Por otro lado, hay otros hoteles tan pequeños y privados que sólo cuentan con dos o tres alcobas[2]. Es obvio que las personas que desean alojarse en lugares como éstos lo hacen con el propósito de escaparse del ruido de la ciudad en búsqueda de la tranquilidad.

En cuanto al tamaño de los cuartos, también se encuentra una gran variedad. Mientras que en los grandes hoteles de lujo es posible encontrar cuartos decorados artísticamente, hay cuartos económicos que tan sólo tienen la cama y una o dos mesas de noche. En algunos hoteles hay alcobas tan grandes, las llamadas "suites presidenciales", que más bien parecen condominios de lujo, con dormitorios y sala de estar aparte. Pero también hay hoteles cuyos cuartos son sólo una cápsula o compartimiento en el que únicamente cabe una cama sencilla.

Por lo general, todos los hoteles buscan la originalidad y evitan así que se los considere uno más entre muchos. Aun en las grandes ciudades, donde los hoteles tienden a ser rascacielos[3] enormes de vidrio y acero, se buscan formas distintivas (pirámides, cilindros, esferas, etc.). Sin embargo, no siempre logran un carácter único. Una vez en su cuarto o en los pasillos, el huésped[4] no siente ninguna diferencia entre un hotel y otro. Pero si se busca la originalidad, no hay duda de que se puede encontrar. Hay hoteles que en realidad son barcos cruceros, y hay otros cuyos cuartos están construidos entre las ramas de enormes árboles tropicales. Se habla de otros que en

---

[1] **vestíbulo** lugar donde se encuentra la recepción del hotel
[2] **alcobas** cuartos, recámaras
[3] **rascacielos** edificio moderno muy alto
[4] **huésped** cliente del hotel

sus viejos tiempos fueron estancias[5] coloniales. Otros hoteles son tan originales que están contruidos lujosamente dentro de una caverna, y aun otros, tan pasajeros[6] y fríos, que se construyen únicamente con el hielo que se acumula durante el invierno.

Es necesario tener en cuenta que la gran diversidad de hoteles se debe a la gran variedad de funciones que desempeñan[7]. Pueden ser hoteles turísticos o pueden estar localizados en centros financieros o comerciales, o en un centro de convenciones. Lo importante para el huésped es que el lugar en el que se aloja vaya con sus objetivos o necesidades. Y así, una vez que cumple con las condiciones de la demanda, un hotel, como todos sabemos, es un lugar donde quedarse cuando estamos fuera de casa.

▶ *Después de leer*

1. ¿Qué dice el autor sobre la palabra "hotel"?
2. ¿Cuáles son los tres elementos que todos los hoteles tienen en común, según el autor?
3. ¿Por qué no es necesario para los huéspedes de los hoteles más grandes salir del hotel?
4. ¿Qué tipo de hotel recomienda el autor para pasar un fin de semana tranquilo y relajante?
5. ¿Qué ejemplos da el autor de hoteles originales?
6. ¿Qué hoteles de los mencionados te parecen más originales o interesantes? Explica tu respuesta.
7. Si viajaras de intercambio a América Latina o a España, ¿en qué tipo de hotel te gustaría quedarte? Descríbelo. ¿Por qué te gustaría quedarte en un hotel así?

Sonidos y palabras

La b *y la* v

1. En inglés, la **b** y la **v** tienen sonidos diferentes, pero en español se pronuncian igual. Por eso muchas veces no es fácil saber con qué letra se escribe una palabra.

2. Recuerda: antes de **l** o **r** siempre se usa **b**.
   blanco   ha**bl**o   **bl**usa   **br**azo   **br**usco

3. Después de **m** siempre se usa **b**.
   ha**mb**re   ta**mb**ién   sie**mb**ra   a**mb**iente   alfo**mb**ra

4. Después de **n** siempre se usa **v**.
   i**nv**ierno   co**nv**iene   i**nv**ento   i**nv**itación   e**nv**idia

5. Algunas palabras suenan igual, pero se escriben de manera distinta y tienen diferente significado.

   a ver *(we'll see)*   haber *(to exist)*
   en vista *(taking into account)*   embista *(charge)*
   tuvo *(had)*   tubo *(pipe)*
   revelar *(to reveal)*   rebelar *(rebel)*
   vello *(hair)*   bello *(beautiful)*
   convino *(suited)*   combino *(join, match)*

---

[5]**estancias** haciendas

[6]**pasajeros** no permanentes, que duran poco tiempo

[7]**desempeñan** realizan, cumplen

A. ¡Qué horrible! ¡Cuántos errores! Las palabras en cursiva tienen errores de ortografía relacionados con el uso de la **b** y la **v**. Escríbelas correctamente en los espacios en blanco.

Hotel Residencia Real
Televisión y teléfono en todos los cuartos.
Servicio de restaurante y *lavandería* durante las 24 horas del día.
Gimnasio y piscina *cubierta*
Calle Madero 28, Tel. 254-66-49

Parador Los Robles
Venga y disfrute de la *brisa* marina.
Habitaciones con *baños* privados. Nuestros precios son muy *bajos* pero damos servicios similares a un club *privado*. Descuentos para estudiantes y grupos.
Haga hoy mismo sus *reservaciones* para el próximo *verano*.
Tel. 721-43-99 — FAX 721-43-98

Hotel Primavera
El mejor en toda la región de Villa *Verde*. Disfrute de una cena romántica en nuestro restaurante Panorama del Valle, situado en el quinto piso, desde donde Ud. podrá disfrutar de unas *vistas inolvidables*.
Contamos con todos los servicios de un hotel moderno y mucho más.
Avenida los *Árboles*, 33, en Villa Verde.
Tel. 849-55-36

Hotel Bella Vista
Revele su inteligencia escogiendo el hotel más económico y *confortable*.
Combina un servicio excelente con un precio moderado.
Lavabos en todos los cuartos. *Cabina* de teléfono en recepción.
Aceptamos cheques de *viajero* y tarjetas de crédito.

1. _____
2. _____
3. _____
4. _____
5. _____
6. _____
7. _____
8. _____
9. _____
10. _____
11. _____
12. _____
13. _____
14. _____
15. _____
16. _____
17. _____
18. _____
19. _____
20. _____
21. _____
22. _____
23. _____
24. _____

Nuestro idioma

Verbos con cambios radicales

1. Ya aprendiste que algunos verbos tienen cambios radicales. Éstos son algunos de ellos.

e a **ie**	**o** a **ue**
pensar	volver
entender	recordar
defender	almorzar
comenzar	costar
cerrar	probar

2. Todos estos verbos tienen cambios radicales en el tiempo presente, con la excepción de las formas de **nosotros(as)** y **vosotros(as)**.

>Nosotros v**o**lvemos al hotel al mediodía. ¿A qué hora v**ue**lven ustedes?
>
>Elvia alm**ue**rza en el hotel. ¿Dónde alm**o**rzáis vosotros?

3. Estos verbos tienen cambio radical en el imperativo, excepto en las formas de **nosotros(as)** y **vosotros(as)**.

v**ue**lve tú	c**ie**rra tú
no v**ue**lvas tú	no c**ie**rres tú
(no) v**ue**lva usted	(no) c**ie**rre usted
(no) v**o**lvamos nosotros(as)	(no) c**e**rremos
v**o**lved vosotros(as)	c**e**rrad vosotros(as)
no v**o**lváis vosotros(as)	no c**e**rréis vosotros(as)
no v**ue**lvan ustedes	(no) c**ie**rren ustedes

4. Estos verbos tienen cambio radical en el presente del subjuntivo, excepto en las formas de **nosotros(as)** y **vosotros(as)**.

v**ue**lva	v**o**lvamos
v**ue**lvas	v**o**lváis
v**ue**lva	v**ue**lvan

5. Estos verbos no tienen cambio radical en el pretérito.

>El Sr. Lenzo c**e**rró la puerta del cuarto al salir.
>
>V**o**lvimos al Perú tres veces.
>
>Ellos alm**o**rzaron un poquito temprano.

Nombre _____ **Fecha** _____

B. Carta a la familia. Felipe cometió algunos errores en los verbos en esta carta a su familia. Escribe los verbos en cursiva correctamente en los espacios en blanco.

Querida familia:

Sento mucho no haber escrito antes, pero he tenido mucho que hacer durante este viaje. Les *conto* que el hotel en que estoy con mis amigos es magnífico. Esta tarde, todos los del grupo *almuerzamos* en un restaurante al aire libre. ¡Qué buen restaurante! El agente de viajes nos *recomiendó* otro hotel que es más grande, pero nuestro guía *prefere* los hoteles pequeños porque el servicio es más personalizado.

No sé si Uds. *recordan* cómo era este lugar antes, pero ha cambiado mucho. En realidad, ahora es enorme. Un amigo y yo *cuentamos* hasta más de veinte hoteles cerca de la playa, y cada año, más y más turistas *volven* a este lugar que es tan hermoso. Los turistas se *diverten* mucho porque aquí *encontran* todo lo que *queren*.

Si *venen* la próxima semana, no *pensen* en llegar sin reservaciones. *Entendan* cuando les digo que este lugar está lleno de gente.

Bueno, los dejo por ahora porque voy a una fiesta que *empeza* en unos momentos y no *quero* perdérmela.

Abrazos y hasta pronto,

Felipe

1. _____ 5. _____ 9. _____ 13. _____

2. _____ 6. _____ 10. _____ 14. _____

3. _____ 7. _____ 11. _____ 15. _____

4. _____ 8. _____ 12. _____ 16. _____

C. Necesitamos un hotel. Álvaro y Santa buscan un hotel para su viaje a Lima. Escribe la forma correcta del verbo entre paréntesis para completar su conversación.

Álvaro: ¿Qué _____ (pensar) tú que es lo que nosotros _____ (querer) en un hotel?

Santa: Pues, yo _____ (preferir) un hotel de lujo. ¿Por qué no me _____ (contar) tú tus ideas? Ayer yo ya te _____ (contar) las mías.

Álvaro: No, yo no _____ (entender) nada de hoteles. Mejor decide tú, que siempre _____ (encontrar) el mejor hotel en cada ciudad.

Santa: Está bien, yo encontraré un hotel. Pero _____ (recordar) que me prometiste que no ibas a quejarte del precio, ¿de acuerdo?

D. Antes y ahora. Escribe oraciones usando los siguientes verbos en el pretérito y en el presente. Fíjate cuidadosamente en los cambios radicales. Sigue el modelo.

■ **Modelo**   soñar, yo
              El verano pasado soñé con ir a la playa, pero ahora sueño con visitar las montañas.

1. dormir, nosotros

_____

2. poder, usted

_____

3. convenir, ella

_____

4. sentir, tú

_____

5. soltar, ustedes

_____

6. venir, yo

_____

¡Adelante!

En la agencia de viajes

Trabaja con un(a) compañero(a) de clase para planear un viaje a un país hispano.

1. Primero, haz tú el papel de un(a) agente de viajes. Tu compañero(a) hará el papel de un(a) cliente(a) que desea obtener información para hacer un viaje.

2. El (La) cliente(a) explica adónde le gustaría viajar, por cuánto tiempo, el tipo de hotel que desea y si viaja solo(a), con un grupo de compañeros(as) de escuela, o con su familia.

3. El (La) agente de viajes hace preguntas sobre los gustos y el presupuesto del (de la) cliente(a), para poder sugerirle las vacaciones apropiadas.

4. Conversen sobre el tipo de hoteles y paseos turísticos que le interesan al (a la) cliente(a). Traten de usar verbos como los que estudiaron en este capítulo, como **entender, contar, sentir, poder,** etc.

5. Luego, cambien de papeles: quien hizo de cliente(a) ahora hará de agente de viajes.

El itinerario del viaje

1. Imagina que eres el (la) agente de viajes de la actividad anterior. Debes planear un itinerario para tu cliente(a).

2. Busca en el Internet o en libros información sobre un lugar que te parezca que le gustaría visitar a tu cliente(a). Obtén información sobre los sitios de interés turístico, los hoteles, los restaurantes, las formas de transporte, etc. Si no encuentras información, invéntala.

3. Haz una lista de los hoteles y escribe toda la información que te parezca importante: descripción, precios, servicios, amenidades, formas de pago. Asegúrate de usar al menos diez palabras con **b** y diez palabras con **v.**

4. Con la información que recopilaste, escribe el itinerario que le sugerirías a tu cliente(a) y los hoteles donde le recomendarías que se quedara. Usa tantos verbos con cambios radicales como puedas.

SEGUNDA ETAPA

¡Leamos!

A continuación vas a leer un anuncio de una escuela en el Perú que se especializa en la enseñanza del español a estudiantes extranjeros. Este tipo de folleto no solamente proporciona información, sino que también atrae a los estudiantes. Ten en cuenta que este tipo de escuela abunda en todos los países hispanos, mayormente en España, Argentina y México, pero también en países pequeños como Costa Rica, Guatemala y El Ecuador.

▶ Antes de leer

1. Mira el título de la lectura. ¿Qué te indica sobre este programa?

2. Se puede aprender mucho sobre la lengua y cultura hispanas en cursos en los Estados Unidos. ¿Qué podrías aprender si estudiaras español en un país de habla hispana?

3. Lee brevemente el texto. ¿Cuántos estudiantes hay en cada clase? ¿Cuánto tiempo duran los cursos de verano? ¿Cuántas noches por semana se ofrecen conferencias sobre temas culturales?

Instituto de cursos intensivos de los Andes
Lima, Perú

El éxito de nuestra escuela es el éxito de sus estudiantes.

- Cursos intensivos de español a todos los niveles (principiantes, intermedios y avanzados).
- Ofrecemos cursos de verano, de tres meses de duración, y también cursos durante el resto del año. Éstos comienzan la segunda semana de cada mes.
- Clases pequeñas de 5 a 8 estudiantes. Si hay más de 8 alumnos en una clase, ésta se divide en dos inmediatamente. Esto le asegura atención personalizada de su maestro.
- Programas de estudio sobre la lengua y cultura hispanas. Si Ud. lo desea, también puede estudiar otras materias en una escuela secundaria local o en una de varias universidades en la ciudad de Lima.
- Ofrecemos programas especiales para personas que trabajan en los negocios, la medicina y el derecho.
- Nuestra biblioteca cuenta con una gran selección de textos que le servirán tanto para sus estudios e investigaciones como para su lectura personal. Contamos con una enorme colección de literatura de autores hispanos.
- Viajes culturales cada fin de semana que sirven para practicar lo estudiado y conocer el país.
- Créditos válidos en los EE.UU.
- La escuela funciona bajo acreditación del Ministerio de Educación y de la Academia Internacional de Estudios Lingüísticos.
- Descuento a grupos de diez o más estudiantes.
- Viva con una familia exclusivamente hispanohablante para continuar trabajando después de las clases.
- Estamos localizados en el centro de la ciudad. Esto facilita la vida diaria y el contacto constante con hispanohablantes.
- Nuestros maestros cuentan con un mínimo de diez años de experiencia trabajando en la enseñanza de español a extranjeros.
- Dos noches por semana hay conferencias sobre temas de interés social y cultural, dictadas por expertos.
- Una vez por semana hay conciertos de la música de todos los países hispanos, un país diferente cada semana.
- Todos los jueves se presentan obras de teatro. Si lo desea, puede trabajar en éstas.
- Durante el verano, viajes a Cuzco y Machu Picchu el tercer fin de semana de cada mes.

▶ *Después de leer*

1. ¿Es posible ir al Instituto de los Andes durante cualquier mes del año? ¿Cómo funciona el comienzo de cursos? Explica.

2. Si en tu grupo hay 22 estudiantes de español, ¿en cuántas clases se va a dividir?

3. Si quisieras estudiar otras materias además del español, ¿adónde tendrías que ir?

4. La escuela recomienda que los estudiantes vivan con familias peruanas. ¿Para qué sirve esto?

5. ¿Es ésta una escuela que funciona exclusivamente para estudiantes de nivel secundario? Explica.

6. ¿Tienen actividades extracurriculares? Menciona dos o tres de ellas.

7. ¿Qué te parece esta escuela? ¿La escogerías o no? Di lo que te gusta y lo que crees que le hace falta.

8. ¿Te gustaría tomar clases de español en un país de habla hispana? Explica tu respuesta.

9. ¿En qué país(es) te gustaría estudiar? ¿Por qué?

Sonidos y palabras

Adjetivos y pronombres demostrativos

1. Los adjetivos demostrativos modifican a los sustantivos. Los pronombres demostrativos reemplazan a los sustantivos y pueden ser los sujetos del verbo.

    —¿Te gusta **este** folleto sobre el programa en el Perú?
    —Sí, pero **éste** tiene más información.

    Do you like this brochure about the program in Peru?
    Yes, but this one has more information.

2. Los pronombres y los adjetivos demostrativos tienen la misma pronunciación. Los pronombres demostrativos llevan acento escrito para distinguirlos de los adjetivos demostrativos.

Adjetivos	**Pronombres**
este(a)	éste(a)
ese(a)	ése(a)
aquel(la)	aquél(la)
estos(as)	éstos(as)
esos(as)	ésos(as)
aquellos(as)	aquéllos(as)

3. Los pronombres demostrativos neutros se usan para señalar objetos no identificados o ideas y conceptos abstractos. Los pronombres demostrativos neutros no llevan acento.

    —¿Qué es **eso**?
    —**Esto** es una solicitud para estudiar en el extranjero.

    —¿Te acuerdas de **aquello** de lo que hablábamos el otro día?
    —¡Por supuesto que me acuerdo de **eso**!

E. Las fotos que envió mi hermano. Imagina que acabas de recibir una carta de tu amigo Juan, quién está en Chile de intercambio. Con la carta, Juan te envía unas fotos y una descripción de cada foto. Lee las descripciones y encuentra los errores de acentuación en los pronombres y adjetivos demostrativos. Luego escribe los pronombres y adjetivos demostrativos correctamente en los espacios en blanco.

1. Vivo en ésta casa.
2. Comparto éste cuarto con José Luis, el hijo de la familia.
3. Hay dos camas en el cuarto y yo duermo en esta.
4. Éstas chicas son las hermanas de José Luis. Esta se llama Olivia, y esta es María.
5. ¿Saben que es ésto? Es un tapete que compré en el mercado de Otavalo.
6. En esta foto está toda la familia. Esta es la madre, doña Carmen, y este es don José, el padre.
7. En ésta foto estamos conversando después de la cena. Todos son muy buenos conmigo y por eso estoy aprendiendo mucho.
8. En esta foto se ve la casa desde afuera. Aquéllo que se ve al fondo es un parque muy bonito.

1. _____
2. _____
3. _____
4. _____
5. _____
6. _____
7. _____
8. _____

Nuestro idioma

Verbos con cambios radicales de e a i

1. Algunos verbos terminados en **-ir**, como **pedir, seguir, repetir** y **conseguir,** tienen cambios radicales de **e** a **i** en el tiempo presente, excepto en las formas de **nosotros(as)** y **vosotros(as).**

    Yo siempre le pido ayuda a la señora Cabrera.

    Juan y yo siempre seguimos las instrucciones del profesor.

2. El cambio de **e** a **i** ocurre en todas las formas del presente del subjuntivo y del imperfecto del subjuntivo.

    El profesor quiere que repitamos las palabras difíciles.

    Si Antonio repitiera la clase, aprendería más.

3. También ocurren los mismos cambios en todos los mandatos, menos en la forma afirmativa de **vosotros(as).**

    Profesora, repita Ud. las frases, por favor.

    Sigue la avenida Robles hasta llegar a la escuela.

    Conseguid los libros en la Librería Dos Mundos.

(continúa en la página 178)

> 4. En el pretérito de estos verbos, el cambio radical ocurre en las formas de **él/ella/usted** y **ellos/ellas/ustedes.**
>
>   Yo conseguí mis libros en la librería, pero Ana y Paco consiguieron los suyos en el almacén.
>
> 5. El cambio de **e** a **i** también ocurre en las formas terminadas en **-ndo** de estos verbos.
>
>   Estás siguiendo las instrucciones.
>
> 6. Otros verbos con estos cambios son:
>
> | corregir | medir | despedirse |
> | elegir | reírse | impedir |
> | servir | vestirse | sonreír |
>
> 7. **¡Ojo!** Muchos hispanohablantes cometen el error de hacer el cambio radical en la forma de **nosotros** del tiempo presente. Ten cuidado de no cometer este error.

F. Me va bastante bien. Roberto se fue de intercambio estudiantil, y le mandó por correo electrónico la siguiente carta a su amigo Adrián. Escribe la forma correcta de los verbos entre paréntesis.

1. Te _____ que me perdones por no haber escrito antes. (pedir)

2. Creo que yo _____ la mejor escuela. (elegir, pretérito)

3. Tenemos una maestra que siempre _____ para que comprendamos bien. (repetir)

4. Nosotros le decimos que es una buena maestra y ella sólo _____. (reírse)

5. Yo siempre _____ sus instrucciones y siempre me va bien. (seguir)

6. Todas las tardes, cuando _____ de la maestra, ella siempre nos dice que recordemos nuestra tarea para mañana. (despedirse)

7. Pero ayer ella nos _____ recordándonos que hoy teníamos un examen. (despedir, pretérito)

8. La última vez ella _____ los exámenes el mismo día. (corregir, pretérito)

9. La clase me _____ para aprender a estudiar mucho. No es nada fácil. (servir)

G. La fiesta. Mario está de intercambio en Guatemala. Su amigo Arturo lo invita a una fiesta. Completa el diálogo con las formas apropiadas de los verbos de la lista.

sonreír	decir	reír
repetir	vestir	conseguir
servir	elegir	pedir

Arturo: ¡Qué serio que estás! _____, que te traigo buenas noticias. Nos invitaron a una fiesta.

Octavio: ¿Dónde? Tengo que avisarle a la familia con la que vivo.

Arturo: Pues, hombre, _____ permiso para ir a los quince años de Susana.

Octavio: ¡Qué bien! ¿Cómo _____ tú una invitación a su fiesta de quinceañera?

Arturo: Soy uno de sus favoritos. Es en serio, ¡no te _____!

Octavio: Ja, ja, ja. _____ eso, por favor. Mira: el favorito soy yo. Si siempre me _____ a mí para los proyectos escolares. Oye, ¿hay que ir elegante?

Arturo: Pues algo. No te _____ en vaqueros. Ponte camisa de manga larga y corbata.

Octavio: Se _____ que en los quince años de la hermana mayor de Susana sus padres _____ caviar. ¿Lo has probado alguna vez?

Arturo: Nunca lo probé, ¿y tú?

Octavio: No, yo tampoco. Pero debe ser bueno porque cuesta mucho.

Nuestro idioma

> ### *Los verbos* funcionar, trabajar *y* servir
>
> 1. Ya aprendiste que **trabajar** se usa con personas, animales, grupos u organizaciones, y que **funcionar** se usa con objetos.
>
>   Mi madre **trabaja** en su apartamento.
>
>   Nuestro equipo **trabajó** muchísimo.
>
>   Este televisor **funciona** perfectamente.
>
>   Las computadoras no **funcionan** sin sus microprocesadores.
>
> 2. En español se usa el verbo **servir** para indicar que algo cumple con su propósito, o que algo es apropiado para cierta tarea.
>
>   ¿**Sirve** esta lámpara para tu escritorio?
>
>   Esta cámara no **sirve** para sacar fotos dentro de la casa.

H. La familia y el lugar donde vivo. Un estudiante en un programa de intercambio les escribe a sus padres sus observaciones sobre la familia y el lugar donde vive. Completa las siguientes oraciones con las formas apropiadas de los verbos **trabajar, funcionar** y **servir.**

1. En la plaza central hay un reloj antiguo que no _____ muy bien.

2. Don Manuel, el padre de la familia Fernández, _____ en un hospital desde hace muchos años.

3. Doña Carmen, la esposa de don Manuel, _____ en una oficina donde _____ más de doscientas personas.

4. El jueves llegué tarde a la escuela porque mi despertador no _____.

5. El coche de la familia es un poco viejo, pero _____ para llevar al señor al trabajo.

6. Nuestro maestro de español nos hace _____ mucho.

7. En sus horas libres don Manuel _____ en su taller de carpintería.

8. Las máquinas de su taller _____ de maravilla.

9. Él hace objetos decorativos; en realidad éstos no _____ para nada.

10. Pero su actividad _____ para aliviar el estrés del trabajo.

11. En fin, todo _____ muy bien por aquí.

Puntuación

> ### *El punto y el punto y coma*
>
> 1. El punto siempre se usa al final de una oración.
>   **Una oración siempre lleva un punto al final.**
>
> 2. El punto también se usa con las abreviaturas y con las iniciales de los nombres propios de personas.
>   **El Dr. José A. Martínez G. va a examinar a José.**
>
> 3. El punto y coma se usa para separar dos oraciones contiguas que se relacionan o son una el resultado de la otra. Muchas veces las dos oraciones van ligadas por expresiones como **sin embargo, no obstante** y **por lo tanto**.
>   **No comí mucho; quería reservarme un poquito de espacio para el postre.**
>   **Dormí pésimo; no obstante, me levanté temprano para ir a la escuela.**
>   **Te agradezco que me hayas invitado a la fiesta; sin embargo, no podré asistir.**

I. Un estudiante dedicado. Pedro García Holanda ha decidido quedarse en el Perú después de terminar su intercambio estudiantil. Escribe punto o punto y coma en los espacios en blanco, según corresponda.

Me gusta mucho estar aquí en el Perú__ creo que voy a quedarme unos meses más__ Voy a terminar el año aquí en Lima__ es difícil regresar antes__ Pienso pasar el verano en Cuzco__ por lo tanto no vuelvo a casa hasta agosto__

Sinceramente, P__ García H__

¡Adelante!

Entrevista a los (las) solicitantes

Trabaja con un(a) compañero(a) de clase. Una persona hará el papel de un(a) estudiante que quiere participar en un intercambio estudiantil y la otra persona hará el papel del representante del programa que lo (la) entrevista.

1. El (La) representante del programa de intercambio se presenta y le pregunta al (a la) estudiante su nombre, a qué país desea ir a estudiar, por qué eligió ese país y por qué quiere estudiar español y no otro idioma. El (La) representante hace preguntas para evaluar el nivel de interés y entusiasmo del (de la) estudiante.

2. El (La) representante pregunta si el (la) estudiante ha tenido experiencias similares en el pasado, y trata de evaluar si el (la) estudiante esta preparado(a) psicológicamente para vivir lejos de casa por un largo período de tiempo.

3. Luego el (la) representante le pregunta para qué le servirá esta experiencia. También le pregunta si quiere trabajar en un país de habla hispana algún día.

4. Después de terminar la entrevista, repitan la entrevista cambiando de papeles.

Nombre _____ Fecha _____

Mensaje para mi familia

Imagina que estás de intercambio estudiantil en un país hispano. Escribe un mensaje por correo electrónico para tu familia.

1. Saluda a tu familia y describe la ciudad en la que estás.

2. Di como estás tú y cómo te tratan todos en general.

3. Describe a la familia con la que vives, mencionando los miembros de la familia y sus personalidades.

4. Cuenta cómo viven, en qué trabajan y si te ayudan con tus clases.

5. Describe la dieta que sigues.

6. Habla de tus maestros y de las clases que estás tomando.

7. Cuenta dónde consigues todas las cosas que necesitas.

8. Di si has visitado lugares interesantes y qué experiencias especiales o interesantes has tenido.

9. Concluye mencionando para qué te sirven todas estas experiencias.

TERCERA ETAPA

¡Leamos!

Los avances de la tecnología nos hacen la vida cada día más fácil. En el Internet podemos encontrar toda la información que necesitamos sobre cualquier tipo de vivienda, en cualquier parte del mundo y al precio de nuestra preferencia. El siguiente artículo, escrito por un maestro, apareció en un periódico escolar.

▶ *Antes de leer*

1. Lee el título. ¿De qué crees que se va a tratar la lectura?

2. ¿Conoces a alguna familia o a alguien que esté buscando casa o apartamento?

3. ¿Qué fuentes de información utiliza la gente cuando busca un lugar donde vivir?

4. ¿Crees que la tarea se hace más difícil si pensamos mudarnos a otra ciudad u otro país?

La búsqueda de viviendas en nuestros tiempos

En el pasado, la gente casi nunca se mudaba de un lugar a otro. Mis abuelitos, por ejemplo, siempre vivieron en la misma casita que heredaron de mi bisabuela. Es más, una vez en la casa, nunca cambiaban los muebles de lugar. Recuerdo cuando uno de mis tíos compró un piano, lo puso en un rincón[8] de la salita, y nunca lo movió de allí. Lo mismo se puede decir de todos los otros muebles de la casa; eligieron dejarlos en el mismo lugar.

Al contrario, nuestra sociedad moderna se distingue por su movilidad[9]. Las familias jóvenes y los estudiantes solteros[10] son los que más se mudan de una vivienda o otra. Es de esperar, entonces, que cuando tú termines la escuela secundaria, como la mayoría de los jóvenes contemporáneos[11], te mudes a tu propio apar-

---

[8]**rincón** parte interior de una esquina
[9]**movilidad** capacidad de mudarse
[10]**solteros** no casados
[11]**contemporáneos** de nuestros tiempos

tamentito. Pero, ya que hablamos de mudarse, ¿cuáles son tus planes? ¿Piensas vivir en una residencia de la universidad o alquilar un apartamento? ¿Deseas vivir solito(a) o con algunos(as) compañeros(as) de escuela? ¿Prefieres una casa o un apartamento? ¿No te parece que es una buena idea si empiezas a hacer tus planes para el futuro? Recuerda que es mejor prevenir[12] que remediar[13].

Cuando yo me fui de casa, escogí una universidad en un pueblo pequeñito que estaba cerquita de la ciudad donde nací. A mis padres les dije que ya estaba cansado del ruido de la ciudad; quería ver paisajes verdes y respirar aire puro.

Mi primer apartamento lo encontré, tal como se acostumbraba en aquel entonces, en un anuncio clasificado en un periódico. Menos mal que no me fui muy lejos de casa. De lo contrario se me habría hecho dificilísimo, ya que en mi ciudad no se vendían periódicos de otras ciudades o estados. Peor habría sido si hubiera decidido ir a la escuela en otro país. Sin embargo, para los jóvenes de hoy, esto no representa ningún problema ya que con las computadoras podemos obtener información de lugares distantes sin ni siquiera tener que salir de nuestra casita.

Se puede decir que por medio del Internet hoy en día tenemos a nuestro alcance casi cualquier tipo de información; por supuesto, si necesitamos buscar un lugar donde vivir, es casi seguro que lo encontraremos en la pantalla de nuestra computadora. No importa si el lugar que buscamos es cercano o distante, conocido y grandote o pequeñito y remoto. En los anuncios de bienes raíces[14] del Internet se nos informa de casas y apartamentos de venta o para alquilar, nos lo describen y hasta nos dan un plano y, a veces, fotos del exterior e interior de lugar. No es de extrañarse que en un futuro no muy lejano recibamos toda esta informacion en forma de "realidad virtual" que nos hará sentir como si estuviéramos en el lugar mismo.

▶ *Después de leer*

1. ¿Qué sociedad es más móvil, la antigua o la moderna?

2. ¿Por qué permanecían intactos los interiores de las viviendas por casi toda la vida?

3. ¿Qué grupos cambian de casa más a menudo en la sociedad moderna?

4. Por lo general, ¿por qué se mudan los jóvenes de la casa de sus padres?

5. ¿Por qué dice el narrador que tuvo suerte cuando se fue a la universidad?

6. ¿A qué generación crees que pertenece el narrador, a la generación de tus abuelos, a la de tus padres o a la tuya? Explica.

7. ¿Qué ventajas menciona el narrador en cuanto al uso del Internet en la búsqueda de una vivienda?

8. ¿Crees que el narrador siente nostalgia por el pasado, o te parece que es una persona progresista que prefiere la tecnología moderna? Explica.

9. Según el narrador, ¿van a mejorar las cosas, o ya no pueden mejorar más? Explica tu respuesta.

10. En tu comunidad, ¿viven los jóvenes con sus padres cuando son mayores? ¿Viven otros parientes, como abuelos(as) o tíos(as), con las familias?

11. ¿Cuáles son tus planes para cuando seas mayor? ¿Dónde te gustaría vivir? ¿Cómo te gustaría que fuera tu casa o apartamento?

---

[12]**prevenir** tomar precauciones, prever posibles resultados

[13]**remediar** reparar

[14]**bienes raíces** propiedades inmobiliarias como casas, terrenos, edificios

Sonidos y palabras

La j *y la* g

1. Ya aprendiste que la letra **g** delante de la **e** o la **i** se pronuncia igual que la **j** delante de cualquier vocal. Esto causa confusión a muchos hispanohablantes al escribir.

    Jaime guarda los ve**g**etales de su **j**ardín en el refri**g**erador.

    Siempre hay mucha **g**ente en el gara**j**e.

2. Recuerda que muchos hispanohablantes usan la **j** erróneamente en lugar de la **f**. Ten cuidado de no cometer este error con palabras como las siguientes.

Usa	No uses
a**f**uera	a**j**uera
fuerza	**j**uerza
fuiste	**j**uiste
fue	**j**ue

3. Algunos verbos, como **elegir, escoger, dirigir, proteger, recoger, corregir, sumergir, surgir, fingir** y **exigir**, usan la **g** en algunas formas y la **j** en otras. Sólo se usa la **j** antes de las vocales **o** y **a**; se usa la **g** en los demás casos.

    Siempre esco**j**o apartamentos grandes. ¿Qué tipo de apartamento esco**g**en ustedes?

    Diri**j**an sus cartas al gerente de la compañía de bienes raíces.

    No diri**j**as tu correspondencia al vendedor de la casa.

    La profesora corri**g**e los exámenes en el patio de su casa.

    Las leyes de este estado exi**g**en que revelemos todos los defectos de la casa.

    Armando reco**g**ió el panfleto sobre la casa en el supermercado.

J. Una pareja dispareja. En las siguientes oraciones hay 18 errores en el uso de la **g** y la **j**. Encuéntralos y escribe las palabras correctamente en los espacios en blanco.

1. Ernesto, el higo del jerente del Banco Comercial, y Ramiro, un muchacho de orijen japonés, jueron amigos en el colejio y ahora desean ser compañeros de cuarto.

2. Ramiro prefiere una casa grande, pero Ernesto, que por lo jeneral es muy práctico, quiere vivir en un apartamento.

3. Ernesto sabe que necesitan un refrijerador y no tienen dinero suficiente.

4. Ernesto escoje la ciudad porque le gusta vivir donde hay mucha jente.

5. Ramiro prefiere dirijirse a las ajueras de la ciudad. Le gustaría tener un gardín.

6. Claramente surje un problema. Con estas dificultades, uno de los dos amigos va a necesitar mucha juerza de voluntad para convencer al otro.

7. —¡Yo exigo un apartamento céntrico! —gritó Ernesto—. Sólo protego mi salud mental.

8. —Yo escojo vivir en el campo —digo Ramiro—. No me sumerjo en la ciudad.

1. _____
2. _____
3. _____
4. _____
5. _____
6. _____
7. _____
8. _____
9. _____
10. _____
11. _____
12. _____
13. _____
14. _____
15. _____
16. _____
17. _____
18. _____

Nuestro idioma

Algunos verbos irregulares en el presente y en el pretérito

1. Los siguientes verbos son irregulares en el tiempo presente y en el pretérito.

   decir
   yo digo, dije
   tú dices, dijiste
   él/ella/Ud. dice, dijo
   nosotros(as) decimos, dijimos
   vosotros(as) decís, dijisteis
   ellos/ellas/Uds. dicen, dijeron

   poner
   yo pongo, puse
   tú pones, pusiste
   él/ella/Ud. pone, puso
   nosotros(as) ponemos, pusimos
   vosotros(as) ponéis, pusisteis
   ellos/ellas/Uds. ponen, pusieron

   traer
   yo traigo, traje
   tú traes, trajiste
   él/ella/Ud. trae, trajo
   nosotros(as) traemos, trajimos
   vosotros(as) traéis, trajisteis
   ellos/ellas/Uds. traen, trajeron

   hacer
   yo hago, hice
   tú haces, hiciste
   él/ella/Ud. hace, hizo
   nosotros(as) hacemos, hicimos
   vosotros(as) hacéis, hicisteis
   ellos/ellas/Uds. hacen, hicieron

   tener
   yo tengo, tuve
   tú tienes, tuviste
   él/ella/Ud. tiene, tuvo
   nosotros(as) tenemos, tuvimos
   vosotros(as) tenéis, tuvisteis
   ellos/ellas/Uds. tienen, tuvieron

2. Nota que estos verbos cambian de significado con un prefijo.

   traer: atraer, distraer, contraer
   hacer: deshacer, rehacer
   tener: detener, contener, mantener, obtener
   decir: contradecir, predecir
   poner: suponer, proponer, disponer, reponer, componer

3. Recuerda evitar estos errores comunes al conjugar cualquier verbo en el pretérito.

Usa	No uses	No uses
traji**ste**	traji**stes**	traji**tes**
diji**ste**	diji**stes**	diji**tes**
fui**ste**	fui**stes**	fui**tes**

K. No quiero mudarme. Completa el siguiente diálogo con la forma correcta del verbo entre paréntesis.

Olivia: Mis padres dicen que nuestro apartamento es demasiado pequeño. Yo _____ que ellos pronto van a querer mudarse. (suponer)

Celia: ¿Y no te gusta la idea? Cuando nos mudamos _____ mi cuarto y lo decoramos en la nueva casa con los muebles de mis sueños. (deshacer)

Olivia: Perdona si te _____ , pero cuando te mudaste casi no te _____ de lamentos y quejas sobre tu futuro. (contradecir, contener)

Celia: Sí, al principio, pero después yo _____ que me compraran nuevos muebles y _____ su promesa. Eso me _____ pensar que mudarse no es tan malo. (proponer, obtener, hacer)

L. Preguntas. Te mudas a tu nuevo apartamento y tu primito te hace muchas preguntas. Escribe respuestas apropiadas. Sigue el modelo.

■ **Modelo** ¿Dónde pusiste el sofá?
Te dije que puse el sofá en la sala.

1. ¿Qué te dijeron tus amigos cuando les dijiste que te ibas a mudar?
   _____

2. ¿Trajiste un nuevo refrigerador?
   _____

3. ¿Dónde obtuviste el refrigerador?
   _____

4. ¿Trajiste adornos de tu antiguo apartamento, o compraste adornos nuevos?
   _____

5. ¿Dónde propusiste colgar el cuadro nuevo?
   _____

6. ¿Dónde pusiste la lámpara grande?
   _____

7. ¿Atrajo mucha atención tu perico en el nuevo edificio?
   _____

8. ¿Qué propones que hagamos después de ponerlo todo en su lugar?
   _____

Nuestro idioma

Los diminutivos

1. En español es muy común usar formas diminutivas de los sustantivos y los adjetivos. El diminutivo puede referirse al tamaño del objeto, indicar cariño o simplemente añadirle un gusto especial a la palabra. El diminutivo usado más comúnmente es **-ito(s) / -ita(s)**.

libr**itos**	Juan**ito**	gust**ito**
cas**ita**	hij**itas**	abuel**ita**

2. Cuando la palabra termina en **-n, -r** o **-e**, se agrega una **c** antes del diminutivo.

camion**cito**	mejor**cito**	madre**cita**

3. Las palabras monosilábicas usan los diminutivos **-ecito(s), -ecita(s)**.

flor**ecita**	sol**ecito**	pec**esito**

4. El diminutivo **-illo(s) / -illa(s)** se usa a veces en ocasiones formales o en el lenguaje literario.

arbol**illo**	poqu**illo**	cas**illa**

5. En muchas regiones de Sudamérica y el Caribe se usa el diminutivo **-ico(s) / -ica(s)**.

moment**ico**	gat**ica**	coche**cico**

6. Nota que al añadir un diminutivo a una palabra pueden ser necesarios otros cambios, como los siguientes.

Pierde el acento escrito:	caj**ón** caj**on**cito	avi**ón** avi**on**cito
La **c** cambia a **qu**:	po**c**o po**qu**ito	cer**c**a cer**qu**ita
La **z** cambia a **c**:	abra**z**o abra**c**ito	vo**z** vo**c**ecilla

M. Un apartamento diminuto. Jorge se va de intercambio a Buenos Aires y describe su apartamento en una carta a su hermana. Escribe en los espacios en blanco la forma diminutiva de las palabras entre paréntesis.

Querida _____ (Elena),

Tengo un _____ (apartamento) aquí en Buenos Aires pero muy pequeño. Hay _____ (poco) espacio, aun para una persona. La _____ (sala) de estar tiene su _____ (terraza) con vista al centro de la ciudad. Al lado está el _____ (comedor), con su _____ (mesa) con cuatro sillas. Al otro lado está la _____ (cocina); está llena de _____ (platos), _____ (vasos) y _____ (tazas). ¡Están hechos para gente que come mucho menos que yo!

La _____ (habitación) tiene mi _____ (cama) y una _____ (cómoda) donde guardo mi ropa. También tengo un _____ (baño).

Afortunadamente no tengo auto. Creo que en el _____ (garaje) no cabría ni un _____ (coche) para niños.

Un abrazo fuerte de tu _____ (hermano),

Jorge

¡Adelante!

Necesito alquilar un apartamento

Trabaja con un(a) compañero(a) de clase. Preparen un diálogo entre un(a) agente de bienes raíces y un(a) muchacho(a) que está buscando un apartamento. Sigan estos pasos.

1. Preséntense. El (La) agente ofrece sus servicios.

2. El (La) cliente(a) describe el tipo de apartamento que tiene en mente, mencionando el número de cuartos y baños, si es de lujo o de precio módico, el área donde quiere vivir, etc.

3. El (La) agente le ofrece algunas posibilidades de acuerdo con sus necesidades.

4. El (La) cliente rechaza algunas opciones, pero finalmente encuentra un apartamento que le parece ideal.

5. El (La) agente le ofrece mostrárselo y le informa del precio, depósito y otros requisitos.

6. El (La) cliente(a) acepta, y arreglan una fecha para visitar el apartamento.

7. El (La) agente y el (la) cliente(a) se despiden.

8. Asegúrense de usar al menos cinco verbos irregulares y cinco diminutivos cada uno(a). Aprendan el diálogo de memoria y preséntenlo a sus compañeros(as) de clase.

La mansión ideal

Trabaja con un(a) compañero(a) de clase. Preparen un diálogo entre dos personas a quienes les gusta exagerar sobre las casas que tienen. Sigan estas sugerencias.

1. Antes de comenzar el diálogo, decidan sobre qué cuartos de la casa va a hablar cada uno(a) de ustedes.

2. Luego permítanse unos cuantos minutos para pensar cómo van a describir esos cuartos, para que su casa suene como una mansión.

3. Cada persona debe decir algo exagerado sobre alguna parte de su casa. La otra persona rechaza esta descripción, refutándola con un diminutivo, y después intenta sobrepasarla contando exageraciones aún más grandes. Usen los verbos **decir, poner, traer, hacer** y **tener** al menos una vez cada uno(a).

4. Traten de crear un diálogo gracioso. Preséntenlo al resto de sus compañeros(as).

Una historia de misterio

Escribe una página de una historia de misterio en la que se describe el apartamento de uno de los personajes.

1. Imagina que escribes una novela de detectives. Estás escribiendo la página 177 de esa novela. En esta página, el (la) detective interroga a un(a) sospechoso(a) en su apartamento.

2. Imagina quiénes son los personajes, cuál es la historia y por qué el (la) dueño(a) del apartamento es sospechoso(a). Piensa en todos los detalles. ¿Están solos(as) los (las) dos, o hay alguien más? ¿Cómo está cada personaje: nervioso(a), enojado(a), tranquilo(a)?

3. Describe la escena. Menciona lo que hacen los personajes. Puedes escribir en primera persona, usando la voz del (de la) detective o el (la) sospechoso(a), o en tercera persona, usando un narrador omnisciente.

4. Describe el apartamento. Usa los sufijos diminutivos y los verbos que estudiaste en este capítulo cuando sea posible.

Nombre _____ **Fecha** _____

INTEGRACIÓN

¡Sigamos adelante!

Conversemos un rato

N. En busca de apartamento en una ciudad hispana. Hazle una entrevista sobre el alquiler de casas y apartamentos en América Latina o en España a una persona que haya vivido allí. Puedes entrevistar a un(a) pariente, vecino(a) o amigo(a) de la familia. Hasta puedes conducir tu entrevista por teléfono.

1. Pregúntale dónde vivió, cuándo vivió allí y si tuvo un departamento o una casa. También pídele que mencione brevemente qué hizo allí.

2. Pregúntale si hay mucha gente que alquila apartamentos y casas y qué tipo de vivienda es más popular.

3. Pregúntale cuáles son los procedimientos generales para alquilar una vivienda. Por ejemplo, si es necesario ir a una agencia o negociar personalmente. Pregúntale si las cosas han cambiado con el pasar del tiempo o si se siguen las prácticas tradicionales.

4. Pregúntale si la gente cambia de casa muy a menudo, o si permanece en un lugar por largos períodos de tiempo.

5. Pregúntale si la mayoría de la gente vive en casas o en apartamentos, y pídele que te los describa.

6. Pregúntale en qué parte de la ciudad se encuentra la mayoría de los apartamentos, si en el centro de la ciudad o en los alrededores.

7. Pídele que te dé tres o cuatro consejos para una persona que desee buscar apartamento en ese lugar. ¿Qué es necesario que haga? ¿Qué es necesario que le diga a los agentes de bienes raíces?

8. Luego presenta un informe oral a la clase resumiendo la información que obtuviste en tu entrevista.

Ñ. Lo que puedes dar y lo que deseas recibir. Entrevista a un(a) compañero(a) de clase sobre las experiencias que cree que le podría dar a un(a) estudiante extranjero(a) que viene a su casa en un programa de intercambio estudiantil. Luego, pregúntale qué esperaría aprender o recibir del (de la) estudiante. Finalmente, pregúntale qué experiencias piensa que tendría él (ella) si participara en un intercambio estudiantil.

1. Pregúntale a tu compañero(a) si le gustaría tener en su casa a un(a) estudiante extranjero(a).

2. Pregúntale si tiene un país de preferencia y por qué.

3. Pregúntale qué nuevas experiencias cree que podría brindarle a su invitado(a).

4. Pregúntale qué cree que aprendería del (de la) estudiante extranjero(a).

5. Pídele que te diga a que país le gustaría ir como estudiante de intercambio. Pregúntale por qué.

6. Pregúntale qué experiencias esperaría tener y que valor tendría para él (ella) esa experiencia.

7. Pídele que te describa alguna experiencia que tuvo que lo (la) preparó para poder vivir en el extranjero.

Taller de escritores

Trabaja con un(a) compañero(a) de clase para crear una campaña publicitaria para unos condominios nuevos en una ciudad hispana.

O. Reflexión. Primero decidan cuáles van a ser los atributos de los apartamentos. Escriban los aspectos que quieren incluir siguiendo este cuadro. Inventen nombres para los edificios, el tipo de apartamentos en cada edificio, etcétera. Pueden modificar el cuadro si quieren para incluir otros elementos que les parezcan más importantes.

Edificio	Habitaciones	Baños	Vista	Extras
El Acapulco	2 dormitorios sala comedor	dos	al mar a la ciudad	gran terraza, piscina cubierta, jardincito hermoso

P. Primer borrador. Usen la información del cuadro para escribir un párrafo sobre cada edificio. Recuerden que escriben un anuncio para un público general y que quieren vender los apartamentos en los edificios. Pueden agregar ilustraciones si quieren. Asegúrense de usar palabras y expresiones que estudiaron en esta unidad de su cuaderno de ejercicios.

Q. Revisión con un(a) compañero(a). Intercambien su descripción con unos(as) compañeros(as) de clase. Lean y comenten la descripción de sus compañeros(as). Usen estas preguntas como guía.

1. ¿Qué les gusta más del anuncio de sus compañeros(as)?

2. ¿Qué sección es más interesante?

3. ¿Qué parte les hace querer visitar el condominio?

4. ¿Es apropiado el enfoque para el público general?

5. ¿Incluye la información necesaria para atraer a posibles clientes?

6. ¿Qué otros detalles harían más atractivos los edificios?

R. Versión final. Revisa en casa tu primer borrador. Haz los cambios sugeridos por tu compañero(a) y cualquier otro cambio que consideres necesario. Revisa el contenido y luego la gramática, la ortografía, el uso de los acentos y la puntuación. Asegúrense de que todos los verbos irregulares están conjugados correctamente. Trae esta versión final a la clase.

S. Carpeta. Tu profesor(a) puede incluir la versión final en tu carpeta, colocarla en el tablón de anuncios o usarla para la evaluación de tu progreso.

Capítulo 10 Hoy, ayer y mañana

PRIMERA ETAPA

¡Leamos!

El pasaje que vas a leer en este capítulo es una carta que una estudiante que está visitando a unos parientes en Costa Rica le escribe a una amiga. En la carta le cuenta acerca de sus experiencias. Fíjate cómo Rosalinda, la chica que escribe, hace comparaciones e indica las similitudes y las diferencias entre su estilo de vida en los Estados Unidos y el de ese país centroamericano.

▶ *Antes de leer*

1. ¿Crees que las rutinas de los jóvenes son semejantes en todos los países?

2. ¿Qué actividades de los jóvenes de los Estados Unidos crees que son similares a las de los jóvenes de América Latina y España?

3. ¿Conoces algunas actividades de los jóvenes de los países hispanos que son diferentes a las actividades de los jóvenes de los Estados Unidos? Menciona algunas de ellas.

Una carta de Costa Rica

¡Hola, Ana!

Hace una semana que llegué a Costa Rica, y me siento feliz de haber venido. ¡Este país es muy bonito! La casa de mis tíos está fuera de San José, la capital, así que no hay mucho tránsito[1]. Sin embargo, no está tan lejos, de modo que también disfrutamos de todas las comodidades[2] que ofrece una ciudad moderna.

Mi prima María Esther es muy divertida. Yo la conocí cuando éramos muy pequeñas, pero no la recordaba del todo. Nos hicimos buenas amigas desde que llegué, y ella me ha presentado a todos sus amigos y amigas. Todos son muy simpáticos[3] conmigo. Al principio yo me sentí un poco rara, con eso de hablar en español todo el tiempo y de ser extranjera, pero ahora me siento como un pez en el agua[4].

La vida es un poco diferente aquí, y después de una semana, todavía estoy tratando de acostumbrarme[5] a las rutinas de la vida diaria. Todos nos levantamos muy temprano, a eso[6] de las seis de la mañana. ¡Qué horror! Después, tomamos un abundante desayuno en el que nunca falta el zumo[7] de zanahoria y naranja que nos prepara mi tía. Bueno, el desayuno es muy bueno y yo creo que me puedo acostumbrar, pero a levantarme tan temprano, ¡eso nunca!

Nos vamos caminando al colegio, que queda como a dos kilómetros (unas quince cuadras) de casa. Pero supongo que el ejercicio me hace bien, ¿no crees? Por suerte compré unos zapatos muy cómodos antes de salir de viaje... me han venido de perlas[8].

---

[1] **tránsito** actividad de personas y vehículos que pasan por un lugar
[2] **comodidades** cosas necesarias para vivir a gusto y con descanso
[3] **simpáticos** amables, amistosos
[4] **me siento como un pez en el agua** me siento completamente cómodo(a)
[5] **acostumbrarme** adquirir la costumbre o el hábito
[6] **a eso** alrededor, cerca de
[7] **zumo** jugo
[8] **venir de perlas** ser perfecto para las necesidades de uno(a)

Salimos del colegio a las dos y media de la tarde y regresamos a casa para almorzar. Ahora sé por qué comen tanto para el desayuno; el tiempo entre el desayuno y el almuerzo parece una eternidad. La mayoría de las familias en San José comen la comida principal a eso de las dos o tres de la tarde, pero en casa de mis parientes la comida principal es la cena. No obstante, aquí sí que se observa la buena costumbre de tomar una siestecita depués del almuerzo. Para mí no hay mejor costumbre en este país que la de dormir la siesta.

Después de la siesta, mi prima y yo nos reunimos con amigos y amigas en algun café o lugar de comida rápida. Casi siempre hablamos acerca de las cosas que hemos aprendido en el colegio. A diferencia de nuestra costumbre de estudiar y hacer las tareas solos en casa, aquí se estudia en grupo. Los amigos de mi prima se interesan mucho por los asuntos políticos, y debo confesarte que sus conversaciones me han hecho pensar por primera vez en la política de mi propio país. Otras veces nos encontramos en alguno de los centros comerciales, que aquí son iguales a los de los Estados Unidos, y hasta tienen muchas de las mismas tiendas.

Casi siempre cenamos a eso de las siete o siete y media de la noche, y luego miramos la televisión o escuchamos la radio. El menor de mis primos juega vídeos y el mayor se la pasa explorando el Internet.

Mañana viernes vamos a ir al cine, y el fin de semana lo vamos a pasar en la playa que queda a sólo dos horas de aquí; me dicen que es un lugar muy bonito. Otro fin de semana, ya me prometieron, me van a llevar a hacer ecoturismo a la selva tropical, algo fascinante[9] que no puedo hacer en los Estados Unidos.

Me despido por hoy. Recuerda que tengo que levantarme temprano, así que ya me voy a acostar. Te enviaré una tarjeta postal muy pronto. Salúdame a todos los compañeros de la escuela.

Hasta pronto y un abrazo de tu amiga

Rosalinda

▶ Después de leer

1. ¿Cuánto tiempo lleva Rosalinda fuera de casa? ¿En qué país está? ¿Con quién vive?

2. ¿Quién es su mejor amiga en ese país?

3. ¿Conoce a otras personas?

4. ¿Cuál es el motivo de su visita a ese país?

5. ¿Cuáles son dos cosas que sus primos hacen y que ella no acostumbra a hacer en casa?

6. ¿Por qué resulta una buena idea comer un desayuno abundante?

7. ¿Qué diferencia dice Rosalinda que existe entre los estudiantes norteamericanos y los costarricenses?

8. ¿Cuál es la costumbre costarricense que más aprecia Rosalinda?

9. ¿Crees que la presencia de Rosalinda en casa de sus parientes puede alterar de alguna manera las costumbres de la familia? ¿Por qué?

10. De acuerdo con lo escrito por Rosalinda, ¿crees que la vida de los jóvenes costarricenses es bastante similar o drásticamente diferente a la vida de los jóvenes estadounidenses? Explica tu respuesta.

---

[9]**fascinante** sumamente atractivo

Nombre _____ **Fecha** _____

Sonidos y palabras

> ### La c, la z y la s
>
> 1. Ya estudiaste palabras que se escriben con **z**, **s** y **c** en las combinaciones **ce** y **ci**.
>
> 2. En España es fácil distinguir qué palabras se escriben con **c** o con **z** y qué palabras se escriben con **s**, porque la **c** y la **z** se pronuncian como la combinación *th* en inglés. En América Latina las letras **c, z** y **s** tienen el mismo sonido: /s/.
>
> 3. En América Latina, hay palabras cuyo sonido es idéntico, pero que tienen significados diferentes.
>
> | | |
> |---|---|
> | sumo | forma del verbo **sumar** |
> | zumo | jugo |
> | casa | hogar, vivienda |
> | caza | pertinente a la cacería de animales |
> | serrar | acción de trabajar con una sierra |
> | cerrar | lo opuesto de abrir |
> | sien | partes laterales de la cabeza |
> | cien | número |
> | ceda | forma del verbo **ceder** |
> | seda | tipo de tejido |
> | abrasar | quemar |
> | abrazar | rodear con los brazos |
> | voz | sonido que se hace al hablar o cantar |
> | vos | pronombre equivalente a **tú**, usado mucho en la Argentina |

A. La rutina de Consuelo. A Consuelo no le gusta levantarse temprano. Completa la descripción de su rutina escribiendo la palabra correcta de las dos entre paréntesis.

1. Al levantarse, su _____ (vos / voz) es grave y se siente incapaz de hablar.

2. Anda mucho por la _____ (casa / caza) sin poder recordar adónde quiere ir.

3. En la cocina trata de tomar _____ (sumo / zumo) sin dejar caer el vaso.

4. _____ (Abrasa / Abraza) a su madre, quien viste una bata de _____ (seda / ceda).

5. Noventa y nueve de cada _____ (cien / sien) veces no encuentra su mochila.

6. Pero cuando la _____ (vez / ves) en la escuela, ya está totalmente despierta.

B. Un día típico. Las siguientes oraciones describen algunas de las actividades diarias de Francisco. Varias palabras tienen errores en cuanto al uso de c, s y z. Encuéntralas, enciérralas en un círculo, y escribe la forma correcta en los espacios correspondientes.

1. Me levanto a las sinco de la mañana.
2. Me baño y me sepillo los dientes.
3. Me desayuno con sumo de naranja y sereal.
4. Me voy a la escuela a las ciete de la mañana.
5. Mi primera clase es Siencias Naturales.
6. Mi segunda clase es Sosiología.
7. Vuelvo a caza por la tarde.
8. Como mi sena a las ceis y media y luego estudio.
9. Estudio tanto que no sierro mis libros hasta las onse.
10. Pero hoy no voy a ceguir mi rutina porque no me ciento bien y tengo una fiebre de más de sien grados.

1. _____
2. _____
3. _____
4. _____
5. _____
6. _____
7. _____
8. _____
9. _____
10. _____

Nuestro idioma

El trato informal y el trato formal

1. En muchos países se usa el trato formal con personas desconocidas o en señal de respeto a la edad o posición de una persona. El trato informal generalmente se usa con los amigos y los parientes, pero en algunos países se usa el trato formal con miembros de la familia.

    Buenas tardes, Dra. Mena. ¿Cómo está usted?

    Venga usted a mi oficina, Srta. Méndez.

    ¿Qué clases tomas este semestre, Carlitos?

    Papá, páseme la sal, por favor.

2. No olvides que en España se usa el pronombre informal plural **vosotros (as)**. En América Latina se usa **ustedes** en lugar de **vosotros(as)**.

    En España: ¿Qué hacéis este fin de semana?

    En América Latina: ¿Qué hacen ustedes este fin de semana?

3. En algunos países de América Central y América del Sur se usa el pronombre informal **vos** en lugar de **tú**. Se usan formas especiales de los verbos con **vos**.

Tiempo presente	**Mandato**
hablás	hablá
comés	comé
venís	vení

Nombre _____ **Fecha** _____

C. Anuncios publicitarios. Lee los siguientes anuncios publicitarios. Escribe en los espacios en blanco correspondientes las formas verbales formales y las formas verbales informales.

1. Habla con tus familiares y amigos y ven con ellos a nuestro restaurante.

2. Use nuestro servicio de teléfonos celulares y pague menos.

3. Si deseáis bajar de peso sin dejar de comer, llamadnos hoy mismo.

4. Escuchá nuestras cintas y aprendé más.

5. Visite nuestra tienda en el centro comercial y vista a la moda.

Formas verbales formales	Formas verbales informales
1. _____	_____
2. _____	_____
3. _____	_____
4. _____	_____
5. _____	_____

D. ¿Formal o informal? Traduce las siguientes oraciones al español. No te olvides de usar correctamente las formas verbales formales e informales.

1. *Close the door, Amanda!*

_____

2. *Please come in, Dr. Vento.*

_____

3. *Mom, please pass me the pepper.*

_____

Nuestro idioma

> ### *Cognados falsos*
>
> 1. Recuerda que los cognados son palabras que se escriben igual o casi igual y significan lo mismo en inglés y en español.
>
> | | | | |
> |---|---|---|---|
> | *valley* | valle | *elephant* | elefante |
> | *introduction* | introducción | *central* | central |
>
> 2. Pero también debes recordar que hay muchas palabras que aunque suenan o se escriben de manera similar, tienen significados diferentes en cada idioma. A éstos se les conoce como cognados falsos.
>
> | | |
> |---|---|
> | pariente | *relative* |
> | fábrica | *factory* |
> | actualmente | *at the present time* |
> | grosería | *coarseness, crudeness* |
> | colegio | *school* |
> | suceso | *event* |
> | biblioteca | *library* |
> | salida | *exit* |
> | éxito | *success* |
> | asistir | *to attend* |
> | mercancía | *commodity* |

E. Una conversación en el Internet. Los estudiantes de una escuela hablan por medio del Internet con los estudiantes de otra. Elige la palabra correcta del paréntesis para completar cada oración.

1. ¿Tienes (relativos / parientes) en otros países?
   Sí, mi hermano mayor ya terminó la escuela secundaria y estudia administración de empresas en (una universidad / un colegio) en Colombia.

2. ¿Cómo es la (librería / biblioteca) de tu escuela?
   Es muy moderna y tenemos computadoras y muchos libros y material de (consulta / referencia).

3. ¿Trabajas después de las clases?
   Sí, trabajo en una tienda de (productos / groserías).

4. ¿Para qué compañía trabaja tu papá?
   (De hecho / Actualmente), mi padre no trabaja para nadie, sino que tiene su propio negocio.

5. ¿Qué tipo de negocio?
   Tiene una tienda de (fábricas / telas) para ropa.

6. ¿Cómo le va en el negocio?
   Muy bien. Creo que ha tenido mucho (suceso / éxito).

7. Y tu mamá, ¿dónde trabaja?
   Ella es (profesora / facultad) en la escuela de Humanidades de la Universidad Nacional.

8. ¿Tu hermana también trabaja?
   Un momento. Ya me hiciste muchas (cuestiones / preguntas). Ahora me toca (cuestionar / preguntar) a mí.

¡Adelante!

La rutina ideal

Entrevista a un(a) compañero(a) de clase sobre cómo sería su rutina diaria ideal. Las siguientes sugerencias pueden servirte de ayuda.

1. Uno(a) de ustedes describe su rutina ideal mientras el (la) otro(a) escucha y hace preguntas. Luego, se intercambian los papeles.

2. Imagínate que eres un personaje importante, o un atleta famoso, un jefe de una gran empresa, un explorador, el presidente de un país, etc.

3. Trata de usar las formas de los verbos reflexivos que conoces.

4. Al elaborar sus rutinas respectivas, asegúrense de responder a las siguientes preguntas:
   a. ¿Te levantas temprano? ¿A qué hora te levantas los fines de semana?
   b. ¿Qué desayunas diariamente? ¿Tomas un desayuno especial los domingos?
   c. ¿Sales de casa para estudiar o trabajar, o permaneces en ella?
   d. ¿Comes el almuerzo solo(a) o acompañado(a)? ¿Duermes la siesta después de comer? ¿Por qué?
   e. ¿Qué es lo último que haces antes de acostarte por la noche?
   f. ¿Cuáles son tus actividades favoritas los fines de semana?

5. Luego, hazle la misma entrevista a un adulto o a tu profesor(a). Usa las formas verbales formales.

Un día típico

Piensa en un personaje famoso o inventa uno, y escríbele una carta en la que compares un día típico en tu vida con un día típico en la suya. Sigue los pasos siguientes.

1. Identifica a tu personaje. Indica si es real o imaginario, histórico o contemporáneo. Puede ser un presidente famoso, un líder político, un gran millonario, un empresario, un héroe, un deportista famoso, un miembro de una familia real.

2. En la carta, describe tu rutina típica, mencionando lo que haces desde que te levantas hasta que te acuestas. Puedes mencionar también a qué personas ves durante el día y qué haces con ellas.

3. Luego, compara tu rutina diaria con la rutina que te imaginas que tiene este personaje, imaginando que le hablas directamente. Usa las formas verbales formales. Señala en qué aspectos sus rutinas son semejantes y en qué aspectos son diferentes.

4. Finalmente, pídele algunos consejos a esta persona sobre asuntos que se relacionen con lo que hace. Por ejemplo, si le escribes a una actriz famosa, puedes pedirle recomendaciones para conseguir un papel en una película o volverte actor (actriz) tú mismo(a).

5. Intercambia lo que has escrito con un(a) compañero(a) de clase. Ahora imagina que tú eres la persona famosa a la que le escribió tu compañero(a). Contesta a su carta describiéndole cómo es tu rutina en realidad. Responde a sus preguntas, dándole consejos. Usa las formas verbales informales.

SEGUNDA ETAPA

¡Leamos!

El pasaje que leerás en esta etapa es un anuncio comercial que apareció en un periódico ficticio. Cuando lo leas, fíjate cómo el anuncio pone al lector en una crisis psicológica, le crea una necesidad, y luego, se presenta como la solución "al problema". Fíjate también en la ironía del artículo, que ridiculiza nuestra tendencia a comercializar todos los aspectos de nuestra vida.

▶ Antes de leer

1. En tu opinión, ¿para qué es el fin de semana: para trabajar, para reorganizarse, para prepararse para la semana siguiente, para divertirse, para descansar o para quedarse en casa y no hacer nada? Da tu opinón y explica por qué piensas de esa manera.

2. ¿Prefieres hacer tus propios planes o te gusta que otros hagan los planes para el fin de semana?

3. ¿Por qué crees que muchas personas se quedan en casa los fines de semana? ¿Por falta de amigos, falta de ánimo o falta de dinero?

4. ¿Prefieres conseguir un empleo y trabajar a tiempo parcial durante los fines de semana, o prefieres divertirte con tus amigos?

Un anuncio comercial

¿Tienes planes...? La solución para su fin de semana

Joven, jovencita, padre de familia:

¿Qué planes tiene Ud. para este fin de semana?
¿Es Ud. uno de esos que siempre usan el fin de semana como una excusa para no hacer absolutamente nada? ¿No le parece vergonzoso[10] y hasta patético[11], a veces, que mientras que todos sus amigos cuentan todo lo interesante que hicieron el fin de semana, Ud. tiene que quedarse sin decir ni media palabra?

¡No se mortifique[12] más! ¡Las cosas pueden cambiar hoy mismo!

Recuerde que Ud. no tiene por qué continuar en esa situación tan deplorable.

Nosotros "tenemos planes", y Ud. ya no tendrá que enfrentarse con temor[13] a la pregunta: "¿Tienes planes para el fin de semana?"

Nosotros somos su fin de semana y estamos a su alcance con sólo una llamada telefónica.

De ahora en adelante, Ud. podrá disfrutar de su tiempo libre sin necesidad de pasarse la semana entera pensando qué hacer o haciendo planes que no lo llevan a ningún lado.

Ya no hay excusa para pasarse horas y horas consultando el periódico o las revistas de ocio[14].

¡Qué va! No se rompa la cabeza y deje la solución en nuestras manos.

---

[10]**vergonzoso** que causa vergüenza
[11]**patético** que es capaz de infundir dolor o tristeza
[12]**mortifique** aflija o cause tristeza o molestia
[13]**temor** miedo
[14]**ocio** entretenimiento

Le ofrecemos los servicios siguientes:

- Reservaciones garantizadas en toda clase de restaurantes en cualquier lugar del país.
- Reservaciones y entradas para conciertos (música clásica, moderna, jazz, rock, etc.)
- Entradas al cine, al teatro y a una gran variedad de eventos culturales.
- Entradas a museos.
- Reservaciones para campamentos y parques nacionales.
- Reservaciones para parques de entretenimiento familiar.
- Reservaciones para estaciones de esquí.
- Reservaciones de todo tipo de vehículos de alquiler, así como reservaciones de tren, avión y nuestros exclusivos "cruceros de fin de semana".
- Servicio de chofer/chaperón para los jovencitos que todavía no tienen licencia de manejar.

Garantizamos que nuestros precios no cambian durante todo el año.
Descuentos para grupos de más de cinco personas.

Hágase miembro hoy mismo y comience a recibir nuestra información semanal sobre todos los eventos que Ud. desee. Le aseguramos que no se arrepentirá.

No lo piense más. Llámenos hoy y la próxima semana Ud. tendrá algo que contar a sus amigos sobre su fin de semana. Es más, al cabo de unas pocas semanas Ud. habrá realzado[15] su personalidad y habrá conseguido un alto nivel de confianza. Lo mejor de todo es que pronto Ud. ya no se sentirá cohibido[16] y temeroso[17]. Al contrario, Ud. esperará ansioso que sus amigos y compañeros de trabajo le pregunten: "¿Tienes planes para el fin de semana?"

▶ Después de leer

1. ¿De qué manera despierta este anuncio en el lector el sentimiento de que le hace falta algo?

2. ¿Qué solución le ofrece al lector para vencer el temor que siente al no tener nada que contar sobre sus fines de semana?

3. ¿En cuánto tiempo ofrece cambiar la situación de no tener planes para el fin de semana?

4. ¿Por qué dice "No se rompa la cabeza y deje la solución en nuestras manos"?

5. ¿Quién crees que podría usar los servicios de esta agencia, una persona pobre o una rica; una persona muy ocupada o una persona con mucho tiempo libre?

6. ¿Crees que esta agencia puede tener éxito, o crees que no va a tener muchos clientes?

7. ¿Utilizarías los servicios de esta agencia? Explica tu respuesta.

---

[15]**realzado** levantado, mejorado
[16]**cohibido** tímido
[17]**temeroso** asustado, atemorizado

Sonidos y palabras

La c y la qu

1. La letra **c** antes de las vocales **a, o** y **u** produce los sonidos **/ka/, /ko/** y **/ku/**. Con las vocales **e** e **i** produce los sonidos **/se/** y **/si/**. De modo que para obtener los sonidos **/ke/** y **/ki/** es necesario usar las combinaciones **que** y **qui**.

   casa　　　　**c**osa
   queso　　　**c**una
   Quito

2. La letra **k** se usa en algunas palabras que se originan en otros idiomas.

Palabra	Origen
kilo	del griego
káiser	del alemán
kayak	del esquimal
koala	del idioma indígena de Australia
karate	del japonés

F. Planes para el fin de semana. Completa el siguiente diálogo escribiendo **c, k** o **qu** en los espacios en blanco según corresponda.

Daniel: ¿__é hacen Uds. este fin de semana?

Antonio: __arlos, Celina y yo vamos a es__iar __on mi familia. El __lima está perfecto.

Tina: Yo voy a un __oncierto de un __antante e__uatoriano en el Teatro __ontinental.

Daniel: ¿__on __iénes vas?

Tina: Voy __on Martina y unos amigos de ella __e no __onoz__o.

Antonio: Pero, ese teatro está a varios __ilómetros de a__í. ¿No?

Tina: Sí, pero vamos en el __arro del padre de Martina. Y tú, Antonio, ¿__é vas a hacer?

Antonio: ¿Yo? ¡Ah! __ómo me gustaría divertirme, pero la vida es __ruel. Al __ontrario de Uds., yo voy a __edarme en __asa. Tengo un examen de __ímica y otro de matemáti__as el próximo lunes. Uds saben __e mis __lases son difíciles.

Daniel: ¡Ay! Antonio, tú pudiste es__oger __ursos más fáciles, pero te gusta __ompli__arte la vida. Pudiste tomar la clase de __arate que te recomendé pero no quisiste.

Nombre _____ **Fecha** _____

Nuestro idioma

Anglicismos

En el español popular, existe una gran variedad de palabras que se forman directamente del inglés; por eso, son conocidas como anglicismos o "spanglish". Evita el uso de estas palabras, optando por el término correcto en español.

Anglicismos	Inglés	Español
paipa	pipe	pipa
quiquear	kick	patear
trustear	trust	confiar
grados	grades	notas
flonquear	flunk	reprobar
baica	bike	bicicleta
lonche	lunch	almuerzo
marqueta	market	mercado
printear	print	imprimir
taipear	type	escribir a máquina
tuna	tuna	atún
bos	boss	jefe
pícap	pick-up truck	camioneta

G. La rutina de los sábados. Tu hermanito escribió una tarea sobre lo que tu familia hace los sábados, pero tú le dices que tiene muchos anglicismos y se los corriges. Encuentra las palabras en "spanglish", indícalas con un círculo y escríbelas en español en los espacios correspondientes.

1. Por la mañana, mi papá se va a su trabajo en la marqueta de la esquina. A su bos le gusta que llegue muy temprano.

2. Mi tío sale en su pícap a repartir periódicos.

3. Al mediodía, mi mamá prepara el lonche para toda la familia. Casi siempre prepara tuna, porque a todos nos gusta mucho.

4. Por la tarde, mi papá y yo quiqueamos la pelota un poco.

5. Mi hermana mayor siempre tiene que taipear todas sus tareas para sus cursos en la universidad.

6. José, mi hermano, tiene que estudiar mucho para no flonquear sus clases.

7. Yo también estudio para tener buenos grados; mis padres me prometieron una baica si me iba bien en la escuela.

1. _____   6. _____
2. _____   7. _____
3. _____   8. _____
4. _____   9. _____
5. _____ 10. _____

Nuestro idioma

El futuro: formas regulares e irregulares

1. Además del futuro inmediato (**ir a** + verbo), recuerda que también puedes usar el tiempo futuro de los verbos.

2. Para formar el futuro de los verbos, únicamente tienes que agregar alguna de las siguientes terminaciones al infinitivo de los verbos: **-é, -ás, -á, -emos, -éis, -án**. Observa que todas las formas tienen acento, con excepción de la forma de **nosotros(as)**.

habla**ré**	come**ré**	vivi**ré**
habla**rás**	come**rás**	vivi**rás**
habla**rá**	come**rá**	vivi**rá**
habla**remos**	come**remos**	vivi**remos**
habla**réis**	come**réis**	vivi**réis**
habla**rán**	come**rán**	vivi**rán**

3. También debes tener en cuenta que algunos verbos tienen formas irregulares en el futuro. Las terminaciones son las mismas.

decir	diré, dirás, dirá...
hacer	haré, harás, hará...
poner	pondré, pondrás, pondrá...
querer	querré, querrás, querrá...
salir	saldré, saldrás, saldrá...
tener	tendré, tendrás, tendrá...
venir	vendré, vendrás, vendrá...
poder	podré, podrás, podrá...

H. Planes para el sábado. Cambia los verbos en cursiva de la siguiente conversación telefónica del futuro inmediato al tiempo futuro. Escríbelos sobre los espacios en blanco.

Felipe: ¿Qué *vas a hacer* el viernes por la noche?

Ricardo: *Voy a salir* a cenar con unos amigos y luego *vamos a ir* al cine.

Felipe: Pero, ¿no *vas a venir* de excursión con mi familia el sábado?

Ricardo: Sí, seguro que *voy a ir*. *Voy a despedirme* de mis amigos después de la cena: no *voy a poder* ir al cine en esta ocasión.

Felipe: Sí, porque *vas a tener* que levantarte temprano el sábado. Mis padres *van a querer* salir a eso de las siete y media de la mañana.

Ricardo: *Voy a hacer* todo lo posible por estar allí antes de las siete. *Voy a poner* mi despertador para las seis y *voy a salir* de casa a las seis y media.

Felipe: ¿Cuándo les *vas a decir* a tus padres que no *vamos a volver* el sábado, sino el domingo?

Ricardo: Ya les avisé. Creo que *vamos a divertirnos* mucho durante esta excursión con tus padres. Todos *vamos a poder* conocernos mejor.

1. _____
2. _____
3. _____
4. _____
5. _____
6. _____
7. _____
8. _____
9. _____
10. _____
11. _____
12. _____
13. _____
14. _____
15. _____
16. _____

¡Adelante!

Fiesta de fin de semana

Cuéntale a un(a) compañero(a) sobre una fiesta a la que fuiste durante un fin de semana reciente. Cuando termines, tu compañero(a) te contará sobre su propia fiesta. Si es posible, conversen sobre una fiesta hispana. Sigue los siguientes pasos.

1. Explica cuándo fue la fiesta, quién la dio y por qué razón.

2. Indica si la fiesta fue formal o informal.

3. Si fuiste a una fiesta hispana, di qué aspectos en particular pudiste observar.

4. Señala si pasó algo que hizo que esta fiesta fuera inolvidable.

5. Di si conociste nuevos amigos o si ya conocías a todos los que asistieron a la fiesta.

6. Luego menciona a qué fiesta irás el próximo fin de semana, quiénes asistirán, qué harán, qué pasará en esta fiesta y cómo será.

7. Si tu compañero(a) desea preguntarte algo, puede hacerlo en cualquier momento de la conversación.

Invitación a una fiesta

Como parte de un comité, se te ha asignado que escribas la invitación a una fiesta. Las siguientes sugerencias pueden ayudarte a escribir la invitación.

1. Indica qué tipo de fiesta será: formal, informal, de disfraces, de cumpleaños, de navidad, de año nuevo, etc.

2. Si será una fiesta formal, utiliza frases formales como "Tenemos el honor de invitarlo...".

3. Especifica la fecha, el lugar y la hora de la fiesta.

4. Proporciona cualquier otro tipo de información que tú consideres necesaria: dónde será la fiesta, si la gente traerá algo o no, si será una fiesta sorpresa, etc.

5. Termina la invitación con una frase atractiva que anime a tus invitados a venir a la fiesta.

TERCERA ETAPA

¡Leamos!

El pasaje que vas a leer en esta etapa es un cuento corto. Es la historia de un chico que está un poco aburrido de hacer siempre lo mismo durante las vacaciones, y decide que él va a organizar las próximas vacaciones para su familia.

▶ Antes de leer

1. ¿Cómo son tus vacaciones? ¿Visitas lugares interesantes y haces cosas divertidas? ¿Haces siempre lo mismo, o varían tus programas?

2. ¿Te parece una buena idea visitar a tus parientes o amigos durante las vacaciones, o prefieres ir a lugares desconocidos para vivir nuevas experiencias?

3. Cuando vas de vacaciones, ¿te gusta descansar o te gusta estar activo(a)?

4. ¿Te gustaría planear tus propias vacaciones? Explica.

Un cuento corto

En busca de algo nuevo

Una vez más, éste era el mes del año cuando los padres de Jorge comenzaban a hacer planes para las vacaciones de la familia. Por lo general, la familia terminaba visitando a algún pariente que ni Jorge ni sus hermanas conocían muy bien. Jorge disfrutaba estas visitas, pero también quería probar algo diferente y nuevo.

Una noche, Jorge decidió que él iba a convencer a sus padres de que había otras opciones que visitar a una tía o un tío. Se retiró a su cuarto después de la cena y comenzó a fraguar[18] su proyecto. Comenzó a explorar el Internet con el propósito de buscar lugares adónde ir de vacaciones. Encontró muchísimos; tantos, que decidió reducir su campo de búsqueda y elaboró primero una lista de lugares que él pensó que resultarían atractivos para sus padres, y que al mismo tiempo eran interesantes para un joven como él. Comenzó a buscar otra vez. Recordó que su madre siempre había deseado ir a Chile, y como a él le gustan las caminatas[19], buscó programas de vacaciones en las montañas de Chile. También se le ocurrió que a su padre le gustaría ir de pesca y entonces buscó información sobre turismo y pesca en América Latina. Continuó buscando de esta manera por casi dos horas; se sentía muy contento con todo lo que encontraba. Después, encontró algunas agencias de viaje que trabajan a través del Internet, las cuales le ofrecieron sugerencias que él no había considerado hasta ese momento. Las agencias le informaron acerca de muchos lugares donde uno puede disfrutar de unas "vacaciones inolvidables", y también le dieron información de vuelos, hoteles y demás arreglos pertinentes[20].

---

[18]**fraguar** idear, discurrir y trazar la disposición de alguna cosa
[19]**caminatas** paseos a pie
[20]**pertinentes** que son oportunos, a propósito o pertenecientes a alguna cosa

Jorge hizo planes para diez vacaciones posibles para su familia, incluyendo fotos que obtuvo del Internet, y decidió presentárselas a sus padres al día siguiente. Se aseguró de que cada vacación tuviera algo que le gustara a todos y a cada uno de los miembros de la familia. Algunos lugares eran más caros que otros, pero como no sabía cuánto dinero tenían ahorrado[21] sus padres para las vacaciones de este año, Jorge simplemente pensó que les iba a ofrecer una amplia selección de donde escoger.

Tal y como se lo imaginaba, al día siguiente sus padres comenzaron a hablar sobre la posibilidad de visitar a una prima que vivía en otra ciudad. Ése fue el momento que el chico aprovechó para presentar su plan. "En realidad", dijo, "yo tengo en mente algo diferente." Y sacó sus itinerarios[22] y sus fotos y los extendió sobre la mesa frente a todos.

Les presentó varias opciones, y cada vacación parecía aún mejor que la anterior. Su hermana y sus padres se entusiasmaron[23] con todo lo que Jorge les había preparado.

"¡Hasta encontraste hoteles!", exclamó su padre. "Y yo que pensaba que lo único que hacías en tu computadora era jugar." "Esto fue un juego para mí, papá. Yo me divertí mucho imaginándome todos estos lugares", respondió Jorge.

—Yo quiero ir a Venezuela —dijo la hermana de Jorge.
—Y yo quiero ir a Chile —replicó su madre.
—A mí me parecen más razonables los precios en Guatemala —dijo el padre.

Estaban tan animados con la idea de Jorge que se pasaron los dos días siguientes discutiendo las distintas opciones, y hasta introdujeron algunas nuevas. Cada opinión fue considerada, hasta que finalmente llegaron a un acuerdo: pasarían dos semanas en Chile.

Se dieron cuenta de que costaría un poco más de lo que esperaban, pero estas vacaciones serían algo especial para toda la familia.

▶ Después de leer

1. ¿Qué le parecían a Jorge las vacaciones que usualmente tomaba su familia?

2. ¿Qué se propuso hacer Jorge para conseguir unas vacaciones diferentes?

3. ¿Cómo obtuvo información para sus planes de vacaciones?

4. Cuando hizo sus planes, ¿qué puntos importantes tomó en cuenta para que las vacaciones fueran atractivas?

5. ¿Por qué crees que tuvo éxito cuando presentó sus planes a su familia?

6. ¿Crees que es una buena idea que toda la familia haya participado en la decisión final? Explica tu respuesta.

7. ¿Qué te gustaría hacer las próximas vacaciones? Describe tu plan ideal.

8. Ahora piensa en un plan que sería adecuado para toda tu familia, tomando en cuenta el presupuesto, la temporada y los intereses de tu familia. Describe las vacaciones que propondrías.

---

[21]**ahorrado** guardado para el futuro o para un propósito en particular   [23]**se entusiasmaron** se animaron
[22]**itinerarios** guías, listas de datos referentes a un viaje

Sonidos y palabras

La r *y la* rr

1. La letra **r** tiene sonido trillado doble en los casos siguientes.

    a. En posición inicial:

    Rosa **R**odríguez va **r**umbo al **r**ío.

    b. En posición interna, después de las consonantes **l** y **n**:

    El señor Con**r**ado es un hombre hon**r**ado

    c. En posición final:

    Carlos es acto**r** y su hermano Artu**r**o es animado**r**.

2. En cualquier otra posición la **r** tiene un sonido trillado simple.

    Quiero un co**r**o para la boda pe**r**o es muy ca**r**o.

3. Para indicar el sonido trillado doble entre dos vocales se usa la doble **rr**.

    El señor He**rr**era lleva a su pe**rr**o a las ca**rr**eras.

4. Ya aprendiste que algunas palabras se distinguen sólo por si el sonido trillado es simple o doble.

ca**r**o = que cuesta mucho	ca**rr**o = coche
ce**r**o = la suma de dos menos dos	ce**rr**o = una colina
co**r**o = grupo de cantantes	co**rr**o = forma del verbo **correr**
pe**r**o = una conjunción	pe**rr**o = animal doméstico
pa**r**a = una preposición	pa**rr**a = viña

5. En muchos países de América Latina, particularmente en el Caribe, es común pronunciar **l** en lugar de **r**. Ten cuidado de escribir correctamente palabras como las siguientes:

Escribe	**No escribas**
verdad	veldad
salir	salil
versos	velsos
suerte	suelte

I. Vacaciones planeadas. Violeta quiere ir de vacaciones pero necesita resolver algunos problemas. Encierra en un círculo la palabra apropiada entre paréntesis.

1. Tengo ganas de (ir / il) de vacaciones a un país hispano.

2. Tendré que (salir / salil) unos días antes de que empiecen las vacaciones.

3. (Pero / Perro) me parece que no tendré problemas para conseguir (pelmiso / permiso).

4. El número de días que he faltado a clase este año es (cero / cerro).

5. También tengo otros (ploblemas / problemas) que (resolvel / resolver).

6. Alguien tendrá que (cuidal / cuidar) a mi (pero / perro) mientras estoy de viaje.

7. Además, soy (miemblo / miembro) del (coro / corro) de mi colegio.

8. Tendré que faltar a los ensayos y no estaré para el (concielto / concierto) de fin de año.

9. (Pol / Por) si fuera poco, generalmente (coro / corro) todos los días.

10. Durante las vacaciones tendré que encontrar otra manera de hacer (ejercicio / ejelcicio).

11. Dicen que (celca / cerca) de mi hotel está el (cero / cerro) donde hay una pista de atletismo.

12. Mi hotel es un poco (caro / carro) pero la habitación tiene vista al (mar / mal).

13. El (precio / plecio) incluye todas las comidas y un (caro / carro) de alquiler.

14. Parece que el desayuno lo sirven en un patio con una frondosa (para / parra).

15. En fin, es el lugar ideal (para / parra) descansar. ¡Parece un sueño!

Puntuación

Dos puntos (:)

1. Se usan dos puntos después de expresiones tales como **a continuación** o **siguiente**.

    Las clases que ofrecemos aparecen **a continuación**: matemáticas, lenguas y estudios sociales.

    Tendremos exámenes en las fechas **siguientes**: 15 de febrero, 22 de marzo y 12 de abril.

2. Se usan dos puntos en cláusulas independientes, en las que la segunda explica o aclara la primera.

    Nuestras vacaciones fueron excelentes: el clima estuvo muy bueno, nos divertimos mucho, vimos muchos lugares y los precios no fueron muy altos.

3. Se usan dos puntos comúnmente para separar las horas y los minutos.

    Llegaron a las **2:30 p.m.**

4. Siempre se usan dos puntos después del saludo en una carta, ya sea formal o informal.

    Estimado Sr. Quintero:
    Querida mamita:

J. Una excursión. Esta descripción de una excursión no tiene puntuación. Corrígela colocando un punto, dos puntos o una coma donde corresponda.

Estimado Cliente

He aquí unos detalles sobre nuestra excursión Las ciudades de la excursión del día quince son las siguientes Mayala Cuesta y San Ramón La excursión incluye dos comidas diarias el desayuno y la cena A continuación verá una lista de todos los hoteles incluidos el Real el Gran Hotel el Puerto Príncipe y el Hotel La Hacienda

Nuestro idioma

> ### *El imperativo reflexivo*
>
> 1. El imperativo afirmativo de **nosotros (vamos, pongamos)** pierde la **s** final cuando se convierte en reflexivo y se le agrega el pronombre **nos: vámonos, pongámonos.** Evita decir **vámosnos** o **pongámosnos.** Observa que también se escribe un acento sobre la antepenúltima sílaba.
>
> 2. Evita añadir una **n** extra al final de los los imperativos reflexivos en la forma de **ustedes.** Di **levántense** o **quédense,** pero no **levántensen** ni **quédensen.**
>
> 3. Evita también la transposición de letras en los imperativos reflexivos en la forma de **ustedes.** Di **levántense** o **quédense,** pero no **levántesen** ni **quédesen.**

K. Unas vacaciones con nuestros vecinos. Dos familias de vecinos deciden tomar vacaciones juntas, pero no pueden ponerse de acuerdo. Los siguientes son fragmentos de las conversaciones que tuvieron. Encuentra los errores en las formas verbales y escríbelas correctamente en los espacios correspondientes.

1. —Mañana tenemos que dar una caminata por la playa. Levántesen a las seis para ver la salida del sol.
   —No, no nos levantemos tan temprano. Levantémosnos a las ocho.

2. —Vámosnos a nuestro cuarto. Tenemos que prepararnos ya que vamos a cenar afuera esta noche.
   —No, no cenen afuera esta noche. Quédesen a cenar con nosotros aquí en el hotel.

3. —Si vamos al cine esta noche, sentémosnos en los asientos de atrás.
   —No, siéntesen con nosotros en el centro de la sala. De allí se oye mejor.

4. —Vistámosnos con ropa formal y elegante para nuestra noche en el teatro.
   —No es necesario llevar ropa formal. Póngasen ropa corriente.

5. —Niños, despídasen de sus amigos. Tenemos que volver a casa hoy mismo.
   —Sí, y acuérdesen de escribir en sus diarios lo mucho que se divirtieron con nosotros.

6. —Preparémosnos para llegar al aeropuerto con dos horas de anticipación. Acostémosnos temprano esta noche.
   —¡Qué horror! No me quiero levantar tan temprano. Quedémosnos en la cama hasta las diez.

1. _____

2. _____

3. _____

4. _____

5. _____

6. _____

Nuestro idioma

> ### *El imperativo familiar irregular*
> Hay ocho verbos que son irregulares en el imperativo familiar (**tú**) afirmativo. En el imperativo familiar negativo, los verbos toman sus formas del presente del subjuntivo.
>
> | Infinitivo | Imperativo afirmativo | Imperativo negativo |
> |---|---|---|
> | decir | **di** | no **digas** |
> | hacer | **haz** | no **hagas** |
> | ir | **ve** | no **vayas** |
> | poner | **pon** | no **pongas** |
> | salir | **sal** | no **salgas** |
> | ser | **sé** | no **seas** |
> | tener | **ten** | no **tengas** |
> | venir | **ven** | no **vengas** |

L. Para que tengas unas buenas vacaciones. Un amigo que va de vacaciones a un lugar que tú ya conoces te pide consejos y tú le envías la siguiente lista. Escribe los verbos en paréntesis en la forma correcta del imperativo familiar.

1. _____ a tus padres dónde vas a estar cada día. (decirle)

2. No _____ tu pasaporte en un lugar poco seguro. (poner)

3. No _____ descuidado: llega al aeropuerto dos horas antes de la salida de tu vuelo. (ser)

4. _____ tus reservaciones con anticipación. (hacer)

5. _____ con amigos a todas partes. (ir)

6. Nunca _____ solo. (salir)

7. _____ generoso con las propinas en los restaurantes y los hoteles. (ser)

8. _____ cuidado con tu equipaje. (tener)

9. No _____ a ningún desconocido dónde guardas tu dinero. (decirle)

10. Si quieres que te preste mi cámara, _____ a mi casa a recogerla. (venir)

11. Pero no _____ a olvidar comprar la película para la cámara. (ir)

¡Adelante!

Tus vacaciones

Trabaja con un(a) compañero(a) de clase. Cada uno(a) debe planear las vacaciones del otro.

1. Dile a tu compañero(a) adónde debe ir, por cuánto tiempo, cómo debe hacer sus preparativos, cómo debe viajar y dónde debe hospedarse.

2. Recomiéndale qué lugares debe visitar y qué tiene que hacer durante las vacaciones. Inventa instrucciones para explicarle qué debe hacer para llegar desde el hotel hasta alguno de estos lugares.

3. Dale consejos sobre qué debe hacer y que no debe hacer para disfrutar más sus vacaciones.

4. Explícale cómo debe comportarse si tiene algún contratiempo, por ejemplo, si pierde algún documento o si se enferma.

5. Tu compañero(a) debe hacerte preguntas, pidiéndote más instrucciones y consejos. Por ejemplo, puede preguntarte qué ropa debe empacar, qué debe ponerse para visitar cada sitio en específico o qué regalos debe comprar para traer de vuelta.

6. Luego, intercambien papeles.

Itinerario para unas vacaciones fabulosas

Imagínate que vas a ir de vacaciones a un país hispano con un(a) amigo(a) y que a ti te toca diseñar el itinerario.

1. Decide a qué país hispano van a ir de vacaciones. Investiga sobre los sitios de interés turístico y las actividades que allí pueden realizar. Decide por cuánto tiempo van a quedarse allí.

2. Escribe lo que van a hacer cada día de las vacaciones. El primer día comienza con la llegada y registro en el hotel. Luego, para cada día de su visita, menciona lo que van a hacer y los lugares que van a visitar. Usa mandatos.

3. Al final del itinerario, proporciona consejos y recomendaciones a tu amigo(a) para prevenir cualquier clase de problemas y contratiempos.

INTEGRACIÓN

¡Sigamos adelante!

Conversemos un rato

M. Atracciones turísticas. Entrevista a una persona que haya vivido en un país hispano y pregúntale acerca de los lugares turísticos más populares en ese país. Puedes entrevistar a tus padres, si ellos nacieron en un país hispano, o puedes llevar a cabo tu entrevista con un pariente o un amigo de la familia. Otras posibilidades son tus compañeros(as) de clase o los (las) profesores(as) de tu escuela. Al hacer tu entrevista sigue los pasos siguientes.

1. Pregunta qué lugares son atracciones turísticas importantes en ese país.

2. Pregunta cuáles son las atracciones más populares entre las personas del país, y cuáles lo son entre los extranjeros.

3. Pregúntale cuál es su lugar favorito y por qué, y pídele que te lo describa.

4. Pregúntale cuál es el sitio turístico más famoso en ese país.

5. Pregúntale por qué este sitio es tan famoso, si es debido a sus bellezas naturales, a la posibilidad de practicar deportes como el esquí o el alpinismo o por ser éste un sitio histórico o arqueológico.

6. Pregúntale si sabe de este lugar porque ha estado de vacaciones allí, porque vivió allí en el pasado, o porque ha leído sobre este lugar.

7. Pregúntale si este lugar tiene buenos servicios e infraestructura para el turismo (hoteles, aeropuerto, restaurantes, tiendas, etc.).

8. Pregúntale si este lugar es apto para el turismo tradicional o para el ecoturismo. Si es un lugar para ecoturismo, pregunta sobre los aspectos naturales que lo hacen tan atractivo.

9. Pídele que te dé consejos para los turistas que visitan ese país y ese lugar.

10. Toma apuntes durante la entrevista y presenta un reportaje en clase.

N. Las costumbres. Entrevista a una persona que conozca o haya vivido en algún lugar del mundo hispano. En tu entrevista trata de buscar semejanzas y diferencias entre el estilo de vida en el mundo hispano y en los Estados Unidos. El sujeto de tu entrevista puede ser uno de tus padres, un pariente, un(a) vecino(a) o un(a) amigo(a) hispano(a) de tu escuela o de tu vecindad. Investiga lo siguiente.

1. A qué hora se levantan generalmente, si desayunan o no y qué comen de desayuno.

2. Cuáles son los horarios de trabajo y de la escuela.

3. Cuáles son los horarios de las comidas.

4. Si se duerme la siesta o no.

5. Qué hace la gente joven después de la escuela o el trabajo.

6. Si trabajan los sábados y los domingos. Si tienen fines de semana largos.

7. Cómo se celebran los días feriados en la comunidad.

8. Si hay rutinas comunes a este país hispano y a los Estados Unidos.

9. Toma nota de tu entrevista y presenta un reportaje oral en frente de la clase. Menciona qué deberá hacer una persona que se mude allí para adaptarse a la nueva cultura y las nuevas costumbres. Usa el tiempo futuro y los mandatos. Por ejemplo, podrías sugerir: "Deberás acostumbrarte a la comida. Probarás distintos platos. Tomarás jugos de frutas que antes no conocías."

Taller de escritores

Trabaja con un(a) compañero(a) de clase. Imagínense que son estudiantes hispanoamericanos que estudian en los Estados Unidos. Un(a) amigo(a) suyo(a) vendrá a vivir aquí por unos meses. Escríbanle una carta describiendo la rutina que siguen aquí y dándole consejos para el viaje y la llegada.

Ñ. Reflexión. Primero decidan cuál va a ser "su país" de origen. Escriban, sin pensarlo demasiado, palabras que describen los aspectos que quieren incluir de su rutina diaria aquí en los Estados Unidos para luego contrastarlos con las rutinas de sus amigos(as) allá en su país. Comiencen eliminando las palabras menos importantes hasta que sólo quede un número razonable de puntos que cubrir en la carta. Organicen estos aspectos en un orden lógico para crear una estructura para la carta.

O. Primer borrador. Escriban una versión de la carta. Recuerden que escriben para su amigo(a) en "su país" hispanoamericano. Deben comparar y contrastar las ideas para que su amigo(a) pueda entender cómo son las rutinas en los Estados Unidos y cómo debe prepararse para esta experiencia. Usen los verbos en el tiempo futuro y los mandatos.

P. Revisión con un(a) compañero(a). Intercambien su carta con unos(as) compañeros(as) de clase. Lean y comenten la carta de sus compañeros(as). Usen estas preguntas como guía.

1. ¿Qué les gusta más de la carta de sus compañeros(as)?

2. ¿Qué sección es más interesante?

3. ¿Qué parte les parece más reveladora del contraste de culturas?

4. ¿Es apropiado el enfoque?

5. ¿Incluye la información necesaria para ser comprendida por personas que no han visitado los Estados Unidos?

6. ¿Da buenos consejos para preparar el viaje y acostumbrarse al nuevo modo de vida?

7. ¿Qué otra información sería útil e interesante incluir?

Q. Versión final. Revisen en casa su primer borrador. Hagan los cambios sugeridos por sus compañeros(as) y cualquier otro cambio que consideren necesario. Revisen el contenido y luego la gramática, la ortografía, el uso de los acentos y la puntuación. Revisen los verbos reflexivos. Traigan dos copias de esta versión final a la clase.

R. Carpeta. Tu profesor(a) puede incluir la versión final en tu carpeta, colocarla en el tablón de anuncios o usarla para la evaluación de tu progreso.

Capítulo 11: La comida en el mundo hispano

PRIMERA ETAPA

¡Leamos!

En todas las culturas la ropa funciona como un símbolo del estado social y económico de las personas. Éste fue el caso entre los pueblos indígenas cuando llegaron los europeos. Aquí hay alguna información sobre la ropa y su historia en América Latina.

▶ *Antes de leer*

1. ¿Hay ropa que consideras "tradicional" en los Estados Unidos? ¿En tu estado? ¿En tu comunidad?

2. En los Estados Unidos, ¿crees que la gente se viste cada vez más de la misma manera, o no? Explica tu respuesta.

3. ¿Sigues la moda del día cuando te vistes? ¿Por qué sí o por qué no?

La ropa en América Latina

La época precolombina

Antes de la creación de los tintes sintéticos, los tintes naturales tenían mucho valor económico. Los indígenas del Nuevo Mundo habían descubierto varios colores vegetales como el índigo, minerales como el azul de los mayas, o, por ejemplo, el rojo brillante que producían moliendo las cochinillas, unos insectos que cultivaban para el propósito. La púrpura se hacía de unos moluscos.

En todas las culturas americanas la ropa reflejaba el estado social o económico de la persona. La decoración con colores aumentaba el valor de la tela y elevaba el nivel del que la vestía. Las plumas vistosas[1] también se usaban mucho como adorno personal.

Los aztecas

En la sociedad azteca, el hombre común usaba principalmente el taparrabo, un pedazo de tela de algodón que llevaban en la cintura, pasándolo por entre las piernas para atarse atrás. Los que podían encima se ponían una capa de color brillante atada al hombro. Algunos, para demostrar su importancia y poder, usaban varias capas de diversos colores, una sobre la otra. Los guerreros tenían una serie de prendas[2] que representaban el número de soldados enemigos que habían matado.

Las mujeres usaban comúnmente una falda y una blusa sencillas, pero en los días de fiesta vestían las dos prendas de muchos colores. El decorado consistía principalmente en las mismas figuras geométricas que han sobrevivido hasta hoy en las telas modernas.

Los dos sexos usaban mucha joyería de oro, plata, piedras preciosas, cobre y concha. Llevaban brazaletes en los brazos y las piernas. Los oficiales usaban la turquesa[3] como símbolo de su poder político.

---

[1] **vistosas** llamativas, que se notan
[2] **prendas** artículos de vestir
[3] **turquesa** piedra semipreciosa de color azul verdoso

Los incas

Los incas de la región andina, urgidos[4] por su clima menos caluroso, desarrollaron las técnicas de tejer a un nivel impresionante. Las mujeres pasaban sus habilidades de generación en generación y las tejedoras ocupaban un lugar central en la sociedad inca.

Además del algodón tenían la lana procedente de las llamas, alpacas y vicuñas con la que tejían paños gruesos y abrigados. Todavía hoy las técnicas de tejido inca se consideran sumamente avanzadas. Usaban tela de colores para los días de fiesta y también para enterrar a las personas importantes en la forma de momias.

La época moderna

La decoración geométrica y los colores vívidos todavía se encuentran en la ropa y en otros elementos decorativos de América Latina, especialmente en las regiones con mucha población indígena. Sin embargo, en todo el continente la mayoría de la gente se viste igual que en otras partes del mundo occidental.

En las ciudades grandes los hombres para ir al trabajo llevan traje, camisa blanca, corbata y zapatos tradicionales de cuero. Los trajes suelen ser más conservadores en el corte y el color que los que se usan en los Estados Unidos. En los pueblos pequeños es común encontrar a los hombres con sólo pantalones y camisa.

Muchas mujeres, en las ciudades, suelen vestirse elegantemente para salir a la calle. Usan pantalones cortos únicamente en la playa o en lugares de recreo. Aun los pantalones largos y los vaqueros son un poco menos comunes en general.

En los climas tropicales, que caracterizan mucho del mundo hispano, la gente se viste de un modo un poco distinto a causa del calor. En muchas regiones los hombres usan frescas camisas de algodón con pliegues[5], y a veces bordados[6], llamadas guayaberas. Estas camisas pueden ser o sencillas o elegantes, existiendo incluso guayaberas muy especiales usadas para las ocasiones algo formales. Las mujeres usan vestidos de algodón sueltos, sin mangas, para mantenerse frescas. También es muy común que las mujeres tengan abanicos[7].

▶ Después de leer

1. ¿Qué tipos de tintes naturales usaban los indígenas?
2. ¿Qué propósito puede tener la decoración además del placer estético?
3. ¿Qué llevaban los hombres aztecas ricos además del taparrabo?
4. ¿Qué figuras utilizaban en el decorado?
5. ¿De qué estaba hecha la joyería de los aztecas? ¿Quién la usaba?
6. ¿Por qué necesitaban los incas telas más gruesas?
7. ¿Qué material usaban los incas principalmente para hacer la ropa? ¿De dónde lo obtenían?
8. ¿Cómo se visten los hombres actualmente en América Latina?
9. ¿Dónde usan las mujeres latinoamericanas pantalones cortos?
10. ¿Qué ropa viste la gente en las regiones tropicales?
11. ¿Cómo se viste la gente joven en tu comunidad? ¿La gente adulta?
12. ¿Afecta el clima la manera en que la gente viste en tu comunidad? ¿En qué modo?
13. Tu actitud hacia la ropa, ¿es práctica y funcional? ¿Te parece más importante el aspecto estético? ¿Por qué?

---

[4]**urgidos** causados, provocados
[5]**pliegues** dobleces cosidos y planchados en la ropa
[6]**bordados** diseños hechos con hilos de colores
[7]**abanicos** instrumentos usados para darse aire

Actividades

Mis marcas favoritas

Trabaja en un equipo con dos compañeros(as) de clase. Hablen sobre sus marcas favoritas de ropa. Trata convencer a tus compañeros(as) de que las marcas que tú prefieres son las mejores. Deben cubrir las siguientes preguntas en su conversación.

1. ¿Qué marcas de ropa te gustan más? ¿Por qué?
2. ¿Te parece más importante la ropa que venden o la imagen que proyectan?
3. ¿Ofrecen ropa de última moda o más tradicional?
4. ¿Qué marca ofrece el máximo valor?
5. ¿Qué marca tiene la mayor selección? ¿Dónde se vende?
6. ¿Ha tenido mucho éxito la marca? ¿Tiene mucho futuro?
7. ¿Cómo es superior a otras marcas semejantes?
8. ¿Qué tanta influencia tiene la publicidad en la popularidad de esta marca?

Una nueva marca

Imagínate que vas a comenzar tu propia marca de ropa para jóvenes, y que necesitas hacer la campaña publicitaria para el lanzamiento. Haz una lista de diez aspectos que te parezca importante comunicar al público para convencerlo de comprar tu ropa. ¿Qué tipo de ropa es? ¿Es para hombres, mujeres o los dos sexos? ¿Tiene precios moderados?

1. _____
2. _____
3. _____
4. _____
5. _____
6. _____
7. _____
8. _____
9. _____
10. _____

¡Exploremos!

Creamos una línea de ropa

En este capítulo vas a trabajar en un equipo con dos compañeros(as) para crear su propia línea de ropa para el mercado hispano. Tendrán que decidir cuál será su público, cuáles son los gustos y deseos de este público y cómo lo convencerán de comprar su producto.

Antes de empezar

1. Decidan qué tipo de ropa van a vender, tomando en cuenta los siguientes factores:

   Edad del público: _____

Precio: _____

Estilo: _____
_____

Para qué tipo de ocasiones: _____
_____

2. Escojan una marca semejante a la que van a crear para servir de modelo. ¿Qué es lo que más les gusta de esa marca? ¿Qué cosas creen que deben ser diferentes en su propia marca?
_____
_____
_____

3. Elijan un nombre para su marca. El nombre debe tener sentido tanto en español como en inglés.
_____

4. Elijan un eslogan (lema) para su marca, es decir, una expresión u oración que la represente de manera ingeniosa y atractiva.

5. ¿Les gustaría que alguna persona famosa promocionara su marca? ¿Quién(es)? ¿De qué manera?
_____
_____

¡Manos a la obra!

Sigan estos pasos, modificándolos cuando sea necesario. El resultado final de este proyecto será una serie de ejemplos de anuncios, del logotipo y de su ropa si pueden dibujarla.

1. Creen un logotipo o símbolo para su marca de ropa. Debe ser fácilmente reconocible. Hagan un dibujo a colores del logo.

2. Escriban una carta a una persona hispana famosa que quieren contratar para la campaña publicitaria. Incluyan detalles como el tipo de campaña que va a ser y las obligaciones de la persona contratada.

3. Diseñen unos anuncios impresos para revistas o periódicos específicos.

4. Escriban una descripción breve de la publicidad que les gustaría tener en otros medios de comunicación como la televisión, la radio, las carteleras, los eventos deportivos, etcétera.

5. Si tienen acceso al Internet, visiten las páginas de las marcas de ropa que les gustan y que serían su competencia. Observen qué información y servicios ofrecen estas páginas. Escriban una descripción de la página que les gustaría tener para su marca en el Internet.

6. Muestren sus anuncios a distintas personas: sus familias, amigos(as) y compañeros(as) de clase. Observen la reacción de la gente al nombre de su marca, el logotipo, el eslogan y los anuncios. Basándose en las reacciones de estas personas, hagan cualquier cambio que sea necesario a sus anuncios.

7. Finalmente, entreguen a su profesor(a) una copia de sus anuncios, la carta a la persona hispana, el logotipo y el eslogan de la marca. Si dibujaron algunas de las prendas que venderían, también entréguenlas. Deben estar listos para presentar su campaña a la clase si su profesor(a) lo requiere.

Nombre _____ **Fecha** _____

Y tú, ¿qué opinas?

Responde a las siguientes preguntas.

1. ¿Te gustó como salió tu proyecto? ¿Qué aspecto te gustó más?
2. ¿Qué otra información te habría gustado tener para mejorar el proyecto?
3. ¿Dónde encontraste la mayoría de la información que usaste?
4. ¿Dónde podrías encontrar más información sobre este tema?
5. ¿Te gustaría trabajar en la industria de la moda? ¿Por qué?
6. ¿Son los fabricantes de la ropa o los clientes quienes determinan la moda?
7. ¿Compras principalmente una marca de ropa o compras de todas?
8. ¿Tomas en cuenta la marca cuando decides si comprar o no una prenda de vestir?
9. ¿Qué tanto influye la publicidad en tus decisiones sobre la ropa que compras?
10. ¿Influye en tus compras si una persona famosa recomienda una marca de ropa u otro producto? ¿Por qué?
11. ¿Qué aspectos de una campaña de publicidad te afectan más? ¿Por qué?
12. ¿Te interesa cómo funciona la publicidad? ¿Te gustaría trabajar en ese campo? ¿Por qué?

SEGUNDA ETAPA

¡Leamos!

Cada región de España tiene sus comidas típicas, que muestran la influencia de la geografía, el clima y la historia. Algunos incluso dicen que en realidad no existe la comida española, sino que hay comida gallega, comida catalana, comida castellana, comida andaluza, etc. El siguiente artículo de una revista culinaria trata sobre las cocinas regionales españolas.

▶ Antes de leer

1. ¿Hay platos regionales en todos los países? ¿Qué platos son típicos de tu región? Menciona algunos que tú conoces.
2. ¿Cuáles son algunos factores que influyen en las cocinas regionales? Menciona ejemplos específicos.
3. ¿Comes platos regionales en tu familia? ¿Cuáles son?

La cocina regional española

La España moderna consiste en varias regiones de origen histórico. Cada una tiene ciertas características culturales únicas. En algunos casos hasta tienen un idioma distinto como en el País Vasco, Cataluña y Galicia. Algunos tienen sus bailes regionales, como las sardanas de Barcelona; otras tienen su ropa típica, como los vestidos flamencos que se usan para las fiestas andaluzas. Y todas las regiones tienen su cocina típica. Si en gustos se rompen géneros[8], como dice el viejo refrán[9], en la cocina española hay algo para satisfacer a cualquier persona.

---

[8] **en gustos se rompen géneros** a cada persona le gusta algo diferente [9] **refrán** dicho popular

El norte: Galicia, Asturias, el País Vasco

En el noroeste de la península está Galicia, donde la cocina refleja la proximidad del océano Atlántico y la lluvia fría que cae con frecuencia. Su cocina hace uso frecuente del pescado variado que provee la industria principal de la región, que es la pescadería.

El plato nacional de Galicia es el "lacón con grelos", que se prepara con cerdo, verduras, chorizo y patatas. Otro plato importante es la sopa de pescado, pero los mariscos más famosos son las "vieiras". La concha de este marisco simboliza "El camino de Santiago", las peregrinaciones religiosas que se hacen a Santiago de Compostela desde hace casi mil años.

Los platos de la región de Asturias, al este de Galicia, suelen ser fuertes. La "fabada asturiana" es una sopa de habas con tocino, cebolla, ajo y a veces las patas y orejas del cerdo. Las habas asturianas tienen fama de ser unas de las mejores del mundo.

La cocina del País Vasco tiene fama de ser la mejor de España. Existen en la región clubes culinarios donde los miembros crean nuevos platos y perfeccionan los platos tradicionales. Son conocidas sus salsas suculentas[10] de tomates, pimientos, perejil y a veces espárragos. La región de Navarra produce un espárrago blanco que es de chuparse los dedos[11]. Uno de los platos de invierno en el País Vasco son las "angulas", pescados que se parecen al espagueti, que se cocinan con ajo y aceite.

El centro: Castilla

Por estar lejos del mar, esta región tradicionalmente prefiere las carnes de cerdo y cordero y las aves como la perdiz. La caza tiene una larga tradición en esta región, reflejada en sus platos regionales. La perdiz con chocolate es semejante al pollo con mole mexicano. El famoso "cocido madrileño", hecho con varias carnes, verduras y chorizo, tiene tantas variaciones como hay cocineros en Madrid, y cada quién le añade su sazón[12] personal.

Hoy, claro, el sistema de transporte refrigerado provee de pescado fresco a todo el país, pero el gusto por las carnes persiste. En Madrid como en todas las capitales europeas se encuentran restaurantes que sirven comida de cualquier tipo que uno pueda desear.

El este: Cataluña y Valencia

La proximidad de Cataluña a la región provenzal del sur de Francia hace que los alimentos de ambas se parezcan mucho en el uso de verduras y frutas frescas. También la proximidad al mar influye en la cocina de la región, y abundan recetas preparadas con pescado. La "amanida" es una ensalada catalana que lleva verduras y carne o pescado. El "alioli" es una mayonesa con fuerte sabor a ajo que se usa en muchos platos.

Las naranjas valencianas son conocidas mundialmente y la paella de Valencia es el plato español más conocido fuera de la península.

El sur: Andalucía

Los fenicios trajeron el olivo al sur de España, donde hoy sigue siendo abundante. España y Grecia son los dos países de más producción de aceite de oliva del mundo y la mayoría del aceite español es de Andalucía. Se usa en todo el país pero su presencia es más fuerte en el sur.

Además del gazpacho a base de tomates, hay una sopa fría blanca llamada "ajo blanco" que lleva almendras, ajo, vinagre y uvas. Dado el clima de la región hay frutas y verduras frescas durante todo el año y los cocineros andaluces tienen una obsesión por los ingredientes frescos.

---

[10] **suculentas** deliciosas
[11] **de chuparse los dedos** delicioso
[12] **sazón** condimento, gusto particular

Otro plato muy popular es la "fritura de pescado", que incluye calamares, pescado y mariscos fritos en aceite de oliva.

Los andaluces insisten en que su jamón serrano de Jabugo, al norte de Sevilla, es el mejor del país. El jamón que se llama "pata negra" viene de un cerdo que vive sólo en esas montañas. Otro plato especial es el "rabo de toro" que es un cocido con patatas y otras verduras.

▶ *Después de leer*

1. ¿Qué regiones españoles tienen su propio idioma?

2. ¿Cuál es el plato nacional de Galicia y qué contiene?

3. ¿Qué simbolizan las conchas de las vieiras?

4. ¿Qué es la fabada asturiana?

5. ¿Por qué se comía antes menos pescado en Castilla?

6. ¿Qué es el alioli catalán?

7. ¿Qué dos alimentos valencianos son muy conocidos fuera de España?

8. ¿Qué producen mucho en Andalucía y dónde se usa?

9. ¿Qué contiene el ajo blanco?

10. ¿De dónde viene el jamón "pata negra"?

11. ¿Crees que la gente come sus platos regionales porque les gustan o porque son económicos y disponibles?

12. ¿Son saludables los platos regionales, en tu opinión? ¿Cómo es que llegan a ser saludables sin que la gente se preocupe de las recomendaciones del gobierno?

13. ¿Cuál(es) de los platos mencionados preferirías probar tú? ¿Por qué?

Actividades

Los restaurantes típicos

Trabaja en un equipo con dos compañeros(as). Hablen sobre los restaurantes típicos que hay en su ciudad, preferiblemente de comida hispana. Comenten estos aspectos, y cualquier otro que se les ocurra.

1. El nombre del restaurante y su significado, si alguien lo sabe.

2. El tipo de comida y de dónde específicamente viene.

3. Los platos más notables, qué llevan, cómo se preparan y si les gustan.

4. Los ingredientes más comunes usados en este tipo de cocina.

5. El menú del restaurante. ¿Es grande con muchas opciones, o sencillo y con pocos platos? ¿Cambia frecuentemente o es siempre el mismo?

6. Los precios de los platos.

7. El local y la decoración del restaurante. ¿Es elegante, sencillo, grande o pequeño?

8. El ambiente del restaurante y su clientela.

Mi restaurante favorito

Escribe una descripción de tu restaurante típico favorito, ya sea uno de los que hablaste con tus compañeros(as) o algún otro. Asegúrate de cubrir todos los puntos que mencionaste en la actividad anterior, y de explicar por qué te gusta tanto. También menciona si hay aspectos en los que el restaurante podría mejorar (por ejemplo, el precio o los postres que sirve) y qué propondrías tú.

¡Exploremos!

Abramos un restaurante típico

En este capítulo trabajarás en un equipo con dos compañeros(as). Planearán todos los preparativos para abrir en su comunidad un restaurante típico que sirva comida hispana. Tendrán que decidir qué tipo de restaurante va a ser, dónde se va a ubicar, cómo va a ser y demás aspectos.

Antes de empezar

1. Decidan qué tipo de comida van a servir en su nuevo restaurante.

2. Preparen un análisis de otros restaurantes semejantes que conocen. Comparen la ubicación, la decoración, el menú, los precios, la clientela y cualquier otro factor que consideren importante.

3. Si tienen acceso al Internet, busquen páginas de restaurantes semejantes al que van a planear. ¿Qué aspecto promueven en el Internet? ¿Qué cosas incluye la página?

4. También pueden usar el Internet para buscar recetas de platos que les gustaría servir en su restaurante.

5. Hagan una lista de las decisiones que tendrán que tomar para completar el plan, por ejemplo, el lugar donde estará el restaurante, la fecha de inauguración, el tamaño del restaurante, etc.

_____

_____

_____

_____

¡*Manos a la obra!*

A continuación llevarán a cabo un plan detallado para su nuevo restaurante típico.

1. Piensen en dónde estará ubicado su restaurante. ¿Es mejor estar en el centro? ¿En un barrio en particular? Discutan las diferentes opciones y los factores que hacen que una ubicación sea más o menos atractiva, entre ellos el costo de la renta, qué tan accesible es, el tipo de gente que visita esta zona, etcétera.

2. Determinen los aspectos físicos del restaurante, como el tamaño, el número de mesas, el número de empleados, si tendrán estacionamiento, etcétera.

3. ¿Qué ambiente van a crear: familiar, elegante, muy típico? ¿Cómo lo conseguirán?

4. Investiguen los menús de otros restaurantes del mismo estilo, ya sea en el Internet, en guías gastronómicas de su comunidad u obteniendo información de los restaurantes mismos. ¿Van a tener un menú amplio o limitado? ¿Van a ofrecer platos regionales o más bien genéricos? ¿Van a ofrecer especialidades que varíen según la temporada, o siempre los mismos platos? ¿Van a ofrecer especiales para el almuerzo? ¿Qué incluirán?

5. Inventen un nombre y un logotipo para el restaurante.

6. ¿Cómo van a atraer clientes a su negocio? Decidan qué tipo de publicidad van a usar y qué aspectos de su restaurante van a promocionar: ¿el servicio? ¿la comida? ¿el ambiente? ¿la ubicación? ¿los precios?

7. Creen anuncios orales (para la radio y la televisión) y escritos (para publicaciones y carteleras) para su restaurante.

8. Creen el texto y el diseño de la página de Internet de su restaurante.

9. Redacten un informe escrito sobre el plan para su restaurante y entréguenlo a su profesor(a).

10. Si su profesor(a) lo desea, presenten a la clase un informe oral sobre su restaurante. Muestren a sus compañeros el logotipo, los anuncios que crearon y su página de Internet.

Y tú, ¿qué opinas?

Responde a las siguientes preguntas sobre el proyecto que acabas de completar.

1. ¿Qué aprendiste haciendo este proyecto? ¿Cómo lo harías mejor si lo volvieras a hacer?

2. ¿Qué aspecto te pareció más interesante? ¿Por qué?

3. ¿Qué fuente te proporcionó mayor cantidad de información para el proyecto?

4. ¿Te interesaría abrir un restaurante? ¿Por qué?

5. ¿Qué crees que es más importante para el éxito de un restaurante nuevo? ¿Es la comida, el servicio, el manejo o algún otro factor?

6. ¿Es un restaurante sólo un negocio? ¿Qué aspectos únicos tiene como negocio?

7. ¿Por qué vas a tu restaurante favorito? ¿Qué aspecto te atrae más?

8. ¿Qué es lo que te hace probar un nuevo restaurante? ¿Es la publicidad, el ambiente, el menú, los precios o algún otro factor?

9. ¿Es más importante que la comida sea saludable o sabrosa? ¿Tienen éxito los restaurantes de comida saludable?

TERCERA ETAPA

¡Leamos!

Como habrás notado, cada región hispana tiene sus propias costumbres culinarias que se basan en la tradición y la disponibilidad de alimentos. A continuación leerás el guión de una entrevista de radio que se le hizo a una cocinera puertorriqueña sobre los platos de esta isla.

▶ *Antes de leer*

1. ¿Qué sabes de la historia de Puerto Rico?

2. ¿Dónde está Puerto Rico? ¿Cómo es el clima? ¿Cuáles países son sus vecinos?

3. ¿Qué te imaginas que comen en Puerto Rico?

Los platos de Puerto Rico

Locutor: Bienvenida, señora Fernández. Le agradezco su presencia aquí en nuestro estudio. ¿Qué nos puede usted decir de la cocina de "la isla del encanto"?

Sra. Fernández: Pues, la isla fue una colonia española hasta 1898 —casi un siglo más que el resto de los países de América Latina. Por esto, la comida puertorriqueña tiene un fuerte sabor español. Pero al mismo tiempo son importantes las influencias indígena y africana. La paella es muy popular igual que en España, y la tortilla española es muy común también, pero le añadimos chorizo o tocineta[13].

Locutor: ¿Qué diferencias hay entre la comida puertorriqueña y la comida española?

Sra. Fernández: Pues, a partir del flan español surgió nuestro tembleque, un flan con sabor a coco. Y el arroz con pollo, tan común en España, entre nosotros tiene una forma llamada "asopao", que está entre el arroz con pollo y una sopa y que lleva gandules, una legumbre parecida a las lentejas. El arroz con habichuelas[14] también tiene docenas de variaciones en toda la isla.

Locutor: ¿Tienen unas salsas criollas, verdad?

Sra. Fernández: Sí. Las bases de mucha de la cocina puertorriqueña son las salsas que llamamos salsas criollas. El sofrito se prepara con aceite, ajo, cebolla, pimiento verde, salsa de tomate, orégano y carne de cerdo. También es muy común el adobo, que lleva aceite, ajo, orégano, pimienta negra, vinagre o jugo de limón. Estas dos salsas varían un poco de cocinero en cocinero, y se usan para dar sabor a muchos platos locales.

Locutor: ¿Tienen otros platos especiales?

Sra. Fernández: Bueno, mucha de la cocina puertorriqueña es semejante a la de las otras islas del Caribe. La famosa sopa de frijoles negros es una especialidad cubana que es muy popular en Puerto Rico. El sancocho es un cocido de verduras, plátanos y carnes indígenas. Se conoce como *Caribbean stew* en la región.

Locutor: ¿Usan mucho los plátanos, no?

Sra. Fernández: Sí, pero los plátanos grandes, no las *bananas*, que llamamos guineos. Los plátanos son verdes cuando no están maduras y al madurarse se vuelven amarillos. Los servimos de muchas maneras pero siempre cocidos y no crudos. Se hacen rebanadas[15] fritas, los tostones, que se comen como entremés o como acompañamiento del plato principal, son parecidos a las papas fritas. También se comen asados, estofados[16] o hasta en almíbar. Nuestros piononos contienen plátano maduro (amarillos), carne, huevos y tomate en salsa criolla. Hasta las hojas del plátano se usan para envolver los "pasteles" de carne de cerdo, garbanzos, aceitunas y otras especies.

Locutor: ¿Hay verduras locales también?

Sra. Fernández: Claro. Además de las verduras universales en Puerto Rico contamos con otras locales como el chayote, la yuca, que a veces se llama la casaba, la yautía y el ñame, que es la batata o la papa dulce. Nuestro clima tropical produce una gran cantidad de frutas. Hacemos alarde de la piña local como la más dulce del mundo. Hay también papayas, cocos, guayabas, mangos (que nosotros llamamos mangós), tamarindos y mameyes, entre otros. Las frutas se usan en los postres, frecuentemente con mucha azúcar.

---

[13] **tocineta** tocino, panceta
[14] **habichuelas** frijoles
[15] **rebanadas** tajadas, rodajas
[16] **estofados** cocidos con especias a fuego lento

Locutor:	¿Usan mucha azúcar?
Sra. Fernández:	Sí. Como sabe, el primer producto moderno de la isla fue la caña de azúcar, introducida por los españoles muy al principio de la época colonial. La papaya frita con azúcar y canela es típica. También usamos la fruta para hacer jugos y batidas que se encuentran por todas partes. Aún más: hay platos de carne que llevan salsa de fruta, como los camarones con salsa de coco y las chuletas de cerdo con salsa de tamarindo. Las combinaciones son infinitas y reflejan los usos de productos locales.
Locutor:	¿Qué otros comestibles emplean en sus recetas?
Sra. Fernández:	Siendo una isla, el pescado fresco es muy importante. Los comunes son la macarela, la merluza y el mero, que a veces se sirven con salsa o mojo isleño con ajo, pimientos, aceitunas, cebollas, tomates y vinagre. Otro favorito es el chillo, pescado que llaman huachinango en México.
Locutor:	La palabra inglesa *barbecue* viene de "barbacoa", una palabra de origen indígena del Caribe. ¿Es cierto que ustedes inventaron ese modo de preparar la carne?
Sra. Fernández:	Sí, es cierto. No sorprende que como comida rápida el plato más tradicional de Puerto Rico es el lechón asado. Se encuentran lechoneras[17] por toda la isla. Por lo general tienen una vitrina donde se ve el lechón en el asador.
Locutor:	¿Qué otras cosas se comen en la calle?
Sra. Fernández:	Hay bacalaíto frito, hecho del pescado llamado bacalao. Y venden los pastelillos de queso y carne, y alcapurrias que llevan una masa de plátano rellena con carne de cerdo y frita.
Locutor:	Bueno, si vamos a Puerto Rico no nos vamos a morir de hambre, ¿verdad? ¿Hay otros aspectos que quiere mencionar?
Sra. Fernández:	Creo que en los últimos años los cocineros puertorriqueños hemos vuelto a nuestras raíces y hemos dejado de utilizar tanto los productos importados. El resultado ha sido la creación de platos más auténticos con alimentos disponibles en casa que preparamos con orgullo.

▶ *Después de leer*

1. ¿Por qué tiene la cocina puertorriqueña más sabor español que otras regiones?

2. ¿Qué es el "asopao"?

3. ¿Qué dos salsas se mencionan? ¿Qué ingredientes tienen en común?

4. ¿Qué plato cubano es popular en Puerto Rico?

5. ¿Cómo son los plátanos puertorriqueños y cómo se sirven siempre?

6. ¿Cómo se preparan los tostones?

7. ¿Cuáles son algunas de las verduras locales?

8. ¿Cuáles son algunas frutas locales?

9. ¿Qué pescados frescos son comunes?

10. ¿Cuáles son las influencias más importantes que determinan los ingredientes de una cocina regional?

---

[17]**lechoneras** tiendas que venden lechón

11. ¿Crees que la creación de las grandes cadenas de comida rápida significa el fin de la cocina regional en el futuro? ¿Por qué?

12. ¿Has probado alguno de los platos que se mencionan en esta lectura? ¿Cuál? ¿Qué te pareció?

13. ¿Has probado algún plato típico de un país de América Latina? Descríbelo y di qué te pareció.

Actividades

La comida de mi comunidad

Trabajen en un equipo con tres compañeros(as). Comenten la comida típica que conocen y que se sirve en restaurantes de su comunidad, de preferencia comida hispana.

1. ¿Qué tipos de comida típica se consiguen en su comunidad?

2. ¿Qué restaurantes sirven estas comidas? ¿Dónde son mejores?

3. ¿Qué tipos de restaurantes típicos han aparecido últimamente? ¿Cuáles son más tradicionales?

4. ¿Sirven platos típicos o regionales en la cafetería de su escuela? ¿Cuáles creen que son los más populares?

5. ¿Saben cuáles son algunos ingredientes de los platos más populares? ¿Hay ingredientes especiales disponibles en su ciudad? ¿Dónde se consiguen?

6. ¿Qué tipos de comida típica les gustaría probar? ¿Por qué?

Mis platos típicos favoritos

Trabaja individualmente. Escribe una lista de los cinco platos típicos de comida hispana que más te gustan. Después, escribe una o dos oraciones sobre cada plato, explicando cuáles son sus ingredientes y cómo se prepara. Debes producir descripciones como las que aparecen en los menús de los restaurantes, que hacen que los clientes pidan los platos.

1. _____

2. _____

3. _____

4. _____

5. _____

¡Exploremos!

Creamos un menú

En este proyecto trabajarás individualmente para crear el menú del restaurante que ayudaste a planear en la etapa anterior. Decidirás qué platos vas a servir y crearás una descripción de cada plato. Para esto, tendrás que investigar los ingredientes necesarios para preparar cada plato. Al finalizar el proyecto habrás creado el menú para tu restaurante, con descripciones de los platos y sus ingredientes principales.

Antes de empezar

1. Repasa los materiales de la etapa anterior para ayudarte a decidir qué tipo de restaurante vas a abrir y qué platos servirás. También piensa en la conversación que tuviste con tus compañeros en la actividad "La comida de mi comunidad" de este capítulo.

2. Una vez que te hayas decidido por la comida de un país o región del mundo hispano, haz una lista de todos los platos que posiblemente podrías servir en tu restaurante, sin rechazar ninguno por el momento.

3. Obtén menús de distintos restaurantes y obsérvalos cuidadosamente para planear tu propio menú.

4. Piensa en qué categorías de platos vas a servir.

5. Piensa en qué otra información te hace falta: las recetas y los ingredientes de los platos. ¿Son disponibles o difíciles de conseguir?

6. Piensa en dónde vas a conseguir la información que te falta: libros de recetas de algún familiar o conocido(a), libros de la biblioteca, revistas de cocina, programas de cocina por televisión, a través del Internet, etcétera.

7. Si tienes acceso al Internet, piensa en qué palabras claves vas a usar para buscar la información. Podrías usar el tipo de comida, el nombre de los platos, el nombre del país o la región de donde proviene esta comida o el nombre de los ingredientes. Prueba buscar información usando palabras claves en inglés y en español.

¡Manos a la obra!

1. Investiga qué platos se comen típicamente de desayuno, almuerzo, merienda, cena y postre en el país que elegiste. Investiga también qué bebidas se sirven típicamente con cada comida y qué se come entre comidas.

2. Escribe la lista de los platos que vas a incluir en tu menú. Asegúrate de incluir platos y bebidas apropiados para cada comida.

3. Investiga las recetas necesarias para tus platos. Puedes buscarlas en el Internet, en libros y revistas de cocina, o incluso preguntarle a alguna persona que sepa cocinar comida de esa región. Escribe en tus propias palabras las recetas de al menos tres platos.

4. Haz una lista de los ingredientes de cada plato e investiga la disponibilidad.

5. Escribe el menú para tu restaurante usando papel-cartón para simular una menú de verdad. Si quieres puedes decorarlo con fotos o dibujos de los platos que ofreces. Incluye toda la información que normalmente aparece en los menús, por ejemplo, la dirección, el horario, si aceptas tarjetas de crédito, etcétera.

6. Escribe una descripción breve de cada plato en el menú. Recuerda que cada descripción trata de vender el plato.

7. Si tu profesor(a) lo desea, presenta a la clase el menú de tu restaurante, las recetas que investigaste y la información que obtuviste sobre los platos que se comen en el país de tu elección.

Y tú, ¿qué opinas?

1. ¿Irías tú a tu restaurante? ¿Qué platos pedirías de la carta? ¿Qué plato de cada categoría te gusta más?

2. Intercambia tu menú con otros compañeros y comenta sus menús. ¿Cuáles son los mejores platos que ofrecen? ¿Quién tiene el mejor menú, en tu opinión? ¿Por qué te gusta tanto?

3. ¿Qué aprendiste sobre los menús en este proyecto?

4. ¿Cómo podrías mejorar tu menú si lo volvieras a escribir?

5. ¿Sabes cocinar? ¿Qué platos sabes preparar? ¿Te gustaría aprender a cocinar más?

6. ¿Te gustaría trabajar como cocinero(a)? ¿Por qué? ¿Qué te interesaría más de esta profesión?

7. ¿Crees que el hecho de que se puede conseguir casi cualquier plato ya preparado —congelado o entregado a domicilio— va a provocar que la gente cocine menos y peor? ¿Por qué?

8. ¿Por qué crees que hay tanta comida ya preparada hoy día?

9. ¿Te gusta la comida rápida más o menos que la comida de un restaurante formal?

10. ¿Qué tendencias ves para el futuro de los restaurantes? ¿Van a ser cada vez más semejantes los restaurantes?

INTEGRACIÓN

¡Sigamos adelante!

Conversemos un rato

A. Empresarios comerciales. Trabaja con un(a) compañero(a). Uno(a) de ustedes hace el papel del (de la) dueño(a) de un restaurante que acaba de inaugurarse en su comunidad y el otro hace el papel de un(a) empresario(a) que acaba de crear una nueva marca de ropa para jóvenes que se vende en su comunidad. Comenten los siguientes aspectos de su experiencia.

1. ¿Cómo decidieron qué tipo de ropa o de comida iban a ofrecer? ¿Qué aspectos de su comunidad influyeron en sus decisiones?

2. ¿Cómo decidieron qué es lo que les gustaría a sus posibles clientes?

3. ¿Qué aspectos tuvieron que investigar?

4. ¿Dónde encontraron la información que les hacía falta?

5. ¿Qué empleados tuvieron que contratar?

6. ¿Qué otros asuntos de interés pueden comentar?

B. Los negocios de mi comunidad. Trabaja en un equipo con dos compañeros(as). Hablen sobre sus negocios y tiendas favoritos, de cualquier tipo, en su comunidad. Mencionen los siguientes puntos y otros que se les ocurran.

1. Expliquen por qué les gusta(n) estos negocios y tiendas.

2. ¿Son muy populares entre todos o sólo entre algunos de su grupo?

Nombre _____ **Fecha** _____

3. ¿Qué han hecho para ser populares? ¿Cuál es la base de su éxito en tu opinión?

4. ¿Crees que pueden o deben crecer como negocios? ¿Podrían tener o tienen otras sucursales?

Taller de escritores

Escribe un artículo para el periódico del club de español de tu escuela sobre la cocina de un país o región del mundo hispano. Evita los países que ya se han usado, como Puerto Rico, España o México.

C. Reflexión. Investiga el tema y toma apuntes sobre la información que consigues. Puedes obtener información de libros de turismo u otro tipo de libros. También puedes usar el Internet. Usa el cuadro siguiente para organizar tu información. Trata de incluir platos que se sirven para cada comida, platos que se sirven en los días de fiesta y platos que se sirven todos los días.

Nombre del plato	Ingredientes principales	Cuándo se sirve

D. Primer borrador. Escribe una versión del artículo. Imagina que escribes para el periódico escolar.

E. Revisión con un compañero(a). Intercambia tu artículo con un(a) compañero(a) de clase. Lee y comenta el artículo de tu compañero(a), usando estas preguntas como guía.

1. ¿Qué aspectos del artículo de tu compañero(a) te parecen más interesantes?

2. ¿Qué plato de los mencionados te parece más sabroso?

3. ¿Es apropiado el enfoque para el periódico del club de español?

4. ¿Incluye suficiente información para saber cómo son los platos y qué sabor pueden tener?

5. ¿Qué otros detalles te gustaría que incluyera tu compañero(a) para dar una idea más completa de cómo es la cocina de este lugar?

F. Versión final. Revisa en casa tu primer borrador. Haz los cambios sugeridos por tu compañero(a) y cualquier otro cambio que quieras. Revisa el contenido y luego la gramática, la ortografía, la puntuación y los acentos ortográficos. Trae esta versión final a la clase.

G. Carpeta. Después de entregar tu artículo, tu profesor(a) puede colocarlo en tu carpeta, ponerlo en un tablón de anuncios o lo puede usar para la evaluación de tu progreso.

Capítulo 12 El transporte

PRIMERA ETAPA

¡Leamos!

En los Estados Unidos gran parte del desarrollo del Suroeste, por ejemplo, la construcción del ferrocarril, se debe a los conocimientos y el trabajo de los hispanos. Aquí hay una relación de algunas contribuciones importantes.

▶ Antes de leer

1. ¿Qué sabes ya del Suroeste y su historia?

2. ¿Qué estados comprende esta región?

3. ¿Qué lugares del Suroeste conoces o has oído mencionar que tengan nombres hispanos?

Los hispanos en el Suroeste

En la región de los Estados Unidos que se denomina "el Suroeste" —principalmente los estados que hoy tienen frontera con México— hay una fuerte presencia de la cultura hispana. Esto se debe al hecho de que la mayoría del territorio fue primero parte de la Nueva España y luego, cuando la colonia se independizó, parte de México. Es por esto que tantos lugares en esta región tienen nombres en español, por ejemplo San Francisco, San Antonio y Nevada.

En 1848, al fin de la guerra entre Estados Unidos y México, se firmó el Tratado[1] de Guadalupe Hidalgo[2] y mucho del territorio pasó a manos de los Estados Unidos. Poco después las varias regiones se incorporaron como estados.

El siglo siguiente vio un período de enorme desarrollo económico. Este desarrollo se debió en gran parte a la labor de los hispanos que vivían en la región.

El ganado

En el siglo XVIII, la expedición del padre Junípero Serra introdujo el ganado a lo que hoy es California. En el siglo XIX, cuando el territorio pasó a formar parte de los Estados Unidos, se mantuvieron muchas de las costumbres hispanas en la cría y el trato del ganado. Así es que muchas palabras en español asociadas con la cría del ganado pasaron al inglés. La palabra "vaquero" se tradujo al inglés como *cowboy*, y también se mantuvo como *buckaroo*. El "lazo" y la "riata" se convirtieron en *lasso* y *lariat*. Existen también las descripciones de los caballos como "palomino" o "pinto", que se usan igualmente en inglés. Según algunos el *ten-gallon hat* de los tejanos obtuvo su nombre equivocadamente de una frase de un corrido[3] sobre un sombrero galoneado[4].

Y la influencia no fue solamente en el idioma. La silla de montar que se usó en el oeste vino de los españoles, quienes a su vez la obtuvieron de los moros de África, que durante quinientos años dominaron la península Ibérica. Éste es también el caso de la ropa usada por los vaqueros y del uso indispensable de la soga, al igual que del marcado[5] del ganado. En fin, la industria ganadera recibió un gran impulso de la experiencia ya existente de los hispanos.

---

[1] **Tratado** acuerdo entre países
[2] **Guadalupe Hidalgo** pequeño pueblo donde se firmó el tratado
[3] **corrido** canción típica del norte de México
[4] **galoneado** decorado
[5] **marcado** marcar el ganado para indicar su dueño

Los ferrocarriles

Entre las muchas contribuciones hechas por los hispanos en el Suroeste se destaca la construcción de los ferrocarriles del *Southern Pacific* y el *Santa Fe*, a fines del siglo pasado.

En primer lugar, los hispanos ya conocían las mejores rutas a seguir. Dado que gran parte de la región es desértica, para construir las vías del tren era indispensable conocer la ubicación de los ojos de agua[6] y de los caminos más cómodos para atravesar las montañas. Estas rutas eran conocidas por los arrieros[7] hispanos; hacía dos siglos que servían como el modo principal de traslado de mercancía en la región.

A diferencia del Este y Oeste Medio del país, donde se construyeron los ferrocarriles para servir a los pobladores que ya estaban allí, los del Suroeste fueron construidos a duras penas[8] para atraer a nuevos pobladores. Esto quería decir que no había muchos obreros para trabajar en la construcción de las vías a través de las grandes extensiones despobladas. Durante todo un siglo, la manutención[9] de los ferrocarriles del Suroeste estuvo a cargo de los obreros hispanos.

Otras contribuciones

Los hispanos hicieron contribuciones indispensables a varios otros campos. Con el descubrimiento del oro en California en 1848, los dueños de los depósitos hicieron uso de los enormes conocimientos hispanos de la minería, conocimientos perfeccionados en Zacatecas en México o en Potosí en Bolivia. Se habían inventado allí varias técnicas de minería que se usaron en California para aumentar la producción. Los hispanos también participaron en el desarrollo de las minas de plata y de cobre durante el resto del siglo. La palabra "bonanza", que se usa tanto en el español como en el inglés, proviene de la influencia hispana en la minería.

Los hispanos también contribuyeron en el pastoreo, ya que los españoles habían traído ovejas a las colonias desde hace siglos. Existía una gran tradición de pastoreo en España que se trasladó a México y luego a los Estados Unidos. Los extensos conocimientos de los hispanos en cuanto a la cría y manutención de ovejas todavía mantienen viva la industria de la cría de ovejas en el Suroeste.

Los hispanos también influyeron mucho en los sistemas de riego que se usan en el Suroeste, un problema importantísimo en la región debido a su clima desértico. En este caso los conocimientos también pasaron de los moros a España y luego a las colonias, ya que en África la escasez de agua hizo necesario un sistema de riego eficaz. Los anglosajones tenían experiencia en áreas donde el agua abundaba, y por eso no sabían ni jota[10] de los métodos adecuados para manejar el agua escasa del Suroeste. Por esto fueron muy útiles los conocimientos de los hispanos en cuanto a las técnicas de riego y manejo del agua.

En fin, la rica historia del Suroeste norteamericano muestra la importancia de los hispanos en este país.

▶ Después de leer

1. ¿A qué hecho histórico se debe la fuerte presencia hispana en el Suroeste?

2. ¿Cuándo se firmó el Tratado de Guadalupe Hidalgo?

3. ¿Cuándo se introdujo el ganado a California y por quién?

4. ¿Cuáles son algunas palabras de la cría de ganado que pasaron al inglés?

5. ¿Qué otras cosas contribuyeron los hispanos a la industria ganadera?

6. ¿Cómo contribuyeron los arrieros hispanos a la construcción del ferrocarril?

---

[6] **ojos de agua** fuentes de donde sale el agua de la tierra espontáneamente

[7] **arrieros** personas que transportan mercancías usando animales de carga

[8] **a duras penas** con mucha dificultad

[9] **manutención** cuidado y mantenimiento

[10] **no sabían ni jota** no tenían ningún conocimiento

7. ¿Por qué se necesitaron obreros hispanos para construir los ferrocarriles?

8. ¿Por qué tenían los hispanos conocimientos avanzados en el campo de la minería?

9. ¿Qué otros animales criaban los españoles y luego los hispanos en el Suroeste?

10. ¿Por qué sabían tanto los hispanos sobre el riego?

11. ¿Qué otras influencias hispanas conoces en la cultura y las tradiciones del Suroeste?

12. ¿Qué influencias hispanas hay en la historia, la cultura y las tradiciones de tu comunidad?

Actividades

Hablemos sobre el Suroeste de los Estados Unidos

Trabaja con dos compañeros(as). Hablen sobre las ciudades, los estados y otros lugares (parques, playas, ríos, etcétera) del Suroeste de los Estados Unidos que llevan nombre hispano.

1. ¿Cuántos lugares pueden nombrar?

2. ¿Saben qué significa cada nombre? Si no, investíguenlo.

3. Investiguen o hablen sobre la historia del nombre en español.

4. ¿Cuántos nombres tienen un significado geográfico? ¿Cuáles?

5. ¿Cuántos nombres tienen un significado cultural o histórico? ¿Cuáles?

6. ¿Cuál es el lugar con nombre hispano más al norte que pueden mencionar?

7. Comenten cómo se pronuncian estos nombres en inglés.

Las palabras de origen español

Haz una lista de las palabras de origen español que se usan en inglés que conoces que se relacionan con cada uno de los siguientes temas.

Luego, escribe una composición corta en donde comentes su significado y su origen, si lo conoces.

1. Nombres de elementos geográficos, como los ríos, las montañas, etc.

2. Nombres de fenómenos naturales, como **El niño**.

3. Nombres de plantas.

_____

4. Otros nombres.

_____

_____

¡Exploremos!

Planeamos un viaje al Suroeste de los Estados Unidos

En este proyecto trabaja con un(a) compañero(a) para planear un viaje a algún lugar del Suroeste de los Estados Unidos, partiendo del lugar en donde están ahora. Deben escoger un lugar con nombre hispano y fuerte presencia hispana. Producirán un informe escrito sobre el lugar, la descripción del camino que seguirían para llegar allí y un mapa de este camino.

Antes de empezar

1. Consulten un mapa que incluya el Suroeste de los Estados Unidos y la región en la que ustedes viven. Busquen un mapa que tenga información sobre las carreteras y los accidentes geográficos de la región.

2. Piensen en cuáles son los lugares más populares que quedan en el camino a este lugar. ¿Qué sitios les gustaría visitar en su viaje? Usen la información que generaron en las actividades anteriores.

3. ¿Cuáles son las atracciones turísticas más conocidas del lugar al que llegarán finalmente? Hagan una lista de los lugares más atractivos para los (las) dos, sin descartar ninguno por el momento.

4. Piensen en los mapas que van a crear. Decidan cómo lo van a hacer y qué materiales necesitan: por ejemplo, una fotocopiadora o un acetato transparente para copiar la información de los mapas.

5. Hagan una lista de la información que van a necesitar para completar el proyecto: por ejemplo, las distancias de un lugar a otro, los medios de transporte disponibles, los lugares donde pasar la noche durante el viaje, etcétera.

6. Decidan dónde pueden conseguir la información que necesitan para el proyecto: enciclopedias, guías de viaje, revistas, etcétera.

7. Si tienen acceso al Internet, piensen en qué palabras claves van a usar para buscar información.

¡Manos a la obra!

1. Decidan adónde irán en su viaje y por qué. Decidan en qué lugares pararán durante el camino.

2. Si es necesario, consulten el Internet para conseguir información sobre el destino y el camino.

3. Consulten un mapa y determinen la ruta más conveniente.

4. Investiguen la posibilidad de ir en tren y comenten las ventajas o desventajas de hacer el viaje en tren.

5. Creen un mapa para el viaje. Pueden poner números junto a los elementos que van a comentar en las secciones 6 y 7 que siguen.

6. Hagan una lista de los elementos geográficos de importancia en el camino: los ríos, las montañas, etcétera. Escriban una breve descripción de cada uno.

7. Hagan una lista de las atracciones turísticas en el camino, con una descripción de cada una.

8. Escriban una descripción del destino, mencionando su ubicación geográfica, su clima, sus atracciones turísticas y cualquier otra información que consideren importante e interesante.

9. Si su maestro(a) lo pide, presenten sus descripciones y su mapa a sus compañeros(as) de clase.

Y tú, ¿qué opinas?

1. ¿Te gustaría hacer este viaje? ¿Por qué sí o por qué no? ¿Ya has visitado el lugar?

2. Intercambia tu plan con otros(as) compañeros(as) de clase. ¿Te gusta más tu viaje o el de tus compañeros(as)?

3. ¿Qué aprendiste sobre el Suroeste en este proyecto?

4. ¿Cambiarías el destino de tu viaje si volvieras a hacer tu plan? Explica tu respuesta.

5. ¿Convendría hacer tu viaje en tren? Explica tu respuesta. ¿Por qué crees que los trenes en los Estados Unidos no son tan prácticos como en otros países?

6. ¿Cómo preferirías viajar a tu destino? ¿En auto? ¿En avión? ¿En autobús? ¿En tren? Explica.

7. ¿Qué estados te gustaría visitar en los Estados Unidos?

8. ¿Te interesa más viajar dentro de los Estados Unidos o en el extranjero? ¿A qué países quieres ir? ¿Por qué?

9. ¿Crees que la gente va a viajar más o menos en el futuro? Explica tu respuesta.

SEGUNDA ETAPA

¡Leamos!

La geografía de Latinoamérica presenta desafíos notables para los que quieren construir ferrocarriles. Aquí examinamos algunos aspectos de los trenes de América del Sur.

▶ *Antes de leer*

1. ¿Cómo es el sistema de ferrocarriles de pasajeros en los Estados Unidos en general? ¿En tu comunidad?

2. ¿Tomas el tren frecuentemente? ¿Qué medios de transporte utilizas más a menudo?

3. ¿En qué partes de los Estados Unidos tienen el mejor servicio de ferrocarriles de pasajeros? ¿Por qué crees que sucede así?

Los ferrocarriles latinoamericanos

En Europa los ferrocarriles sirven como el modo de transporte más importante dentro de los países. Siguen rutas más o menos directas entre las ciudades principales y con algunas excepciones —en Suiza y Austria, por ejemplo— pasan por tierras agrícolas[11] y poco recorridas por los turistas.

En cuanto a las rutas, lo mismo se puede decir de los ferrocarriles norteamericanos. No son tan importantes en cuanto al transporte de pasajeros, pero los trenes de carga[12] son de suma importancia para la economía del país.

En muchas partes de Latinoamérica, en cambio, la construcción de ferrocarriles presenta un problema serio. Los grandes obstáculos geográficos, como los Andes y la selva amazónica, hacen que esa construcción cueste un ojo de la cara[13]. Es más barato construir carreteras y depender de los camiones para llevar la carga

---

[11] **agrícolas** relacionadas con la agricultura
[12] **carga** objetos transportados
[13] **cueste un ojo de la cara** sea carísimo

desde el interior del país hasta los puertos. Esto ha influido en el desarrollo económico y turístico de algunos países. En muchos países las únicas rutas de utilidad son las que rodean[14] las ciudades capitales.

En otros casos, como en el Paraguay, el ferrocarril se usó hasta que no pudo funcionar más y luego se abandonó. El río Paraná es la vía de carga más importante en este país.

Ferrocarriles peruanos

En el Perú existe el ferrocarril continuo más alto del mundo. Sube desde la costa de Lima por el valle del río Rimac con vistas extensas, puentes altísimos y vías pegadas a un acantilado[15] que les meten miedo[16] a algunos pasajeros. Después pasa por La Oroya, a 12.000 pies sobre el nivel del mar, y luego por el túnel Galera, a 15.688 pies de altura. En el tren llevan oxígeno para los pasajeros no acostumbrados a respirar a esta altura.

El tren luego llega a Huancayo, una ciudad en las montañas que es muy pintoresca con su mercado colorido y sus fiestas casi continuas. De Huancayo se puede ir en otro tren a Huancavelica, otro pueblo pintoresco. De La Oroya otro tren sube hasta la región minera de Cerro de Pasco, a 14.200 pies de altura. Pasa la ciudad histórica de Junín, donde Simón Bolívar[17] derrotó al ejército español en la guerra de independencia en 1824. Desgraciadamente, como en muchos otros casos estos trenes a veces dejan de funcionar por algún tiempo por razones diversas.

Otro tren muy conocido es el que lleva a los turistas desde Cuzco, Perú, a las famosas ruinas de Machu Picchu. Es uno que siempre corre porque representa la única manera razonable de llegar al sitio antiguo, meta de miles de turistas al año.

Los trenes de Chile y la Argentina

Más al sur se puede cruzar los Andes desde Antofagasta, en el norte de Chile, hasta La Paz, Bolivia; desde Santiago de Chile hasta Mendoza, Argentina, y de Puerto Montt, en el sur de Chile, hasta Bariloche, en la Argentina. Todas estas rutas ofrecen vista espectaculares. El tren que va de Santiago de Chile a Mendoza pasa por la sombra del pico más alto del hemisferio, el Aconcagua, que mide más de 22.000 pies de altura.

La Argentina tiene el sistema más extenso de ferrocarriles del continente. En la Argentina no hay tantos obstáculos geográficos, pero sí hay uno: la gran extensión de territorio despoblado al sur del país. Un famoso tren antiguo era el que iba de Buenos Aires a la región de la Patagonia, un símbolo de la aislación y la soledad para los porteños[18] aficionados a la gran urbe[19].

En la Argentina los trenes han pasado a ser parte de la conciencia nacional a través de la literatura. El famoso escritor argentino Jorge Luis Borges[20] describe así la salida de la ciudad en el tren: "A los lados del tren, la ciudad se desgarraba[21] en suburbios." Al llegar el viajero al sur, dice Borges, "En el campo desaforado, a veces no había otra cosa que un toro. La soledad era perfecta y tal vez hostil...". Así que para Borges el tren significa la separación de la civilización de Buenos Aires y la entrada a una tierra misteriosa y solitaria.

Otro escritor argentino, Ricardo Güiraldes[22], en su novela *Rosaura* emplea el tren desde la perspectiva de los ciudadanos de Lobos, un pueblito de la pampa[23]. El tren representa el único lazo con la civilización. Dice el autor, "La estación [del tren] es a Lobos lo que Hyde Park es a Londres, el Retiro a Madrid... Pero llega de afuera el primer tren. Son las seis, hora de apogeo hasta las seis y treinta y cinco, que marcará el paso del importante, del surtidor de emociones bonaerenses[24]."

---

[14]**rodean** pasan alrededor de
[15]**acantilado** terrreno elevado que termina casi verticalmente
[16]**les meten miedo** les dan miedo
[17]**Simón Bolívar** (1783–1830) libertador del norte de América del Sur
[18]**porteños** habitantes de Buenos Aires
[19]**urbe** centro urbano, ciudad
[20]**Jorge Luis Borges** (1899–1986) famoso escritor argentino
[21]**se desgarraba** se hacía pedazos, se rompía
[22]**Ricardo Güiraldes** (1886–1927) autor que escribió sobre los gauchos (vaqueros) argentinos
[23]**la pampa** un llano muy extenso de la Argentina
[24]**bonaerenses** de Buenos Aires

▶ *Después de leer*

1. ¿Cómo son la mayoría de las rutas de los ferrocarriles en Europa?

2. ¿Qué trenes son más importantes en los Estados Unidos?

3. ¿Cuáles son algunos obstáculos a la construcción de ferrocarriles en Latinoamérica? ¿Qué efectos tienen en la construcción de ferrocarriles?

4. ¿Qué medio de transporte es más barato de construir que los trenes?

5. ¿Qué ha pasado con el ferrocarril paraguayo?

6. ¿Por qué se destaca la ruta Lima-Huancayo en el Perú?

7. ¿Por qué llevan oxígeno en ese tren?

8. ¿Qué pasó en Junín en 1824?

9. ¿Adónde va el tren turístico del Cuzco?

10. ¿Qué papel simbólico desempeña el tren en la literatura argentina?

11. ¿Qué ventajas y desventajas tienen los trenes como modo de transporte para distancias largas?

12. ¿Crees que los ferrocarriles tienen un futuro en los Estados Unidos? Explica tu respuesta.

Actividades

Un viaje interesante

Trabaja en un equipo con dos compañeros(as) de clase. Cuéntales sobre tu experiencia de viaje más interesante. Si quieres, puedes hablar de un viaje imaginario. Menciona los siguientes puntos.

1. ¿Adónde fuiste? ¿Cuándo?
2. ¿Quién(es) fue(ron) contigo?
3. ¿Qué modo de transporte empleaste?
4. ¿Sufriste algún contratiempo?
5. ¿Qué sorpresas experimentaste?
6. Para ti, ¿qué sucesos fueron más interesantes?
7. ¿Qué aprendiste en ese viaje?
8. Si volvieras a hacer el viaje, ¿cómo lo cambiarías?

Mi viaje ideal

Trabaja individualmente. Escribe una breve descripción del viaje de tus sueños. Incluye algo sobre estos puntos.

1. ¿Adónde irías? ¿Quién te acompañaría?
2. ¿Cómo viajarías? ¿En avión? ¿En tren? ¿En auto?
3. ¿Cuánto tiempo tomarías para el viaje? ¿Pararías en puntos intermedios? ¿Dónde?
4. ¿Qué harías cuando llegaras al destino? ¿Cuáles son las atracciones más interesantes para ti?
5. ¿Cuánto tiempo pasarías en este lugar?
6. ¿Qué características buscarías en tu alojamiento?
7. ¿A quiénes les contarías sobre tu viaje cuando volvieras?

¡Exploremos!

Una historia de viaje

Trabaja con dos compañeros(as) de clase para narrar oralmente la historia de un viaje a un lugar del mundo hispano. Puede ser una expedición cultural, científica, de exploración, etcétera.

Antes de empezar

1. ¿Qué es una historia de viaje?

2. ¿Cuáles son algunos ejemplos de historias de viaje, en inglés o en español?

3. ¿Dónde pueden buscar historias de viaje? Por ejemplo: libros, revistas, diarios personales de viajes, programas de televisión, películas, el Internet.

4. ¿Qué palabras generales pueden usar para buscar información sobre historias de viaje en el Internet?

5. ¿Qué países o regiones les interesan más?

6. ¿Desean narrar la historia de un viaje reciente o de un viaje que se hizo hace muchos años?

7. ¿Qué materiales pueden usar para hacer más interesante su narración?

¡Manos a la obra!

Ahora van a investigar la historia de un viaje y preparar una presentación oral para su maestro(a) y sus compañeros(as) de clase.

1. Dividan entre los (las) tres las posibles fuentes de información, como revistas, periódicos, Internet, libros, etcétera. Cada miembro debe escoger al menos dos fuentes e investigar viajes interesantes.

2. Hablen sobre los viajes que investigaron y comparen las historias para elegir cuál presentarán. ¿Qué viaje les parecerá más interesante a sus compañeros(as)? ¿Es suficientemente sencillo para que sus compañeros(as) lo comprendan sin demasiada explicación adicional? ¿Tiene una extensión adecuada?

3. Pónganse de acuerdo sobre la historia a contar y recopilen la mayor cantidad posible de información.

4. Comiencen a hacer decisiones sobre si hay partes que se deberían omitir para realizar la presentación en un tiempo razonable.

5. Decidan qué hay que explicar a sus compañeros(as) para que tengan una idea clara de lo que pasa y del lugar en que pasa. ¿Deben hacer una breve introducción para aclarar algunos aspectos? Recuerden que van a contar la historia en sus propias palabras y que pueden usar sinónimos conocidos para los términos complicados.

6. ¿Cómo van a dividir la historia entre los (las) tres? Lo más fácil es dividir en tres partes lógicas la narrativa. Pero, ¿hay otros métodos más interesantes? ¿Sería interesante interpretar los papeles de los personajes que aparecen? ¿Quieren cambiar de locutor(a) frecuentemente? ¿Podría uno(a) encargarse de la narración fondo y los (las) otros(as) dos actuar? Todo depende de la historia que vayan a contar y de sus preferencias.

7. Preparen unos apuntes breves para usar durante la presentación.

8. ¿Quieren usar materiales visuales? ¿Qué cosas pueden usar? ¿Un mapa con la ruta trazada? ¿Fotos del lugar? ¿Una foto del (de la) autor(a)? Decidan y preparen los materiales necesarios.

9. Practiquen su presentación por lo menos una vez antes de hacerla frente a la clase.

Y tú, ¿qué opinas?

Responde a estas preguntas.

1. ¿Te gustó el resultado del proyecto? Para ti, ¿qué aspecto salió mejor?

2. ¿Te habría gustado hacer el viaje que describiste? Explica tu respuesta.

3. Piensa en las presentaciones de los otros equipos. ¿Cuál de ellas te pareció más interesante? ¿Qué métodos originales o divertidos hubo en las presentaciones?

4. ¿Cómo cambiarías tu presentación si fueras a hacerla de nuevo?

5. ¿Te gusta leer sobre los viajes? ¿Prefieres leer sobre ellos o hacerlos tú mismo(a)? ¿Lees revistas o libros sobre viajes?

6. ¿Te gustaría escribir artículos sobre viajes? ¿Te gustaría trabajar en el campo del turismo, por ejemplo, como agente de viajes, guía de viajes, etcétera? Explica tus respuestas.

7. Cuando busques trabajo en el futuro, ¿te va a importar la cantidad de viajes que sea necesario hacer para tu trabajo? ¿Te gustaría viajar mucho en tu trabajo, o no? Explica tu respuesta.

8. Cuando piensas en viajar, ¿qué lugares te parecen más atractivos? ¿Piensas en ir al lugar de dónde proviene tu familia? ¿O te gustaría más viajar a un lugar lejano como la Antártida, Myanmar o China? ¿Por qué?

9. Debido al daño al medio ambiente que a veces causan los turistas, ¿crees que en el futuro los viajes "virtuales" podrían tomar el lugar de los viajes verdaderos? ¿Cómo serían estos viajes? Explica tu respuesta.

10. ¿Te interesaría leer u oír la historia de un viaje virtual? ¿Por qué?

TERCERA ETAPA

¡Leamos!

El avión abrió el camino del continente americano a muchos de los que querían visitar las ciudades antiguas de los indígenas. A continuación encontrarás algunas páginas de un diario de viaje de una arqueóloga encargada de fotografiar desde el aire varios sitios que contienen los restos de ciertas culturas indígenas.

▶ *Antes de leer*

1. ¿Conoces algunas de las ruinas indígenas de la América Latina? ¿Cuáles?

2. ¿Es importante investigar estos sitios? ¿Por qué?

3. ¿Hay ruinas indígenas en los Estados Unidos? ¿Dónde? ¿Cómo son?

Un viaje exploratorio

30 de junio: Mi piloto y yo terminamos de fotografiar el fabuloso Machu Picchu y volvimos a Cuzco. Nuestro próximo destino es la ruina de Tiahuanaco, cerca de La Paz, Bolivia. Es asombroso poder ir en pocas horas desde el corazón de la gran civilización inca hasta el lugar que algunos consideran como el punto de origen de todas las culturas indígenas de América.

Despegamos a las dos de la tarde y a eso de[25] las tres pasamos sobre el Lago Titicaca, el lago navegable de mayor elevación en el mundo. Los pobladores de sus alrededores se designan a sí mismos como "el pueblo más antiguo del mundo".

Aterrizamos en el aeropuerto de La Paz a las tres y media. No hay que descender mucho cuando la pista de aterrizaje[26] está a más de trece mil pies de altura.

Subí en un autobús que me llevó por el altiplano, algo parecido al paisaje lunar, hasta el misterioso Tiahuanaco, el magnífico e increíblemente solitario centro de los indios Aymara. ¿Por qué habrán elegido este lugar para construir su impresionante centro político y religioso? Las construcciones eran enormes y todas hechas de piedra en un lugar donde no crecen los árboles. La Puerta del Sol es un acceso tallado[27] en medio de un monolito[28] que pesa más de diez toneladas. Sobre la abertura hay una representación en la piedra de un dios y sus cuarenta y ocho servidores.

La valentía de este pueblo anterior a los Incas fue comprobada por quienes lucharon durante doscientos años para subyugar[29] a la tribu del altiplano.

1 de julio: Después de pasar la noche en un hotel en La Paz, salimos de nuevo hacia la costa para sacar unas fotos y echar un vistazo[30] a un logro importante de otro pueblo precursor de los Incas, las misteriosas líneas de Nazca. Fueron descubiertas en 1938 por un arqueólogo que sobrevolaba los llanos áridos.

Sobre el mediodía[31] llegamos al área. Comenzamos a distinguir las increíbles figuras dibujadas en la arena. El gran misterio reside en el hecho de que los indios no tenían manera alguna de subirse a un nivel adecuado para percibir las figuras. Éstas incluyen tanto dibujos de animales como figuras geométricas de gran complejidad. Es imposible saber por qué hicieron estos dibujos que sólo son visibles desde una altura, pero es obvio que eran de gran importancia porque su construcción debe haber exigido mucho tiempo y mucho trabajo.

Aterrizamos en Pisco y descansamos porque ya terminamos nuestra visita a los sitios arqueológicos peruanos. El próximo paso es volver a México vía Centroamérica.

3 de julio: Hoy el plan de vuelo nos llevó sobre Quito (cruzamos la línea del ecuador un poco al norte). Después seguimos la costa de Colombia, lugar del fabuloso "El Dorado". Esto era una fuente inacabable de oro, según la leyenda que los conquistadores españoles escucharon de los indios. Aunque los primeros organizaron muchas expediciones en su busca, nunca lo encontraron. Aterrizamos en San José, Costa Rica, para pasar la noche.

4 de julio: Hoy fotografié uno de los sitios más impresionantes de Centroamérica: Copán, en Honduras. Este sitio, al sureste de la región maya, parece haber sido el centro de origen de los sofisticados conocimientos astronómicos de los mayas que les permitieron pronosticar eventos con miles de años de anticipación. Su contribución a la arqueología consiste más que nada en el hallazgo de miles de inscripciones jeroglíficas. Este sitio posee así mismo el mayor número de estelas[32] entre todos los sitios mayas, lo que nos permite tener conocimiento de muchos hechos históricos.

---

[25] **a eso de** más o menos
[26] **pista de aterrizaje** camino donde aterrizan los aviones
[27] **tallado** esculpido
[28] **monolito** una sola piedra
[29] **subyugar** dominar
[30] **echar un vistazo** mirar rápidamente
[31] **Sobre el mediodía** Más o menos al mediodía
[32] **estelas** monumento de piedra con inscripciones

Nombre _____ **Fecha** _____

5 de julio: Desde el avión, la selva de la región del Petén, en Guatemala, forma una manta verde y opaca. Pero si se mira con cuidado a veces aparece un templo cubierto de tierra y maleza[33]. Algunos de estos sitios no fueron hallados, al igual que en el caso de las líneas de Nazca, hasta que existió la posibilidad de sobrevolar la selva en avión. Aun hoy es fácil imaginar la emoción de los primeros exploradores de estas magníficas ruinas mayas.

Hoy fotografié dos sitios muy importantes en Guatemala: El Mirador y Tikal. El Mirador fue una de las ciudades mayas más importantes y floreció entre los años 150 A.C.[34] y 60 D.C.[35] Su pirámide Danta mide más de doscientos treinta pies de altura.

Cuando El Mirador perdió su dominio de la zona, Tikal pasó a ocupar su lugar. Llegó a ser la mayor de las ciudades mayas conocidas. Constaba de nueve grupos de plazas rodeados de agua y conectados con puentes. Su característica más notable es la plaza con seis maravillosos templos-pirámides, que indican su prosperidad e importancia.

Mañana continuaremos hacia la península de Yucatán, en México, donde hay una gran cantidad de ruinas interesantes. Visitaremos Palenque y su palacio con una torre de cuatro pisos. Luego vendrá Chichén Itzá con el Castillo, un templo-pirámide de cuatro lados que sugiere el contacto con otras culturas. Es un privilegio poder inspeccionar todos estos sitios espléndidos que recuerdan la gloria del pasado indígena. El avión nos permite disfrutar de una visión panorámica de estos territorios, favoreciendo así el estudio y el conocimiento de este importante legado[36] cultural.

▶ *Después de leer*

1. ¿Por qué resulta más fácil ver las distintas ruinas desde un avión?

2. ¿Cómo se designan a sí mismos los pobladores de las orillas del lago Titicaca?

3. ¿Cómo se llama el antiguo y solitario centro de los indios Aymara y en qué país se encuentra?

4. ¿Qué legado indígena se encuentra cerca de Nazca?

5. ¿En qué consiste la leyenda de "El Dorado"?

6. ¿Dónde está Copán y qué contribución hizo a la arqueología?

7. ¿Qué elemento se distingue a veces entre el manto verde de la selva del Petén?

8. ¿Dónde está la pirámide Danta y qué tamaño tiene?

9. ¿Cuál es el sitio maya más grande y dónde se encuentra?

10. ¿Te gustaría sobrevolar algunas ruinas indígenas?

11. En tu opinión, ¿qué otras tecnologías pueden ayudarnos a conocer mejor a los pueblos indígenas?

Actividades

¿Adónde debo ir?

Trabaja en un grupo con dos compañeros(as) de clase. Hablen sobre el destino (país, región, ciudad) del mundo hispano que más les gustaría visitar. Trata de convencer a tus compañeros(as) de la superioridad de tu elección. La conversación debe incluir los puntos siguientes.

1. Indica dónde está el destino de tu visita en términos generales.

2. Describe más específicamente dónde queda. Si hay un mapa disponible, indica dónde está en el mapa.

---

[33]**maleza** espesura que forma la multitud de arbustos

[34]**A.C.** antes de la era cristiana

[35]**D.C.** durante la era cristiana

[36]**legado** herencia, patrimonio

3. Habla de cómo es este destino en general. ¿Se trata de una gran ciudad, unas montañas, una selva, una isla?

4. ¿Cuál es la mejor época del año para realizar la visita?

5. Enumera las atracciones que tiene tu destino de viaje. ¿Por qué quieres ir allí? ¿Cuál es la atracción más interesante, en tu opinión?

6. Calcula cuánto tiempo más o menos requiere una visita a ese lugar.

¿Cómo puedo llegar allí?

Trabaja individualmente. Escribe una relación de los diversos medios de transporte que podrías emplear para hacer el viaje del que hablaste en la actividad anterior. Incluye algunas ideas sobre las ventajas y desventajas de cada uno.

1. ¿Cuál sería el medio más rápido? ¿Cuál sería el menos rápido?

2. ¿Cuál resultaría más caro? ¿Cuál resultaría menos caro?

3. ¿Cuál sería más flexible en cuanto a posibles cambios en tu itinerario?

4. ¿Cuál ofrece más oportunidades de conocer a otras personas?

5. ¿Qué medio ofrece más vistas del paisaje?

6. Concluye con tu recomendación del mejor medio de transporte para realizar este viaje.

¡Exploremos!

Una presentación oral

En este capítulo vas a trabajar con otro(a) compañero(a) de clase. Este proyecto consiste en la preparación de una presentación oral para tus compañeros(as) y tu profesor(a) acerca de un viaje a cualquier destino en la América Latina.

Antes de empezar

1. Piensen adónde pueden viajar. Hagan una lista de todos los destinos que se les ocurran. No eliminen ninguno al principio.

2. Decidan cómo van a escoger el medio de transporte. ¿Dónde pueden encontrar información al respecto?

3. Piensen en cuánto tiempo debe durar un viaje de este tipo.

4. Piensen en cómo van a encontrar información sobre el destino elegido. ¿Por qué querrían sus compañeros(as) ir allí?

5. Decidan qué tipo de viaje va a ser: de descanso, de turismo ecológico, educativo, etcétera.

6. Si tienen acceso al Internet, piensen en qué tipo de información pueden buscar en la red mundial. Hagan una lista de palabras claves que van a usar para buscar la información.

7. Piensen en dónde pueden encontrar un mapa que indique la ruta a seguir desde donde ustedes se encuentran hasta el destino final.

8. ¿Cómo pueden hacer una representación visual del destino que escogieron para acompañar la presentación? ¿Pueden conseguir fotos? ¿Dónde van a buscarlas? ¿En una guía turística o en una enciclopedia?

¡Manos a la obra!

1. Decidan adónde irán. De la lista de posibles lugares que ya elaboraron, ¿cuáles tienen más interés para ustedes y para sus compañeros(as) de clase?

2. Investiguen los medios de transporte posibles y elijan uno. Incluyan sus razones para esta decisión en su presentación a la clase.

3. Preparen una descripción de las atracciones que existen en el lugar adónde irán. Informen a sus compañeros(as) sobre qué tipo de viaje planean hacer. ¿Es una estadía en la playa? ¿Una visita a varios museos? ¿Una caminata por las montañas?

4. Decidan quién va a hacer qué en la presentación. Distribuyan entre ustedes el material a ser presentado.

5. Elaboren o junten los materiales visuales necesarios. Pueden ser mapas, fotos u otras representaciones de su destino de viaje y de sus atracciones.

6. Organicen la presentación. Preparen apuntes para cada uno de ustedes, incluyendo los materiales visuales que van a utilizar.

7. Practiquen la presentación por lo menos una vez antes de ofrecerla a la clase.

Y tú, ¿qué opinas?

Responde a las siguientes preguntas sobre el proyecto que acabas de completar.

1. ¿Salió tu presentación como esperabas? Explica tu respuesta.

2. ¿Te gustaría verdaderamente hacer el viaje que describiste?

3. ¿Qué puntos les interesaron más y cuáles les interesaron menos a tus compañeros(as)? ¿Por qué?

4. ¿Qué cambiarías si pudieras hacer tu presentación de nuevo? Explica tu respuesta.

5. De todas las presentaciones hechas en clase, ¿cuál te pareció más interesante y por qué?

6. ¿Te gusta viajar? ¿Sueñas con viajes que esperas poder realizar en el futuro?

7. ¿Qué tipo de viajes prefieres? ¿Prefieres los viajes educativos, de aventuras o de descanso? ¿Qué prefieres hacer cuando visitas un lugar?

8. ¿Te gusta conocer gente nueva en tus viajes? ¿Qué puedes hacer para lograr eso? ¿O prefieres estar solo(a) para contemplar las cosas que ves? ¿Por qué?

9. ¿Prefieres viajar solo(a) o acompañado(a)? Explica tu respuesta.

10. ¿Cuáles son algunos motivos para viajar? ¿Cuáles son algunas de las cosas más importantes que uno puede aprender?

INTEGRACIÓN

¡Sigamos adelante!

Conversemos un rato

A. Un viaje hacia el pasado. Trabajen en grupos de tres o cuatro compañeros(as) de clase. Hablen de un viaje, real o imaginario, al país de sus antepasados (padres, abuelos, etcétera). Traten los siguientes puntos en su conversación.

1. ¿Has hecho este viaje antes? ¿Cuándo y con quién (quiénes) fuiste?

2. Describe el país y el destino más específico.

3. ¿Qué modo de transporte sería más apropiado para el viaje? ¿Por qué?

4. ¿Qué atracciones tiene el país? ¿La ciudad? ¿El barrio? ¿El área rural?

5. ¿Hay algún lugar especial que quieres visitar? ¿Cuál es su significado?

6. ¿Recomendarías el viaje a tus compañeros(as) de clase? ¿Por qué sí o por qué no?

B. Compañero(a) de viaje. Trabaja con un(a) compañero(a) de clase. Hagan los papeles de dos viajeros(as) que se conocen por primera vez en algún modo de transporte público en camino a cualquier destino hispano. Practiquen una conversación en que cada persona hable de su viaje, y si el (la) maestro(a) lo quiere, preséntenla a la clase. Usen estas preguntas entre otras originales.

1. ¿Adónde va?
2. ¿Cuál es el motivo de su viaje?
3. ¿Por qué va en... ?
4. ¿Cuánto tiempo va a pasar en... ?
5. ¿Es su primera visita a... ?
6. ¿Qué cosas piensa ver en... ?

Taller de escritores

Escribe el texto de un panfleto de la oficina de turismo sobre cualquier destino del mundo hispano. Escribes para los clientes que busquen información sobre lugares que pueden visitar. El panfleto tiene el fin de persuadirle al cliente que debe ir a este lugar.

C. Reflexión. Decide sobre qué destino vas a escribir, luego escribe, sin pensar mucho, todos los atributos favorables que se te ocurran. Pon los atributos en categorías lógicas: cómo llegar allí, atracciones, alojamiento, restaurantes, etcétera. Añade otros detalles útiles también. Puedes incluir materiales visuales.

D. Primer borrador. Escribe una versión del artículo. Recuerda que escribes para personas que buscan un destino interesante.

E. Revisión con un(a) compañero(a). Intercambia tu panfleto con un(a) compañero(a) de clase. Lee y comenta el artículo de tu compañero(a), usando estas preguntas como guía.

1. ¿Qué aspectos del panfleto de tu compañero(a) son más interesantes?

2. ¿Qué aspecto del destino te atrae más en el panfleto?

3. ¿Es apropiado el tono y el contenido para convencer a un posible cliente?

4. ¿Incluye la información necesaria para que el cliente decida si quiere viajar al destino?

5. ¿Qué otros detalles te gustaría ver para tener un sentido más completo de cómo es el lugar?

F. Versión final. Revisa en casa tu primer borrador. Usa los cambios sugeridos por tu compañero(a) y haz cualquier otro cambio que quieres. Revisa el contenido y luego la gramática, la ortografía, la puntuación y los acentos ortográficos. Trae esta versión final a la clase.

G. Carpeta. Después de entregar tu panfleto, tu maestro(a) puede colocarlo en tu carpeta, ponerlo en el tablón de anuncios o usarlo para la evaluación de tu progreso.

Capítulo 13 El arte y la música

PRIMERA ETAPA

¡Leamos!

La escuela moderna de pintura muralista nació en México en la década de 1920. Su influencia no reconoció fronteras, y el género y los estilos de los primeros artistas, Rivera, Siqueiros y Orozco, influyeron en muchos artistas posteriores. Esta lectura trata de sus manifestaciones en algunas de las comunidades hispanas de los Estados Unidos.

▶ Antes de leer

1. ¿Hay pinturas murales en tu comunidad? ¿Dónde se encuentran? ¿Las contemplas con frecuencia?

2. ¿Cuáles son las ventajas y las desventajas de un mural comparado con una pintura sobre tela?

3. ¿Hay murales en tu escuela? Si no hay, ¿quisieras que hubiera alguno? ¿Qué debería representar el mural de tu escuela?

El arte de los murales[1]

Después de la revolución mexicana de 1910, el secretario de educación del nuevo gobierno, José Vasconcelos, se dedicó a promover la educación popular. Creó el Fondo de Cultura Económica que comenzó a publicar obras clásicas, muchas de ellas traducidas al español por primera vez, en ediciones baratas y accesibles al público en general. Diseñó igualmente un sistema de educación pública gratuita, renovó la universidad y fomentó la pintura muralista para que los artistas pudieran comunicarse con el público sin necesidad de visitar los museos.

Las obras maestras de la escuela de Rivera, Siqueiros y Orozco se dedicaron a glorificar los ideales de la reciente. Ensalzaban[2] a los pueblos mestizos e indígenas en su lucha por la justicia y la libertad, en contra de la tiranía del gobierno opresor[3] que había dominado en México durante un período de treinta años.

Durante la década de 1930, el gobierno de los Estados Unidos promovió la creación de murales como una manera de dar empleo a los artistas durante la gran crisis económica de ese entonces. La Segunda Guerra Mundial tuvo el efecto de suprimir dicha promoción durante la década siguiente, pero para entonces ya el muralismo se había establecido como una tradición artística, aunque aun no muy extendida.

Durante la década de 1960, muchos artistas hispanos en los Estados Unidos adoptaron este medio como manera de expresar sus ideales y esperanzas. Los murales constituían un modo de exaltar[4] las tradiciones hispanas que no eran promovidas de ninguna otra forma. En el barrio, los jóvenes podían "leer" un mural y aprender sobre su patrimonio étnico[5] y cultural. Este movimiento cobró[6] más fuerza en los años posteriores, y hoy en día constituye una forma de expresión artística muy importante en las comunidades hispanas.

Una de las artistas modernas más conocidas en este género es la profesora Judith Baca, de Los Ángeles. Después de pasar varios años estudiando el arte muralista en México, esta enérgica mujer volvió a su ciudad natal para fomentar la creación de murales por toda la ciudad. Bajo su supervisión, durante la década de 1970, fueron pintados más de doscientos cincuenta murales en la ciudad de Los Ángeles, por varios grupos organizados para tal fin.

---

[1] **murales** muros o paredes pintados o decorados
[2] **Ensalzaban** Engrandecían, Alababan
[3] **opresor** que abusa de su poder o autoridad sobre alguien
[4] **exaltar** elevar, realzar
[5] **patrimonio étnico** bienes propios de una nación o una raza
[6] **cobró** adquirió

Su proyecto más ambicioso es un mural de media milla de longitud, pintado en la pared de cemento de un canal seco. Se dice que es el mural más grande del mundo y lleva por título "El Gran Muro de Los Ángeles" (*The Great Wall of Los Angeles*). Su realización fue una maravilla de organización y dirección. Unos doscientos quince jóvenes trabajaron durante cinco veranos seguidos, dirigidos por veinticinco artistas profesionales, para completar la obra. El mural cuenta la historia de los habitantes de color en California desde los tiempos prehistóricos hasta la década de 1950.

Un proyecto posterior lleva el título de "El Muro Mundial" (*The World Wall*). Es un mural portátil[7] pintado por la profesora Baca en siete tablas de diez pies por treinta pies cada una. Expone los ideales de la artista sobre la paz y la cooperación mundial. Comenzado en 1987, se completará con siete tablas más del mismo tamaño que serán pintadas por varios artistas extranjeros.

Por si fuera poco[8], la profesora Baca ha formado y dirigido varios grupos de pintores y ha fundado, con la cineasta[9] Donna Deitch y la muralista Christina Schlesinger, la organización SPARC (*Social and Public Art Resource Center*), un instituto de apoyo, conservación y fomento del arte muralista. SPARC posee más de veinte mil transparencias[10] de los murales de todo el mundo. En este momento está en proceso la creación de una base de datos accesible por la red mundial a todas las escuelas y a los investigadores en el campo del arte muralista.

Hasta ahora, esta manifestación artística ha sido más popular en el suroeste de los Estados Unidos, en donde existe una gran población de ascendencia mexicana, pero también está presente en otras comunidades hispanas. En Nueva York, la vecindad que se denomina "El Barrio" ostenta[11] murales pintados por la comunidad puertorriqueña. Tanto los murales con temas puertorriqueños como los mosaicos que decoran las estaciones del metro son pruebas de la presencia boricua[12] en la ciudad.

En la ciudad de Miami reside igualmente un artista que se encarga de planear y organizar la creación de murales en diversas comunidades. Xavier Cortada hace énfasis en un proceso que incluye la discusión comunitaria de los temas a representar y el trabajo en grupos para realizar la pintura. Él considera que este proceso permite enfocar la atención de la comunidad en sus preocupaciones mayores y ayuda a evitar conflictos futuros. El mural queda como un recuerdo del consenso[13] al que ha llegado la comunidad.

Resulta obvio que el arte público en la forma del mural es un género arraigado[14] en la cultura hispana dondequiera que ésta se encuentre.

▶ *Después de leer*

1. ¿Dónde y cuándo nació el movimiento moderno del muralismo?

2. ¿Quién fue José Vasconcelos? ¿Qué hizo?

3. ¿Quiénes son los tres representantes más importantes de la escuela muralista mexicana?

4. ¿Por qué se popularizó el arte mural en la década de 1960?

5. ¿Dónde y en qué especialidad hizo estudios Judith Baca antes de comenzar a estimular la producción de murales?

6. ¿Cuál ha sido su proyecto más ambicioso?

7. ¿Qué tienen de notable ese muro y su pintura?

8. ¿Qué organización fundaron ella y otras dos mujeres y a qué se dedica?

---

[7] **portátil** movible y fácil de transportar
[8] **Por si fuera poco** Además de todo lo anterior
[9] **cineasta** persona relevante como productor, director, actor, etcétera, en el mundo del cine
[10] **transparencias** diapositivas
[11] **ostenta** muestra, luce
[12] **boricua** puertorriqueña
[13] **consenso** consentimiento o acuerdo al que llegan varias personas
[14] **arraigado** establecido de manera muy firme

9. Además de la pintura mural, ¿qué otra manifestación artística permite la práctica del arte público o comunitario?

10. ¿Qué añade Xavier Cortada al proceso de crear un mural?

11. ¿Tienes interés en ver más arte muralista? Explica tu respuesta.

12. ¿Crees que seguirá siendo popular el género? ¿Por qué?

Actividades

El arte en la comunidad

Trabaja en un grupo con dos compañeros(as) de clase. Comenten las manifestaciones artísticas presentes en su comunidad hispana. Cada uno debe describir una obra notable. Incluyan los puntos siguientes.

1. ¿Dónde está la obra? ¿Se encuentra en un espacio público o en un lugar privado?

2. ¿Quién fue el artista que la ejecutó? ¿Conoces otras obras suyas?

3. ¿Qué tipo de arte es: pintura muralista, escultura, arquitectura?

4. ¿Qué medios utilizó el artista? ¿Qué colores predominan?

5. ¿Cuál es el tema principal de la obra?

6. ¿Cuáles son los elementos más importantes?

7. ¿Fue creada para el lugar en que se encuentra o vino de otro lugar?

8. ¿Qué tanto te gusta la obra en cuestión?

¿Por qué existen los murales?

Trabaja individualmente. Escribe una composición sobre los propósitos del arte muralista. Debes incluir las respuestas a las preguntas siguientes.

1. ¿Es importante dónde se ubica el mural? ¿Cuáles deben ser las consideraciones en ese sentido?

2. ¿Reflejan algún mensaje los murales? ¿De qué tipo?

3. ¿Con qué fines son elaborados los murales generalmente?

4. ¿Cuáles son los medios más apropiados? ¿Por qué? ¿Qué diferencias hay entre las condiciones de una pintura sobre tela y una pintura en la superficie de un muro exterior?

5. ¿Crees que un mural debe ser pintado por un grupo de personas o debe que ser la visión de una sola persona? Explica tu opinión.

¡Exploremos!

Un mural en tu universidad

Trabaja con un(a) compañero(a) de clase. En este proyecto elaborarán un plan para la realización de un mural en tu universidad. El plan constará de algunos dibujos representando el contenido del mural y de una explicación de su mensaje o significado.

Antes de empezar

1. Como preparación estudien algunos murales hispanos en los Estados Unidos. Busquen libros que reproduzcan murales conocidos. ¿Cuáles son sus mensajes?

2. Si tienen acceso al Internet, busquen otros ejemplos de murales. ¿Cuáles son las palabras claves que van a usar para buscar la información?

3. Hagan una lista de posibles mensajes o temas para el mural, de acuerdo con lo que han aprendido en sus investigaciones.

4. Piensen en los elementos concretos del mural. ¿Cómo van a ilustrar su mensaje?

5. Hagan una lista de varios lugares posibles para desarrollar el mural. Escriban una descripción de cada uno de ellos, con sus ventajas y sus desventajas.

6. Consulten con un(a) profesor(a) de arte en tu universidad sobre los medios y los colores más apropiados, así como en referencia a la técnica de pintar un mural.

7. Si es posible, consulten sus ideas con artistas de la comunidad. ¿Qué colores son más adecuados, etcétera?

¡Manos a la obra!

1. Decidan dónde quieren ubicar el mural. Prepárense a justificar esta decisión con argumentos válidos.

2. Escriban una descripción de su mensaje y las razones por su elección.

3. Decidan qué tema o temas van a utilizar para comunicar su mensaje.

4. Hagan unos dibujos en blanco y negro de los elementos específicos que van a incluir, es decir, del contenido mismo del mural.

5. Hagan un esquema de la superficie donde van a pintar el mural. Tal vez quieran hacer varias fotocopias para usar en el próximo paso.

6. Para tomar en consideración las medidas del espacio a utilizar y el tamaño de cada elemento, trasladen el contenido del mural al esquema de la superficie que emplearán, para calcular de este modo el tamaño de la pintura y de sus elementos, los cuales llenarán el espacio disponible.

7. Hagan un segundo modelo a color.

8. Elaboren una estrategia para la pintura del mural. ¿Quién va a pintarlo y cómo se llevará a cabo la obra?

9. Realicen una descripción de la obra acabada. ¿Cuál desean ustedes que sea la percepción que tenga el público de su obra?

10. Preséntenles su diseño a sus compañeros(as) de clase. Descríbanlo y explíquenlo con lujo de detalle.

Y tú, ¿qué opinas?

Responde a las siguientes preguntas acerca del proyecto que acabas de completar.

1. ¿Salió tu mural como esperabas? Explica tu respuesta.

2. ¿Qué aspecto del mural quedó mejor? ¿Por qué?

3. ¿Qué opinas de los murales de tus compañeros(as)? ¿Cuál te gustó más y por qué?

4. Tomando en cuenta los conocimientos de los que dispones ahora, ¿qué harías de otro modo si tuvieras la oportunidad?

5. ¿Crees que los murales suelen tener el efecto deseado por los(as) artistas?

6. En tu opinión, ¿qué ventajas tienen los murales sobre las pinturas de tamaño más reducido en la comunicación de mensajes? Explica tu opinión.

7. ¿Te gustaría ver más murales en tu comunidad? ¿Dónde deben pintarse y por qué?

8. ¿Crees que el gobierno debe apoyar a los artistas muralistas? ¿Por qué sí o por qué no?

9. ¿Te gustaría ser artista? ¿Qué tipo de arte preferirías crear?

10. ¿Crees que otros elementos públicos, tales como edificaciones, monumentos y carteles publicitarios pueden comunicar mensajes? Explica tu respuesta.

SEGUNDA ETAPA

¡Leamos!

El comercio de artesanías en los mercados al aire libre es una tradición que ha existido en el mundo hispano desde la época precolombina. El ensayo siguiente trata sobre algunos aspectos del comercio entre las culturas indígenas.

▶ Antes de leer

1. ¿Qué tipos de cosas están a la venta comúnmente en los mercados al aire libre?

2. ¿Has visitado alguna vez un mercado? ¿En dónde?

3. ¿Te gustan los mercados al aire libre o prefieres los grandes almacenes y los supermercados? Explica tus razones.

El comercio tradicional en la América Latina

América del Sur

Los pueblos que habitaban la costa oeste de América del Sur, antes de la formación del imperio inca, practicaban el comercio de cabotaje[15] en grandes balsas[16] que navegaban hacia el sur en busca de lapislázuli[17] y hacia el norte en busca de conchas marinas. Los incas, por su parte, comerciaban tanto con los pueblos de la costa, de quienes adquirían algodón, pescado y conchas marinas, como con los habitantes de las montañas, los cuales producían verduras y artículos hechos a base de lana de alpaca y de vicuña.

Mesoamérica[18]

La cultura olmeca está considerada como la cultura original de toda Mesoamérica con su auge[19] entre los años 1500 y 400 A.C. Los arqueólogos han encontrado artesanías olmecas desde el Valle de México hasta El Salvador, hecho que atribuyen al comercio y no a un sistema imperial. En los lugares en que se encuentran objetos e influencias olmecas también se hallan materiales que eran muy apreciados por este pueblo, como es el caso del caolín, un tipo de barro blanco que usaban para hacer su propia cerámica.

---

[15]**cabotaje** navegación que se lleva a cabo entre varios puertos, sin perder de vista la costa

[16]**balsas** plataformas flotantes, formadas por maderos unidos entre sí

[17]**lapislázuli** mineral de color azul intenso usado para hacer decoraciones

[18]**Mesoamérica** región de altas culturas, desde el norte de la capital de México hasta Honduras y Nicaragua

[19]**auge** período de mayor elevación o intensidad de una cosa

Teotihuacán, en el Valle de México, comerciaba con los olmecas alrededor del año 1000 A.C. Esta importante urbe[20] exportaba obsidiana[21] hacia la costa a cambio de conchas marinas y plumas de aves multicolores. De hecho[22], para el año 500 D.C., Teotihuacán, con unos doscientos mil habitantes, era una de las ciudades más grandes del mundo. Su apogeo[23] se debió en gran parte a su proximidad a unas importantes fuentes de obsidiana verde que usaron los olmecas primero y los mayas después para hacer cuchillos ceremoniales, espejos y otros valiosos implementos. Su posición le permitió dominar la ruta comercial más importante entre el Valle de México y la costa del Caribe.

La cultura maya, que floreció en Centroamérica y en la Península de Yucatán, empleaba un sistema monetario en sus transacciones comerciales. Usaban semillas de cacao, pedazos de tela, jade, conchas marinas y otros objetos similares como artículos de intercambio. Establecieron contacto inicialmente con los olmecas, y posteriormente con las culturas del Valle de México. Su civilización abarcó el territorio hasta el actual país de Honduras, y su comercio se extendió hasta Costa Rica.

Los artesanos vendían sus productos en grandes ferias o mercados al aire libre. Hoy en día, en Chichicastenango, Guatemala, se puede visitar un mercado que debe ser semejante a los de los antiguos mayas.

El vasto imperio azteca desarrolló también un sistema de comercio avanzado. Éste dio inclusive origen a una clase social especializada en la práctica del comercio, los "pochtecas". Éstos se desplazaban a pie por todo el imperio y comerciaban valiosos objetos de oro, así como implementos de obsidiana y cuero, productos de uso común. Los "pochtecas" actuaban también como espías, llevándole al emperador información sobre lo que pasaba en las diversas regiones dominadas por los aztecas.

Sus esfuerzos en la capital se concentraron en el gran mercado de los aztecas que se hallaba en la ciudad satélite de Tlatelolco (hoy una plaza de la capital mexicana). Miles de vendedores se congregaban para surtir de productos a los ciudadanos aztecas. Este mercado era de cierta manera el centro del imperio. Los cronistas[24] españoles calcularon que hasta veinticinco mil personas visitaban el mercado de Tlatelolco diariamente. Bernal Díaz del Castillo, en su historia de los primeros años de la Nueva España[25], escribió así sobre el mercado que visitó al llegar a Tenochtitlán, la capital azteca:

"...desde que llegamos a la gran plaza... quedamos admirados de la multitud de gente y mercaderías que en ella había... Comencemos por los mercaderes de oro y plata y piedras ricas y plumas y mantas y cosas labradas... Luego estaban otros mercaderes que vendían ropa más basta[26], y algodón y cosas de hilo torcido, y cacahuateros que vendían cacao... y los que vendían mantas de "henequén" y sogas[27] y "cotaras", que son los zapatos que calzan y hacen del mismo árbol... y cueros de tigres, de leones y de nutrias... Vamos a los que vendían gallinas... conejos, liebres, venados y anadones[28]..." Y Bernal Díaz sigue nombrando los centenares de productos disponibles en el mercado de Tlatelolco antes de terminar su descripción de la siguiente manera:

"Ya querría haber acabado de decir todas las cosas que allí se vendían, porque eran tantas de diversas calidades, que para que lo acabáramos de ver e inquirir, que como la gran plaza estaba llena de tanta gente y toda cercada de portales, en dos días no se viera todo."

▶ *Después de leer*

1. ¿Qué tipo de comercio llevaban a cabo las comunidades costeras del antiguo Perú?

2. ¿Dónde se han encontrado artesanías olmecas?

3. ¿Qué material importante poseían los habitantes de Teotihuacán?

---

[20]**urbe** ciudad, especialmente aquella donde viven muchas personas
[21]**obsidiana** mineral volcánico de color negro o verde oscuro
[22]**De hecho** efectivamente, verdaderamente
[23]**apogeo** punto culminante de un proceso
[24]**cronistas** los que escribieron sobre los viajes de exploración
[25]**Nueva España** nombre dado a la colonia que abarcaba desde Costa Rica hasta lo que es hoy en día Alaska
[26]**basta** tosca, ordinaria
[27]**sogas** cuerdas gruesas
[28]**anadones** patitos

4. ¿Qué usaban los mayas como dinero?

5. ¿Dónde existe aún un mercado semejante a los de los antiguos mayas?

6. ¿Quiénes eran los "pochtecas" en la cultura azteca?

7. ¿Dónde se hallaba el mercado en la antigua capital azteca de Tenochtitlán?

8. ¿Quién era Bernal Díaz del Castillo?

9. Según Bernal Díaz del Castillo, ¿cuánto tiempo tendría que pasar en el mercado para verlo todo?

10. En tu opinión, ¿qué otras funciones, además de las comerciales, pueden tener los mercados?

11. En la América Latina hay cada vez más supermercados y almacenes. ¿Crees que desaparecerán algún día los mercados al aire libre? Explica tu respuesta.

Actividades

Los mercados y tiendas de artesanías

Trabaja con dos compañeros(as) para contestar estas preguntas.

1. En general, ¿qué tipos de artículos pueden comprarse en los mercados y tiendas de artesanías?

2. ¿Dónde creen ustedes que obtienen estos artículos los(as) vendedores(as)?

3. En su opinión, ¿son buenos los precios en los mercados y tiendas de artesanías? ¿Cómo se determinan los precios?

4. ¿Van a menudo a los mercados y tiendas de este tipo? ¿Por qué sí o por qué no? ¿Les gustan? Expliquen su respuesta.

5. Si ustedes fueran dueños(as) de un mercado o tienda de artesanías, ¿qué artículos venderían y por qué? ¿Qué tipos de publicidad usarían para llamar la atención a su establecimiento? ¿Por qué?

Las artesanías en tu comunidad

Trabaja individualmente para escribir un párrafo sobre las artesanías en tu comunidad. Tu párrafo debe incluir los siguientes puntos.

1. ¿Qué simbolizan las artesanías en las comunidades?

2. ¿Se hacen muchas artesanías en tu comunidad? ¿De qué tipos? ¿Para qué son estas artesanías... son para vender o las hace la gente como pasatiempo?

3. Si tuvieras una tienda o mercado de artesanías, ¿venderías sólo artículos de tu comunidad o importarías cosas de otras comunidades, estados o países? ¿Por qué?

4. ¿Hay un mercado o tienda de artesanías en tu comunidad? Si hay, ¿qué se puede comprar allí? Si no hay, ¿crees que tu comunidad necesita un establecimiento de este tipo? ¿Por qué?

¡Exploremos!

Planeamos una artesanía en tu comunidad

Trabaja individualmente. Prepara un plan para la apertura de una pequeña tienda de artesanías y otros productos hispanos en tu comunidad. El resultado del proyecto debe ser un plan escrito y una presentación oral a tus compañeros(as) de clase con la ayuda de materiales visuales.

Antes de empezar

1. Piensa en el tipo de tienda que te parece más apropiada en tu vecindad. Haz una lista de posibles categorías sin descartar ninguna por el momento.
2. Piensa en las distintas clases de mercancía que necesitarás para surtir a estas tiendas. ¿De qué países vas a importar los productos que vas a vender?
3. Piensa en dónde vas a ubicar la tienda. ¿Cuánto espacio calculas que vas a necesitar? Recuerda que se trata de una tienda que vas a operar tú solo(a).
4. Para la presentación necesitas fotos o dibujos de algunos de los artículos que vas a vender. ¿Dónde puedes conseguir estos materiales visuales?
5. ¿Qué otra información vas a necesitar? ¿Dónde puedes buscarla?
6. Si tienes acceso al Internet, piensa de qué manera puedes utilizar la red mundial para formular tu plan.
7. ¿En qué formas piensan darle publicidad a tus tiendas?

¡Manos a la obra!

1. Decide qué tipo de tienda vas a abrir.
2. Haz una lista parcial de la mercancía que vas a vender. Haz énfasis en el tipo de mercancía en general, más que en los artículos específicos que ofrecerás.
3. Crea un nombre y un logotipo para tu tienda. Este último debe simbolizar el tipo de tienda que es.
4. Escribe una descripción de los aspectos físicos de la tienda.
5. Prepara un dibujo tentativo de la tienda.
6. Prepara las fotos, dibujos o recortes de revistas que representan algunos de los artículos que vas a ofrecer en la tienda.
7. Prepara volantes, anuncios de periódico o revista o un guión para un anuncio de radio para darle publicidad a la tienda.
8. Practica tu presentación con un(a) compañero(a) de clase o con otra persona que pueda darte su opinión.
9. Presenta tu plan oralmente a tus compañeros(as) de clase, consultando tus apuntes, y con la ayuda de los materiales visuales.

Y tú, ¿qué opinas?

Responde a las siguientes preguntas acerca del proyecto que acabas de completar.

1. ¿Estás satisfecho(a) con tu proyecto? ¿Qué parte te pareció mejor?
2. ¿Qué opinión te merecen los planes de tus compañeros? ¿Cuáles te parecieron mejores? ¿Por qué?

3. ¿Cómo cambiarías tu presentación?

4. ¿Hace falta una tienda de artesanías en tu comunidad? ¿Por qué sí o por qué no?

5. ¿Te agradaría montar una tienda de artesanías? ¿Por qué?

6. ¿Existen muchas artesanías en la región de dónde vienen tú o tus padres? ¿Qué tipos hay?

7. En general, ¿prefieres los artículos de manufactura casera y artesanal o aquellos que son fabricados en serie? Explica tu respuesta.

8. ¿Crees que los gobiernos deben incentivar la producción de bienes artesanales? ¿Crees que el turismo ejerce alguna influencia en dicha producción? Explica tu respuesta.

TERCERA ETAPA

¡Leamos!

En sus varias formas la música latinoamericana es muy popular en todo el mundo. ¡La Orquesta de la Luz, por ejemplo, es un conjunto salsero popular en el Japón!

▶ Antes de leer

1. ¿Qué tipo de música te gusta más? ¿Y a tus padres? ¿Son iguales tus gustos y los de ellos? Explica tu respuesta.

2. ¿Qué tipo de música es más popular en tu comunidad?

3. ¿Cuál es la promoción más reciente en la música latina? ¿Te gusta?

La música latinoamericana

Probablemente el primer tipo de música latinoamericana que se hizo popular fuera de la región fue el tango argentino, que tuvo un éxito extraordinario en los Estados Unidos y en Europa durante la primera década del siglo XX.

Recientemente ha ganado tremenda popularidad en todas partes la música del Caribe. Se describe con el término genérico de "salsa". Así se designó una nueva generación de adaptaciones de música cubana durante los años de la década de 1970. Este nuevo estilo agrega elementos de la música puertorriqueña y del jazz de las orquestas grandes norteamericanas a los ritmos cubanos ya tradicionales como del mambo. Así se crea una nueva música más agresiva y que refleja la vida moderna de los barrios latinos de Nueva York.

Sin embargo, la base de toda esta música es la forma llamada el "son" cubano, que data del siglo pasado y refleja la mezcla afrocubana que se originó en la época colonial de la isla. Junta los ritmos complejos de una batería[29] grande africana con los elementos melódicos españoles. La letra imita las décimas octosilábicas[30] tradicionales españolas.

Hoy día el término se aplica a la música bailable de raíces afrocaribeñas. Las figuras tradicionales como la cubana Celia Cruz, la "reina" de la salsa, Willie Colón y el puertorriqueño Tito Puente, el "rey" del mambo, dominaron los años 70.

---

[29]**batería** la sección de percusión de una orquesta o banda

[30]**décimas octosilábicas** una forma poética española tradicional que tiene diez líneas o versos de un total de ocho sílabas cada una

En los años 90 una nueva generación de salseros ha renovado el género[31]. Han agregado elementos colombianos. La cumbia es una forma colombiana que tiene mucho parecido con la salsa del Caribe. El cantante, compositor y conductor Joe Arroyo es una de las figuras cumbres[32] de la música colombiana. Otro género, el vallenato, también se ha incorporado al movimiento. Éste último es música de Valledupar en Colombia y la caracteriza el uso de acordeones. Otras formas salseras incluyen el popularísimo merengue, con su origen en la República Dominicana. Las composiciones de Juan Luis Guerra y su Grupo 4:40 son ejemplos de esta forma. Rubén Blades agrega el toque político a sus canciones. Las orquestas venezolanas muestran la influencia de su gran vecino, el Brasil, y tienen elementos de bossa nova y samba en su sonido. Han apoyado las carreras de figuras como José Luis Rodríguez, "el Puma", en su camino a la fama internacional. En México la cumbia es muy popular también y cobra una forma más suave y más bailable. Así que el término abarca una música tradicional y muchas otras formas relacionadas.

Aunque es el tipo de música más conocido fuera del mundo hispano, la salsa no es la única música latina de interés. Otras formas populares son la llamada "nueva canción" que se originó principalmente en Chile, la música indígena de la región andina, la banda[33] mexicana y el "rock en español".

La "nueva canción" de los chilenos Violeta Parra y Víctor Jara, la argentina Mercedes Sosa, los cubanos Pablo Milanés y Carlos Varela, para mencionar algunos artistas populares, es producto originalmente de los años 60. Tiene sus raíces en la música popular del campo. En Cuba, donde el género se llama "nueva trova", Carlos Varela, más joven que los otros mencionados, incorpora el estilo "rock" al género.

La música andina se relaciona con la nueva canción porque se originó en Chile en relación con esos cantantes. El grupo más famoso ha sido durante unos treinta años el Inti Illimani, ocho músicos chilenos que han presentado más de dos mil conciertos y han grabado[34] unos 30 discos de música basada en la de los incas. Son más los instrumentos que la música misma que reflejan el sonido indio. Tocan quenas, que son flautas indígenas, el charango, que es una mandolina andina, la zampoña, que también se llama flauta de Pan, además de la guitarra y la percusión sencilla. Hay otros grupos semejantes que tocan en todo el mundo esta música exótica.

Otro género popular tiene su elemento de nostalgia. Es la música de banda en México. Estas bandas imitan las que han tocado en los quioscos de las plazas pueblerinas durante siglos. Tocan música norteña, salsa y merengues para un público muy diverso.

La promoción más reciente del "rock en español" cuenta con muchos grupos variados y un público joven y dedicado. Uno de los grupos originales, los Enanitos Verdes de la Argentina, tiene diez años de conciertos y discos en el campo. El Tri, un grupo mexicano, es muy popular. Cuando tocan los grupos como Los Fabulosos Cadillacs y King Changó, Aterciopelados, Café Tacuba y Maná, surge un verdadero frenesí entre los oyentes jóvenes.

La música latina es muy variada, y cada género tiene una versión local que multiplica esta diversidad. Su importancia en los Estados Unidos la ha enriquecido aún más.

▶ *Después de leer*

1. ¿Cuál fue el primer tipo de música latina en ganar fama mundial en el siglo XX?

2. ¿Cuál es el término genérico para la música popular del Caribe?

3. ¿Cuál es la forma musical que sirve de base para toda la salsa?

4. ¿Cuáles son los dos elementos que se combinan para formar el son?

5. ¿Qué elemento agregó Joe Arroyo a la salsa contemporánea?

---

[31]**género** un conjunto de características artísticas compartidas con otros artistas contemporáneos

[32]**cumbres** expresión máxima

[33]**la banda** una orquesta sólo de percusión e instrumentos de viento-metal

[34]**han grabado** han conservado en forma magnética

6. ¿De dónde es el merengue?

7. ¿Quiénes eran Violeta Parra y Víctor Jara?

8. ¿Qué instrumentos indígenas tocan en el grupo Inti Illimani?

9. ¿Qué tipo de música tocan los Enanitos Verdes y El Tri?

10. ¿Cuáles de los grupos y artistas mencionados te gustaría más escuchar? ¿Por qué?

11. ¿Se toca música hispana en tu comunidad? Sí contestaste que sí, ¿de qué tipos de música hispana?

Actividades

Las variaciones musicales latinas

Trabajen en un equipo de dos. Comenten todas las variedades musicales latinas que conozcan.

1. ¿Cuáles son algunos tipos no mencionados en el ensayo?

2. ¿Cuáles son los que les gustan más?

3. ¿Cuántos tipos de grupos han visto en persona?

4. ¿Cuáles tienen ganas de ver en persona?

5. ¿Está de acuerdo el equipo en algunas preferencias o varían totalmente?

Mi música preferida

Trabaja individualmente. Escribe una composición sobre tu música favorita. Trata estos puntos donde sea apropiado.

1. ¿Es música relativamente reciente o es antigua?

2. ¿Cuándo comenzaste a escuchar esta música?

3. ¿Quiénes son los artistas más conocidos del género?

4. ¿Sabes dónde se originó este tipo de música?

5. ¿Este género tiene elementos muy nuevos hoy en día? Explica.

¡Exploremos!

Una canción española que conoces

Trabaja con otro(a) compañero(a) de clase. Este proyecto tiene como propósito la enseñanza a sus compañeros(as) de clase la letra y música de una canción en español, preferiblemente de una canción tradicional.

Antes de empezar

1. Repasen la información que oyeron en la actividad oral arriba.

2. Piensen en qué tipo de música sería apropiada para este proyecto.

3. ¿Hay personas que sepan una canción apropiada? Entrevisten a algunas personas en su comunidad que conozcan algunas canciones tradicionales.

4. Escojan unas cinco piezas posibles.

5. ¿Cómo van a aprender la música? ¿Cómo la van a presentar? Piensen en dónde pueden encontrar una grabación de la música. ¿Saben ustedes tocar algún instrumento? ¿Otra persona puede tocar la música?

6. ¿Cómo pueden encontrar información sobre el origen de las canciones? ¿Tienen algún significado histórico?

7. Si tienen acceso al Internet, consideren si hay algo en la red mundial que les pueda ayudar.

¡Manos a la obra!

1. Decidan qué canción van a usar de entre las cinco que escogieron antes.

2. Preparen la letra para presentar a la clase. Pueden hacer copias de ella o escribirla en la pizarra.

3. Preparen una explicación de la letra donde sea necesario. Expliquen tanto las oraciones o frases individuales como el sentido global de la canción.

4. Preparen la música —en forma grabada o en forma viva.

5. Preparen una descripción del significado histórico de la canción si es que lo tiene.

6. Practiquen la presentación por lo menos una vez antes de hacerla para sus compañeros(as) de clase. Decidan cómo van a conseguir que canten los (las) compañeros(as). ¿Cuántas veces van a tocar la canción?

7. Hagan su presentación ante sus compañeros(as).

Y tú, ¿qué opinas?

Responde a las siguientes preguntas.

1. ¿Salió satisfactoria tu presentación? ¿Les gustó a ellos? Explica tu respuesta.

2. ¿Qué aprendiste sobre la lengua española y las culturas hispanas durante la preparación de este proyecto?

3. ¿Qué cambiarías si la fueras a hacer de nuevo? ¿Por qué?

4. ¿Es importante la letra en todos los tipos de música? Explica tu opinión.

5. ¿Conoces la letra de muchas canciones? ¿Cuáles son algunas?

6. En tu música favorita, ¿cuáles son los temas más comunes?

7. ¿Crees que hay ciertos tipos de música que se adaptan más bien a ciertos temas? Explica tu opinión.

8. ¿Qué tipos de música mantienen su popularidad? ¿Cuáles son los que llegan a ser populares y luego se olvidan?

9. ¿Cuál es la música más reciente? ¿Hay un género del futuro, en tu opinión? ¿Cuál es?

INTEGRACIÓN

¡Sigamos adelante!

Conversemos un rato

A. Las artes populares. Trabajen en grupos de tres o cuatro compañeros(as) de clase. Comenten la disponibilidad de los objetos de artesanía en su comunidad.

1. ¿Qué cosas de artesanía les interesan?

2. ¿Compran estas cosas en una tienda de su comunidad? ¿En cuál?

3. ¿Qué tipos de mercancía tienen en general?

4. ¿De dónde viene la mayoría de los artículos que tienen?

5. ¿Qué otro tipo de tienda quisieran tener en tu comunidad?

B. Una entrevista. Trabaja con un(a) compañero(a) de clase. Uno(a) hace el papel de periodista que entrevista a un(a) artista hispano(a) de cualquier tipo sobre su obra. Usa estas preguntas como guía.

1. ¿Cuándo comenzó a hacer lo que hace?

2. ¿Dónde se encuentran algunas de sus obras?

3. ¿Qué mensaje trata de comunicar?

4. ¿Cuáles son sus planes para el futuro?

5. ¿Qué le satisface más de su vocación?

Taller de escritores

Trabajen en un equipo de tres compañeros(as) de clase. Escriban una propuesta para un centro de artes hispanas en su comunidad. Consigan materiales sobre centros que ya existen y hagan un plan para uno nuevo. Escríbanle a una agencia del gobierno que pudiera aprobar. Si tienen acceso al Internet, pueden buscar en la red mundial descripciones de otros centros semejantes.

C. Reflexión. Decidan qué artes van a incluir. Hagan un bosquejo con un arte para cada departamento del centro. Trabajando en grupo, hagan una lista de necesidades (instalaciones físicas, materiales, presupuesto, personal) para cada departamento. Estos elementos serán las subsecciones del bosquejo. Decidan quién va a escribir cada sección.

D. Primer borrador. Escriban una versión de la propuesta. Recuerden que escriben para una agencia oficial.

E. Revisión con los (las) compañeros(as) de clase. Intercambien su propuesta con otro grupo. Lean y comenten la propuesta con sus compañeros(as), usando estas preguntas como guía.

1. ¿Qué aspectos de la propuesta de sus compañeros(as) son más imaginativos?

2. ¿Qué función del centro de sus compañeros(as) les interesa más?

3. ¿Es apropiado el tono y el contenido para convencer a los oficiales?

4. ¿Incluye la información necesaria para que la agencia pueda decidir si va a aprobar el centro?

5. Si fueran oficiales de la ciudad, ¿qué otros detalles les gustaría ver incluidos en una propuesta?

F. Versión final. Revisen en casa su primer borrador. Usen los cambios sugeridos por sus compañeros(as) y hagan cualquier otro cambio que quieren. Revisen el contenido y luego la gramática, la ortografía, la puntuación y los acentos ortográficos. Traigan esta versión final a la clase con copias para cada miembro(a) del equipo.

G. Carpeta. Después de entregar la copia de la propuesta, tu maestro(a) puede colocarla en tu carpeta, ponerla en en tablón de anuncios o usarla para la evaluación de tu progreso.

Capítulo 14 El mundo de las letras

PRIMERA ETAPA

¡Leamos!

Hoy día se publican cada año muchas revistas nuevas destinadas a públicos especializados. Aún más recientemente han aparecido "revistas" en la red mundial del Internet. Algunas se publican en español, otras en inglés y aún otras de forma bilingüe.

▶ Antes de leer

1. ¿Qué revistas y periódicos te gustan? ¿Por qué?

2. ¿Crees que hay más revistas que nunca hoy? ¿Por qué?

3. ¿Cuál es el mayor valor de las revistas, en tu opinión?

Las revistas en la red mundial del Internet

En los últimos años han salido varias revistas que se dedican al público hispanohablante en los Estados Unidos. Sus temas son muy variados. Generalmente tratan aspectos de la cultura y sociedad hispanas para el lector hispano.

Una de las primeras en el campo es *Hispanic*, una revista en inglés con distribución nacional que se origina en Austin, Texas. Esta revista procura presentar una imagen positiva de los hispanos y crear unidad entre las diversas voces hispanas. Publica artículos sobre hispanos que se han destacado en algún campo, como los negocios o la política. También lleva artículos sobre las artes: la pintura, la música, la literatura. La revista mensual fue fundada en 1988 por un cubanoamericano, Alfredo J. Estrada, y ahora tiene una circulación de unos 250 mil lectores.

Esta revista también tiene una versión electrónica en *America On Line*. Es posible consultar los archivos de artículos ya publicados sobre diversos temas. Hay, por ejemplo, docenas de reseñas de libros que tienen que ver con la cultura hispana. La sección "Mundo" trata de las noticias. "Ritmo" contiene información sobre las artes. "Vida" trata de personalidades y "Mercado" ofrece productos de venta. Hay secciones sobre negocios, carreras y la educación también. Ya que es electrónica, la revista le brinda al lector la oportunidad de hacer comentarios sobre el contenido en su "chat room".

¿Te gusta navegar por el Internet? Hay otras revistas electrónicas que no tienen equivalentes impresas[1]. *LatinoLink* (principalmente en inglés), en la red mundial, ofrece un contenido semejante al de *Hispanic* —reseñas de arte, libros, música; artículos sobre negocios y otros asuntos; y noticias de interés para los latinos en los Estados Unidos. *Electric Mercado* (bilingüe), también en la red, se identifica a sí mismo como un centro cultural latino y una revista de artes, política y cultura. Ofrece también recetas, noticias del día y una sección especial que tiene juegos y otros materiales para los jóvenes. Otra sección ofrece materiales pedagógicos[2] sobre temas latinos para los maestros. Contiene artículos sobre varios temas de importancia en las comunidades hispanas. También permite que el lector mande comentarios por correo electrónico sobre el contenido.

---

[1]**impresas** reproducidos mecánicamente en papel   [2]**pedagógicos** para la enseñanza

¿Te gustan los chismes[3]? En el mundo de las revistas y los periódicos, los detalles sobre la de la gente famosa son muy populares y venden mucho. La revista *People* tiene una versión en español que se dedica a los últimos chismes y noticias sobre las personas célebres. Es un centro de periodismo de personalidades.

¿Te interesa la música? La revista *Boom* se llama una revista de rock en español. Contiene entrevistas, fotos y artículos sobre la música moderna. Tiene noticias sobre lo que pasa en el mundo del rock latino: dónde van a aparecer los grupos populares, cuándo salen los discos nuevos, etcétera. Unas partes de la revista se encuentran en el Internet también. Hasta emiten un programa de radio de rock latino en la red que se puede oír en todo el mundo.

¿Eres hombre o mujer de negocios? La revista *Hispanic Business* ofrece artículos de interés a los empresarios[4] de la comunidad latina. Publica artículos sobre los negocios, la política y la economía. Otros artículos ofrecen ideas para los empresarios que buscan nuevas oportunidades y para los que buscan trabajo. La revista también tiene un sitio en la red mundial. Ofrece las últimas noticias y otras bases de datos[5] útiles.

¿Te interesan los asuntos de mujeres? Una revista bilingüe que se llama *Latina* ofrece información de interés principalmente a las mujeres. Lleva artículos sobre mujeres famosas, los problemas que tienen las mujeres en el trabajo, la moda[6], los productos de belleza[7], la cocina, la salud femenina, los consejos, etc. Hay otra revista más reciente de orientación muy semejante con el título de *Moderna*.

¿Buscas diversiones? *Latin Style* abarca las artes y las diversiones en el sentido más amplio. Trata desde las personalidades y artistas del mundo latino de los Estados Unidos hasta reseñas de libros, museos, cine, discos nuevos y hasta de restaurantes y clubs latinos. Incluye una gran cantidad de fotos de los artistas de último momento.

Las revistas, como se ve, pueden ofrecer artículos atractivos a una variedad de públicos dentro de la comunidad latina. Éstas definen mercados particulares pero también crean lazos más fuertes entre las comunidades latinas de los Estados Unidos.

▶ Después de leer

1. ¿Cuál es el propósito de la revista *Hispanic*?

2. ¿Qué tipo de hispanos retratan en *Hispanic*?

3. La versión electrónica de una revista ofrece una oportunidad que no puede ofrecer la versión impresa. ¿Cuál es?

4. ¿Qué ofrece *Electric Mercado* para los maestros y las maestras?

5. ¿Qué cosa muy popular publica *People* en español?

6. ¿Qué ofrece en su sitio en la red la revista *Hispanic Business*?

7. ¿Para quién es la información de *Latina*?

8. ¿Qué área de interés cubre *Latin Style*?

9. ¿Qué puede crear una revista dirigida a una comunidad?

10. ¿Qué tipo de revista que no has visto te gustaría tener? Explica tu respuesta.

11. ¿Crees que debe haber más revistas en español en los Estados Unidos?

---

[3]**chismes** historias sobre otras personas que pueden o no ser verdaderas
[4]**empresarios** dueños de negocios
[5]**bases de datos** información organizada disponible en las computadoras
[6]**la moda** la ropa del momento
[7]**belleza** la hermosura

Nombre _____ **Fecha** _____

Actividades

La gama de revistas

Trabajen en equipos de tres personas. Comenten las revistas que conocen, que leen y que quisieran leer.

1. ¿Qué revistas leen regularmente? ¿Por qué les gustan y qué información sacan de ellas?

2. ¿Qué revistas leen algunos(as) de sus amigos que no leen ustedes? ¿Qué información tienen?

3. ¿Quisieran escribir para una revista? ¿Cuál te interesa y por qué?

4. ¿Hay revistas que les gustaban antes y que no les gustan ahora? Explica.

5. Si fundaran una revista, ¿cómo sería?

Tu revista preferida

Trabaja con un(a) compañero(a) para escribir una descripción de su revista preferida.

1. ¿Qué temas incluye y cuán a menudo se publica?

2. ¿La leen regularmente o sólo de vez en cuando?

3. ¿Qué temas les gusta leer más?

4. ¿Qué información sacan de los artículos?

5. ¿Cómo la cambiarían si fueran los directores(as) de la revista?

¡Exploremos!

Una revista nueva

En este proyecto, individualmente crearás un plan escrito para una revista nueva en español. También vas a hacer una breve presentación sobre tu revista a tus compañeros(as) de clase.

Antes de empezar

1. Haz una lista de todos los tipos de revista que se te ocurran.

2. Busca copias de varios tipos de revistas que te sirvan de modelos.

3. Analiza el público que lee cada tipo de revista. ¿Son revistas para grupos específicos? ¿Son para lugares geográficos específicos?

4. Piensa en los temas que trata cada tipo de revista. Mira la distribución de los temas en las diferentes secciones de la revista. Fíjate también en los autores y las autoras de los artículos y columnas de la revista.

5. ¿Qué tipos de fotos y arte se incluyen en cada tipo de revista?

6. ¿Son grandes o pequeñas las revistas?

7. En el Internet, investiga el caso de las revistas que tienen versiones electrónicas. ¿Cómo difieren las versiones electrónicas de las versiones escritas?

¡Manos a la obra!

1. Decide qué tipo de revista quieres publicar. ¿Para qué grupo o región específica va a ser?
2. Escoge un título para tu revista. Si quieres, puedes incluir un subtítulo como "Revista de artes plásticas".
3. Haz un boceto de la tapa delantera de tu revista, con su título (y subtítulo, si lo tiene).
4. Escribe una lista de las secciones que va a tener tu revista. ¿Tendrá secciones de artículos sobre determinados temas? ¿Columnas de autores o autoras famosos?
5. Incluye en la lista de secciones los títulos de los artículos en cada sección. Describe el contenido de cada artículo o columna, y menciona su autor o autora, quien puede ser imaginario(a).
6. Incluye una foto o dibujo apropiado para cada artículo o columna.
7. Si vas a tener una versión de tu revista en el Internet, describe en un párrafo cómo va a ser diferente de la versión impresa.
8. Haz una breve presentación sobre tu revista a tus compañeros(as) de clase y contesta sus preguntas.
9. Entrega los materiales escritos a tu maestro(a).

Y tú, ¿qué opinas?

Responde a las siguientes preguntas.

1. ¿Comprarías tu revista si la vieras en el quiosco? Explica tu respuesta.
2. ¿Salió tu proyecto como esperabas? Explica tu respuesta.
3. ¿Qué cambios harías si lo hicieras de nuevo? ¿Por qué?
4. Intercambia tu proyecto con un(a) compañero(a) de clase para que cada persona lea el trabajo de la otra. ¿Es interesante la revista de tu compañero(a)?
5. ¿Hay otras revistas como la tuya? ¿Cuáles?
6. ¿Crees que va a haber más revistas especializadas en el futuro? ¿Por qué?
7. ¿Crees que las revistas en general tienen futuro frente a los otros medios de comunicación como el Internet, la televisión y el cine? Explica tu respuesta.
8. En tu opinión, ¿cómo van a ser las revistas del futuro?

SEGUNDA ETAPA

¡Leamos!

El siglo XVI vio la creación de varios tipos de ficción en España. Un personaje que se hizo popular era el pícaro, un joven que vivía por su ingenio[8].

▶ Antes de leer

1. ¿Has visto películas mexicanas con el actor "Cantinflas"? ¿Cómo eran los personajes que representó?
2. ¿Te gusta leer novelas? ¿Por qué sí o por qué no?
3. ¿Conoces alguna obra literaria de crítica social o política? ¿Qué critica?

---

[8]**por su ingenio** por su inteligencia

El pícaro

Uno de los personajes más perdurables de la literatura española es el pícaro. El pícaro más famoso de todos era el de la novela anónima *La vida de Lazarillo de Tormes y de sus fortunas y adversidades*, publicada en 1554, una de las novelas más leídas de Europa en su época. Esta invención del siglo XVI de España, el llamado Siglo de Oro, es una figura que ha aparecido en la literatura de varios otros países europeos y de Hispanoamérica. La novela picaresca se considera un género literario. Había varias otras novelas picarescas españolas, y Miguel de Cervantes experimentó con el género en algunas novelas cortas. Salieron varias novelas picarescas francesas también, y las novelas *Tom Jones* del inglés Fielding y *Huckleberry Finn* de Mark Twain muestran aspectos de este género de origen español.

En el México moderno el pícaro es una figura popular también. Una novela de José Rubén Romero con el título de *La vida inútil de Pito Pérez* ha sido muy leída y ha sido motivo de una película. De hecho, los papeles que desempeñaban Mario Moreno, "Cantinflas" y "Tin Tan" en muchas películas mexicanas populares se basaban en la tradición del pícaro.

Las características del género incluyen un personaje central que cuenta la historia desde su propia perspectiva, es decir, en primera persona. Este protagonista es generalmente un joven que trabaja para varios hombres. Éstos se escogen para presentar una muestra representativa de la sociedad de la época.

La prosa del *Lazarillo* es realista y espontánea, a menudo valiéndose del lenguaje popular. El protagonista tiene buen sentido de humor a pesar de las adversidades que le ocurren. En este pequeño trozo vemos un ejemplo de sus aventuras.

En este tiempo vino a posar[9] al mesón[10] un ciego, al cual pareciéndole que yo sería a propósito para adestrarle, me pidió a mi madre, y ella me encomendó a él...

[El ciego le dice a Lazarillo] "Yo oro ni plata no te lo puedo dar, mas[11] avisos[12] para vivir muchos te mostraré."

[Dice Lazarillo a los lectores] Huelgo de contar a vuestra merced[13] estas niñerías, para mostrar cuánta virtud sea saber los hombres subir siendo bajos; y dejarse bajar, siendo altos, cuánto vicio[14].

Y porque vea vuestra merced a cuánto se extendía el ingenio de este astuto ciego, contaré un caso de muchos que con él me acaecieron[15], en el cual me parece dio bien a entender su gran astucia. Cuando salimos de Salamanca[16], su motivo fue venir a tierra de Toledo[17]... Y vinimos a este camino por los mejores lugares. Donde hallaba buena acogida[18] y ganancia, deteníamosnos; donde no, al tercero día hacíamos San Juan[19].

Acaeció que llegando a un lugar que llaman Almorox, al tiempo que cogían las uvas, un vendimiador[20] le dio un racimo de ellas... [y] porque la uva en aquel tiempo está muy madura, desgranábasele el racimo en la mano... Acordó [el ciego] de hacer un banquete, así por no lo poder llevar, como por contentarme; que aquel día me había dado muchos rodillazos y golpes. Sentámonos en un valladar[21], y dijo: "Ahora quiero yo usar contigo de una liberalidad, y es que ambos comamos este racimo de uvas, y que hayas[22] de él tanta parte como yo. Partirlo hemos de esta manera: tú picarás una vez, y yo otra, con tal que me prometas no tomar cada vez más de una uva; yo haré lo mismo hasta que lo acabemos, y de esta suerte no habrá engaño[23]."

---

[9] **posar** descansar
[10] **mesón** parador
[11] **mas** pero (cuando va sin acento ortográfico)
[12] **avisos** consejos
[13] **vuestra merced** usted
[14] **cuánta virtud sea saber los hombres subir siendo bajos; y dejarse bajar, siendo altos, cuánto vicio** lo bueno que es ver subir a los bajos y lo malo que es ver bajar a los altos
[15] **me acaecieron** me pasaron
[16] **Salamanca** ciudad del oeste de España
[17] **Toledo** ciudad del centro de España
[18] **acogida** recepción
[19] **hacíamos San Juan** nos íbamos
[20] **vendimiador** persona que cosecha uvas
[21] **valladar** cerco
[22] **hayas** tengas
[23] **engaño** estafa, acto falso

Hecho así el concierto[24], comenzamos; mas luego al segundo lance[25] el traidor mudó propósito, y comenzó a tomar de dos en dos, considerando que yo debería hacer lo mismo. Como vi que él quebraba la postura[26], no me conenté ir a la par con él, mas aun pasaba adelante, dos a dos y tres a tres, y como podía las comía. Acabado el racimo, estuvo un poco con el escobajo[27] en la mano, y meneando[28] la cabeza, dijo: "Lázaro, engañado me has: juraré yo a Dios que has tú comido las uvas tres a tres." "No comí", dije yo: "mas ¿por qué sospecháis eso?"

Respondió el sagacísimo[29] ciego: "¿Sabes en qué veo que las comiste tres a tres? En que comía yo dos a dos, y callabas[30]." Reíme entre mí, y aunque muchacho, noté mucho la discreta consideración del ciego.

▶ *Después de leer*

1. ¿Cómo se llama el tipo de personaje de Lazarillo y cuándo apareció?
2. ¿Dónde se encuentran otras manifestaciones de la novela picaresca?
3. ¿Quién cuenta la historia en una novela picaresca?
4. ¿Cómo es la prosa del *Lazarillo*?
5. ¿Qué le ofrece el ciego a Lazarillo en vez de dinero?
6. ¿Qué recibieron Lazarillo y el ciego en Almorox?
7. ¿Por qué decidió el ciego comer las uvas inmediatamente?
8. ¿Cómo propuso que dividieran las uvas?
9. ¿Cómo descubrió el ciego que Lazarillo estaba comiéndolas de tres en tres?
10. ¿Conoces otros ejemplos de este tipo de personaje?
11. ¿Crees que el pícaro es un personaje eterno que puede entenderse en todas las épocas? Explica tu respuesta.

Actividades

Más pícaros

Trabaja con tres compañeros(as) de clase para hablar de personas y personajes que, como Lazarillo de Tormes, viven por su ingenio.

1. ¿Conoces otros pícaros literarios?
2. Además de Cantinflas, ¿hay otros pícaros en el cine?
3. ¿Conoces un ejemplo de un pícaro en el teatro?
4. En la música popular, ¿existen personajes de este tipo?
5. ¿Hay pícaros en la televisión?
6. ¿Lees un cómic que tenga un pícaro como personaje?

---

[24]**concierto** acuerdo
[25]**lance** turno
[26]**quebraba la postura** rompía el acuerdo
[27]**escobajo** lo que queda del racimo sin uvas
[28]**meneando** moviéndose
[29]**sagacísimo** muy inteligente
[30]**callabas** no decías nada

7. ¿Conoces a un pícaro de la vida real?

8. ¿Qué tipos de problemas tienen estos pícaros? ¿Cómo los resuelven?

Mi personaje favorito

Trabaja individualmente para escribir una descripción de tu personaje favorito. Debe ser un personaje que resuelve problemas y vive por su ingenio. Puede ser un personaje de la literatura, los cómics, la televisión, el cine o el teatro.

1. ¿Es tu personaje un personaje "típico"? Es decir, ¿hay otros personajes semejantes? ¿Cuáles son los otros? ¿Cómo es diferente el tuyo?

2. ¿Cuáles son las características importantes del personaje? ¿Es héroe? ¿Lucha en contra de algo? ¿A favor de algo? ¿Es cómico?

3. ¿Qué problemas resuelve? ¿Misterios? ¿Problemas ordinarios? ¿Cómo los resuelve?

4. ¿Te identificas con el personaje o lo miras objetivamente? Explica tu respuesta.

¡Exploremos!

Una historia incompleta

Trabaja individualmente. Inventa una historia incompleta en que un personaje trata de resolver un problema. Tus compañeros(as) de clase tratarán de completar la historia y resolver el problema.

Antes de empezar

1. Repasa la información de las actividades.

2. Piensa en el tipo de problema que quieres presentar. Haz una lista de algunas posibilidades.

3. Si tienes acceso al Internet, piensa en las posibilidades de la red mundial como fuente de material. ¿Cómo puedes buscarlo?

4. Piensa en otras fuentes de material: libros, revistas, periódicos, programas de televisión, etc. Si usas fuentes en inglés, tendrías que traducir el material.

5. Considera la manera de presentar cada tipo de problema. ¿Algunos requieren materiales visuales? ¿Cuáles?

6. ¿Son interesantes los problemas? ¿Cómo puedes brindarles más interés?

¡Manos a la obra!

1. Decide qué tipos de problemas o misterios vas a presentar.

2. Decide cómo lo vas a presentar y cómo lo vas a hacer interesante.

3. ¿Es posible aumentar el drama de la presentación? Añade elementos nuevos para aumentar el interés si es necesario.

4. Prepara, si es apropiado, los materiales visuales. Decide cómo los vas a usar.

5. Practica la presentación contándole la historia a un(a) amigo(a) o a otra persona que pueda ofrecer sugerencias.

6. Presenta la historia a la clase oralmente, consultando tus apuntes cuando sea necesario. Luego escucha las tentativas que hacen los (las) compañeros(as) de completar la historia y de resolver el problema o misterio.

Y tú, ¿qué opinas?

Responde a las siguientes preguntas.

1. ¿Te gustó como salió tu presentación? ¿Qué piensas de la manera en que tus compañeros(as) de clase completaron la historia?
2. ¿Qué cambiarías diferente si volvieras a hacer el proyecto? Explica tu respuesta.
3. ¿Te gustaron las otras historias? ¿Cuál te gustó más? ¿Por qué?
4. ¿Te gustan las historias de este tipo? ¿Por qué sí o por qué no?
5. ¿Te gustan las historias de misterio de la televisión y del cine? ¿Por qué sí o por qué no?
6. ¿Qué tipo de historias prefieres en general?
7. ¿Crees que puede ser útil la literatura en la vida? ¿Cómo?
8. ¿Crees que la literatura antigua puede ser pertinente en tu vida? Explica tu respuesta.
9. ¿Crees que la literatura va a perder su importancia frente a la televisión y el cine? Explica tu opinión.

TERCERA ETAPA

¡Leamos!

Esta lectura habla de algunos ejemplos de escritores y escritoras hispanos en los Estados Unidos y la gran variedad que se ve en sus obras y perspectivas.

▶ *Antes de leer*

1. ¿Lees tú muchas novelas? ¿Cuáles prefieres? ¿Prefieres las novelas de escritores y escritoras hispanos?
2. ¿Tus amigos(as) leen novelas? ¿Cuáles?
3. ¿Quiénes son los escritores preferidos de tus padres? ¿Tienen los mismos gustos? Explica.

La literatura hispana en los Estados Unidos

¿Cómo definir la literatura hispana en los Estados Unidos? Es literatura sobre la experiencia latina en este país pero, ¿qué significa eso? ¿Tiene que tratar ciertos temas o puede el autor considerar cualquier tema que le interese? Éstas son preguntas sin respuesta. Al mismo tiempo no es necesario contestarlas.

Cada lector(a) determina su actitud hacia cada autor(a). Algunos escriben sobre las experiencias hispanas únicas como los trabajadores migrantes o los refugiados políticos, pero otros tratan temas más generales vistos por ojos latinos.

La obra, por ejemplo, del puertorriqueño Pedro Juan Soto, trata de los problemas que tenían sus compatriotas[31] en Nueva York en los años 50 y 60. Casi se podría clasificar como literatura de protesta. Más recientemente la obra *A Perfect Silence*, de la puertorriqueña Alba Ambert, trata los problemas de identidad que sufren los boricuas[32] en Nueva York. Tomás Rivera, uno de los novelistas hispanos fundamentales, trata principalmente a los trabajadores agrícolas del sur de Texas y sus problemas en su novela prototípica, *Y no se lo tragó la tierra*. Es uno de los pocos que han escrito en español.

---

[31]**compatriotas** personas del mismo país

[32]**boricua** puertorriqueño; viene de la palabra Borinquen, el nombre que los indios taínos le daban a la isla de Puerto Rico

Ejemplo del segundo tipo de autores que tratan temas más generales es la cubanoamericana Cristina García, autora de *Soñando en cubano* y *Las hermanas Agüero*. García reconoce la importancia de la fantasía en la vida diaria y en la segunda novela cuenta de una familia que pasa una cicatriz[33] del talón de generación en generación como una señal de su tendencia a la tristeza y las calamidades —un tipo de talón de Aquiles. En fin, como en muchas obras que deben su imaginería[34] al colombiano Gabriel García Márquez, el mundo es incalculable y nos brinda una sorpresa tras otra.

Otro ejemplo y una novela que ganó gran popularidad fue *Bless me, Última* de Rudolfo Anaya. Trata los problemas de un chico de seis años, Antonio, en el medio rural de Nuevo México. La familia de su padre pertenece a la cultura de los vaqueros solitarios mientras que la de su madre participa en la tradición agrícola y ella quiere que Antonio se haga cura. La curandera del pueblo, Última, le sirve de guía a Antonio en el camino hacia la madurez. Se enfatizan el paisaje y la vida cotidiana de los niños, los cuales agregan interés a la novela. El libro muestra una relación estilística con la narrativa hispanoamericana de escritores como García Márquez e Isabel Allende.

Muchos dicen que la década de 1990 es la época de la novela de misterio o de detectives. Así que han aparecido novelas de este tipo que tienen todos los elementos del género pero con protagonistas latinos. Rudolfo Anaya ha probado este género con su *Río Grande Fall*. Su detective es Sonny Baca y la ocasión es la famosa fiesta de "Hot Air Balloons" de Albuquerque, donde vive actualmente el autor. Sonny recurre a cualquier método para salvar la ciudad. Es otro ejemplo del uso de un mundo inventado donde las reglas de la realidad concreta no se aplican siempre y la imaginación vale tanto o más que la inteligencia.

Como se puede apreciar, los escritores hispanos muestran variedad en su punto de vista, sus métodos y temas, igual que la diversidad que se encuentra en la comunidad hispana de los Estados Unidos. Pero aunque es difícil definir la "literatura hispana o latina" es cierto que las grandes casas editoriales[35] tienen cada vez más[36] interés en el campo.

▶ *Después de leer*

1. Según la lectura, ¿por qué no es importante definir la "literatura hispana"?

2. ¿Qué tema trató Pedro Juan Soto?

3. ¿Sobre qué escribió Tomás Rivera?

4. ¿Qué escritor influyó en las imágenes de Cristina García?

5. ¿Quién es el protagonista de *Bless Me, Última*?

6. ¿De qué trata la novela que llegó a servir de base para una película de Hollywood?

7. ¿Sobre qué escribe Rudolfo Anaya en *Río Grande Fall*?

8. ¿Te interesan las novelas de fantasía y de detectives? Explica tu respuesta.

9. ¿Te interesa la literatura de protesta? ¿Por qué sí o por qué no?

---

[33] **cicatriz** impresión dejada donde se ha curado una herida
[34] **imaginería** conjunto de imágenes
[35] **casas editoriales** compañías que publican libros
[36] **cada vez más** más y más

Actividades

Obras interesantes

Trabajen en grupos de tres compañeros(as) de clase. Comenten las obras de autores y autoras hispanos(as) que conozcan. Si no conocen obras hispanas, pueden comentar otras obras que les interesan.

1. ¿Quiénes son los que te gustan más?
2. ¿Cuáles son los temas más populares? ¿Cuáles te interesan más?
3. ¿Hay temas sobre los cuales te gustaría leer? ¿Cuáles son?
4. ¿Hay obras que podrían convertirse en películas? ¿Cuáles son?
5. ¿Hay obras que harían buenas piezas de teatro? ¿Cuáles?

Una descripción

Trabaja individualmente. Escribe una descripción algo detallada de una obra de un(a) autor(a) hispano(a) que te ha gustado mucho. Si no conoces obras hispanas, puedes describir otra obra que te interesa.

1. Explica la historia que cuenta el libro.
2. Describe los personajes brevemente.
3. ¿Cuáles son los elementos menos efectivos?
4. ¿Qué elementos te gustan más y por qué?

¡Exploremos!

La representación de una escena

Trabajen en grupos. El resultado de este proyecto es la representación de una escena en español de un(a) escritor(a) hispano(a) para sus compañeros(as) de clase. La escena puede ser de una novela, de un cuento, de una obra de teatro o de cualquier otro tipo de obra. Si la original se escribió en inglés, tendrán que traducirla. La duración apropiada será indicada por su maestro(a).

Antes de empezar

1. Usen las ideas generadas en las actividades anteriores para formar una lista de posibilidades.
2. Los (Las) que conocen las obras de la lista deben contar la historia a los que no la han leído para saber el contenido general de la obra.
3. Entre las posibilidades traten de encontrar escenas cortas que puedan tener valor de teatro.
4. Consideren los elementos mecánicos necesarios:

    el número de actores

    utilería

    ropa especial

    elementos escénicos

5. Piensen en dónde pueden encontrar información sobre el (la) autor(a) para presentar junto con la representación. Si tienen acceso al Internet, piensen en cómo pueden buscar información en la red mundial.

   ¿De dónde es?

   ¿Qué otras obras ha escrito?

   ¿Cuáles son sus temas preferidos?

¡Manos a la obra!

1. Decidan qué escena van a representar, tradúzcanla si es necesario y preparen los guiones.

2. Escojan los actores y determinen el papel de cada persona.

3. Preparen una lista de los elementos físicos necesarios. Decidan cómo van a encontrarlos.

4. Escriban un resumen de la obra total para explicarles al público el resto de la acción. Decidan cómo van a presentar esta historia.

5. Busquen la información necesaria sobre el (la) autor(a) y preparen uno o dos párrafos sobre él o ella. Decidan quién va a presentar esta información.

6. Practiquen la representación con atención al tiempo que requiere. Si es necesario, acórtenla para no exceder el tiempo indicado por su maestro(a).

7. Presenten la escena a sus compañeros(as) de clase.

Y tú, ¿qué opinas?

Contesta las siguientes preguntas.

1. ¿Te gustó como salió tu representación? Explica.

2. ¿Qué cambiarías si la volvieras a hacer? ¿Harías una escena diferente? ¿Por qué?

3. ¿Qué aspecto de tu representación te pareció más efectivo?

4. ¿Te gustaron las representaciones de tus compañeros(as) de clase? ¿Cuál te gustó más? ¿Por qué?

5. ¿Tenía tu selección elementos de teatro? ¿Cuáles eran?

6. ¿Crees que los escritores y escritoras hispanos(as) tienen una obligación especial hacia su pueblo? Explica tu respuesta.

7. ¿Puede la literatura servir un propósito social o político en tu opinión? ¿Debe servir ese propósito? Explica tus respuestas.

8. ¿Tienes interés en ser escritor o escritora? ¿Por qué? ¿Qué te gustaría escribir?

INTEGRACIÓN

¡Sigamos adelante!

Conversemos un rato

A. Mis lecturas preferidas. Trabajen en grupos de tres o cuatro compañeros(as) de clase. Comenten su perspectiva personal sobre los tres tipos de lectura que han considerado en la Unidad 4: las revistas, la literatura contemporánea y la literatura clásica.

1. ¿Valen la pena los tres tipos? ¿Uno es más útil que otro? Expliquen.

2. En su opinión, ¿tienen una obligación los escritores hacia la sociedad o sólo hacia sí mismo y su arte? Si los escritores tienen responsabilidades hacia la communidad, ¿cuáles son?

3. ¿Pueden nombrar alguna lectura que les haya enseñado algo sobre la vida? ¿Cuál fue?

4. ¿Creen que seguirán (o comenzarán a) leer obras literarias? ¿Por qué sí o por qué no?

B. Una entrevista con un(a) novelista. Trabaja con un(a) compañero(a) de clase. Uno(a) de ustedes hace el papel de un(a) periodista para una revista hispana. Va a entrevistar a un(a) novelista hispano(a) que pasa por su ciudad. Usen las siguientes preguntas como guía.

1. ¿Qué tipo de novelas escribe?

2. ¿Por qué escribe lo que escribe?

3. ¿Qué ideas tiene sobre las obligaciones de los escritores hispanos?

4. ¿En qué trabaja ahora?

Si el tiempo permite, cambien de papel.

Taller de escritores

Trabaja con dos compañeros(as) de clase. Lean un cuento en español y escriban una composición en que cuentan de nuevo la historia para incluirla en la sección "Cultura" del boletín del club de español.

C. Reflexión. Decidan qué cuento van a usar. Lean el cuento individualmente haciendo apuntes sobre la acción. Después comparen sus apuntes y hagan una lista en la forma de un bosquejo de los detalles que van a incluir en el recuento.

D. Primer borrador. Escriban una versión del cuento. Traten de imitar el tono del cuento original. Recuerden que escriben para el boletín del club de español.

E. Revisión con los (las) compañeros(as) de clase. Intercambien su cuento con otro grupo de compañeros(as). Lean y comenten su cuento, usando estas preguntas como guía.

1. ¿Qué aspectos del cuento de sus compañeros(as) son más efectivos?

2. ¿El cuento que usaron parece ser un cuento básicamente interesante?

3. ¿Es apropiado el tono y el contenido para el boletín del club español?

4. ¿Incluye la información necesaria para comprender el cuento?

5. ¿Qué otros detalles les gustaría ver para comprender mejor?

F. Versión final. Revisen en casa su primer borrador. Usen los cambios sugeridos por sus compañeros(as) y hagan cualquier otro cambio que quieren. Revisen el contenido y luego la gramática, la ortografía, la puntuación y los acentos ortográficos. Traigan esta versión final a la clase. Cada miembro(a) del equipo necesita su propia copia del cuento.

G. Carpeta. Su maestro(a) puede colocar una copia del cuento en sus carpetas. Puede poner el cuento en el tablón de anuncios también o usarlo para la evaluación de su progreso.